厦门大学哲学社会科学繁荣计划资助项目

教育部人文社会科学研究规划基金课题"环境风险社会放大的传播机制及其治理研究"（15YJA860012）；

中央高校基本科研业务费专项资金资助项目"产业转入地环境风险的社会放大与政府传播"（20720140030）；

环境风险社会放大的
传播治理

邱鸿峰 著

中国社会科学出版社

图书在版编目（CIP）数据

环境风险社会放大的传播治理/邱鸿峰著.—北京：中国社会科学出版社，2017.5
ISBN 978-7-5161-9884-1

Ⅰ.①环⋯　Ⅱ.①邱⋯　Ⅲ.①传播媒介—研究—中国　Ⅳ.①G219.2

中国版本图书馆 CIP 数据核字（2017）第 031380 号

出 版 人	赵剑英
责任编辑	郭晓鸿
特约编辑	席建海
责任校对	韩海超
责任印制	戴　宽
出　　版	中国社会科学出版社
社　　址	北京鼓楼西大街甲 158 号
邮　　编	100720
网　　址	http://www.csspw.cn
发 行 部	010-84083685
门 市 部	010-84029450
经　　销	新华书店及其他书店
印刷装订	北京君升印刷有限公司
版　　次	2017 年 5 月第 1 版
印　　次	2017 年 5 月第 1 次印刷
开　　本	710×1000　1/16
印　　张	18.5
插　　页	2
字　　数	206 千字
定　　价	68.00 元

凡购买中国社会科学出版社图书，如有质量问题请与本社营销中心联系调换
电话：010-84083683
版权所有　侵权必究

前　言

2012年我开始在厦门大学新闻传播学院工作，申请到的第一个研究资助就是关于环境传播的课题，从此形成了路径依赖，至今从事这个领域的研究已有四年。基本上每个假期我都会安排一次田野调查，陆续考察过上杭紫金矿业、宁德核电站、漳州古雷PX、云霄核电站等项目周边的环境风险与当地公众的风险感知，以至于想当然地以为自己都快比一些福建籍的同事更了解福建了。而且闽南的海岸线之壮美、坚守传统与信仰之虔诚、历史遗产与自然物产之丰富，令我这个异乡人产生了深深的认同与归属感。

考察过的这些地方都这么美好，但都存在人为的环境风险。2015年4月6日古雷PX再次发生安全事故，我再次来到与之隔水相望、曾发动群体事件反对PX项目转移到古雷的东山县铜陵镇。巨大的烟柱沿着东北风的方向跨过海湾，笼罩在关帝庙景区的上空。当地刚刚下过"黑雨"，一些居民不敢吃露天种的蔬菜，超市的鸡蛋被抢空。我以为居民们都是忧心忡忡的，不承想一位渔民指着古雷的方向，用极其勉强的普通话告诉我那边爆炸了，他和他的邻居很高兴。我一愣，随之醒悟：他们并不是幸灾乐祸，而是因为爆炸证明了他们当年的激烈反对不是非理性的,而他们的行为却被贬称为自私自利的"邻避"。当年夏天我站在古雷半岛的杏仔村码头,那里仍然碧海晴空、水清沙幼,留守的渔民在烈日下忙碌着,将从附近海域捕捞上来的海胆与带鱼从船舱搬上码头。然而他们背后的家园却已经倾圮在瓦砾堆里,不远处的PX装置在爆炸事故后仍处在停产状态,排污口附近漂浮着染成黑色的废弃鲍鱼网箱。两次爆炸,以及不堪粉尘与异味的困扰,村民们被迫答应放弃物阜民丰的家园。他们也曾经抗争过,拒绝征地、堵厂堵路,但他们的声音几乎没有被外部世界听到过。柏拉图说"会讲故事的人统治世界",当地方官员或产业倾向的记者搬出新加坡裕廊等地的成功案例试图说服公众接受风险项目时,这些讲故事的人也许真的相信在本土能够复制化工厂与居民区鸡犬相闻、相安无事的和谐景象。可是,为什么在古雷我看到的却是工厂爆炸与环境移民的结局?一位好友曾经在她的小说题记中引用过陀思妥耶夫斯基的话:"人对人是负有责任的。"作为传播现象的研究者,需要追问在此过程中,为什么异地公众、新闻媒体与风险决策者未能倾听他们的声音?社会传播系统出了什么问题?如果他们的声音能够被倾听,这里又会是何景象?

在这几年的田野调查中,我一直试图去回答这些萦绕脑海拂之不去的问题。在风险传播的研究框架内解答上述问题,至少需要考察以下几个相互关联的方面:首先,公众如何感知风险,影响他们风险感知的因素是什么,其中哪些属于传播的因素;其次,公众通过何种方式将自己对风险的态度传递给社区、媒体以及风险决策者,后者又是如何回应的,在这过程中存在什么传播障碍;最后,如何针对影响利益攸关方互动的传播体制、传播关系、传播规范、传播渠道、传播内容、传播模式、传播机制进行有效的治理，促进他们基于商议做出环境决策、解决环境争议。这些都不是单一的研究方法与"一张安静的书桌"就能够解答的，而是需要深入现场去做田野调查。记得在云霄县城调查公众的核电风险感知时，我们边做深度访谈边做问卷预调查，一位手机店店主拒绝回应"每月补偿多少您能够接受核电风险"这道选择题。在我们的追问下，他解释说，当地居民消费有限，生意不好做，同时实体商贸又饱受电子商务侵蚀，社会资源分配不公，所以理性上说每月补偿 500 元对他来说都具有诱惑力，然而从情感上说他却难以接受用这几百元换来核电风险。如果不做田野调查，就无法了解个人化的风险体验，也无从知晓有时看似中性的问题会无意间伤害受调者的自尊，而且最终会把这样的答卷当作一份废卷或者一个缺省数值来处理。

然而由于语言障碍，在闽南地区做田野调查殊为不易。信任缺乏、农村文化程度的制约以及课题的敏感性，也常常使得调查举步维艰。在东山调研环境群体事件的动员机制时，虽然事隔多年，仍有受访者害怕受到惩罚而忌讳谈及自己或邻居的经历。在古雷杏仔村的废墟中我独自搜寻拒绝搬迁的居民做访谈，在屋内受到冷遇后尴尬地走出屋外，暴露在盛夏正午的骄阳与海风中。此时我情绪沮丧，暗暗责问自己为什么不选择在城市的空调房里做调研却要来到这里。可是也有时候，我会遇到真诚坦率的倾诉，让我感慨他们的境遇之余，同时觉得自己的命运跟他们密不可分，因为对于环境不正义，没有人可以是无辜的。有时候我会惊叹在一个小县城甚至小渔村所遇到的见识不凡、微言大义、不甘命运受控的普通人物，这个社会没有任何理由忽视他们的声音。我们在倾听他人时获得尊重，同时也发现了行走荒村陋巷的意义：倾听受风险影响者被边缘化的声音，通过我们自己的方式将它转述给社会，给风险决策者，试着去改变风险传播的向度。逆风而行，便是我们将受影响者的风险感知作为研究起点的价值所在。

本书收录了2013年以来陆续发表的七篇期刊论文，又增加了基于对漳浦县古雷镇（2015年6月）以及对云霄县县城与列屿镇（2015年10月、2016年1月）的田野调查而写成的两篇论文，随后以环境风险社会放大的传播治理为主题，按照治理主体的类型整合这九篇论文，最终形成了由"媒介""公众""政府"三个部分有机构成的主体框架，主要内容介绍如下：

第一部分聚焦大众传媒与网络媒体在环境风险的建构、传播与治理中所扮演的角色。第一章基于美国经济学家安东尼·唐（AnthonyDowns）的"议题关注周期"模式，考察美国主流报纸在2000—2013年间对中国环境与中国回应气候变化的报道轨迹，从报道量变化及其背后的激发事件反映美国媒体建构的中国环境形象及其动力机制。研究发现中国回应气候变化议题在此期间经历了完整的媒体关注周期，现处在"后问题阶段"，而对整体中国环境的媒体关注还处在上升期。在此过程中北京被建构为中国的污染中心，中国被描述为全球气候变化的症结。研究进一步讨论了偏颇的媒体建构背后的内生与外生因素。

第二章以气候变化议题为着眼点，关注网络社交媒体上的环境倡导与网民评论对公众风险应对行为的潜在影响。"适应"与"减缓"已经成为全球应对气候变化的两大战略，倡导公众行动对前者尤其关键。然而对新浪微博的内容分析与框架分析发现气候变化主题微博以"减缓"为主导框架实施公众倡导,"适应"框架处在话语秩序的边缘,作为重要信源的主流媒体同样忽视"适应"战略。作为低度风险感知的表现,网民以冷漠、悲观、宿命论,甚至批判性与偏离性话语来回应微博上的行为倡导。借助吉姆·维特(Kim Witte)的"延伸的平行处理模式",本章探讨网民轻视气候变化风险的心理机制与影响因素,并从激发公众的应对效能与自我效能出发,对气候变化的风险传播治理提出建议。第三章将目光转向新闻媒体对国内环境风险的表征,使用批判性话语分析,探讨PX项目从厦门迁至古雷后,媒介PX话语秩序的变迁及其社会影响。位于漳州古雷的腾龙芳烃又称古雷PX,是2007年厦门民众抵制以来我国唯一新建投产的PX项目。然而2013、2015年的两次爆炸最终掀开了遮蔽在企业违规、官员渎职之上的面纱。从厦门市民驱退PX项目到古雷居民整体搬迁成为环境移民的过程中,媒介的PX话语发生了实质性的变化:从公众参与环境决策的报道框架改弦更张为地方政府公关应对公众抵制的框架,经济民族主义意识形态成为支持话语秩序变迁的重要动力。与之相对应,厦门市民被塑造成理性公民形象,而古雷居民不仅合法诉求受到新闻遮蔽,而且在为数不多的报道中被建构为沉默的受害者与贪婪的环境移民。缺乏媒体话语与公共舆论支持,古雷居民没有实质性的筹码去监督企业合规运作、促使地方政府履行监管职能,最终撤离赖以生存的家园,生计面临不确定性。古雷PX爆炸宣告了通过政府公关解决"什邡困局"路径的破产,促使传媒机构省视新闻话语的社会影响。

从媒介视角转换到公众视角,第二部分聚焦公众的人口学特征、环境价值观、社会信任与政治效能对其风险反应的影响。第四章基于 2013 年宁德核电站商业运行前夕对其周边居民的调查，探索居住区域、性别、教育程度等人口学变量对环境关注度与风险接受度的预测效应以及相应的传播治理措施。研究发现高学历者比低学历者更关注环境，且更倾向于拒绝核电风险与反对"邻避"。然而是性别而非教育程度对居民通过"散步"表达环境关切的行为倾向有预测效应。这说明在我国，以拥有高学历、后物质主义价值观为主要特征的"新阶级"是环境运动的支持者却不一定是积极行动者。由于环评专家对"新阶级"的风险判断影响最大，地方政府应将构建专家、政府与公众互相倾听、对话的公共领域作为针对这一人群的传播治理战略。

第五章试图回答在我国地方政府的环境传播战略中，公众信任是否应该继续扮演关键角色这一问题。对福建上杭紫金矿业周边居民水污染风险感知的调查显示，当地居民在环境风险议题上对地方政府的信任存在显著的城乡差异。城乡网络使用率的差异对公众信任差异有较为显著的预测效应，然而公众信任并不足以显著影响居民对水污染风险的接受度。城乡居民特定的网络使用行为（即利用网络获取当地环境信息与了解异地环境冲突事件的程度），并不影响公众信任，却对风险接受度有显著的预测效应。研究认为，将信任重建作为水污染风险传播的目标在短期内并不现实，地方政府相反应当有序公开环境监测数据，辅助居民理性评估风险。

第六章探讨公众的风险感知与风险应对行为之间存在的鸿沟，试图理解公众为何放大环境风险却在风险应对与环境参与上表现出行为上的消极。对云霄核电站附近公众的深度访谈发现政治效能是认知—行为鸿沟之间的中介变量。即便在互联网、智能手机与社交应用软件普及的今天，公众在多大程度上相信自身能够理解风险并参与风险决策（内部效能），在多大程度上相信风险管理者会积极回应公众的环境与健康诉求（外部效能），以及在多大程度上相信集体合力能够达到想要的目标（集体效能），决定了他们是否会使用网络积极地寻求知识、表达诉求，以及介入风险应对行为。本章还讨论了公众内部效能、外部效能与集体效能形成的机制，以及不同类型效能的组合对转型社会未来风险治理的影响。

第三部分将视线投向作为主导风险决策者与管理者的地方政府，它在多大程度上倾听公众的声音作为风险决策的依据，对民主的风险传播与治理起到关键作用。第七章采用美国国家科学院院士罗杰·卡斯帕森（Roger Kasperson）等人提出的"风险的社会放大框架"，考察2007年厦门PX事件中影响公众环境风险感知的因素，揭示异地媒体的不平衡与戏剧化表征以及网民对PX的污名化与语境化是公众放大环境风险的重要机制。环境风险评估由传统的技术模式转向包容公众风险感知的文化—经验模式将是未来趋势，地方政府的环境传播战略也应做出从技术模式到文化模式的调整，促进技术公共领域、大众传媒公共领域以及公众—专家—政府的商议性公共领域的发展。

2008年年初，厦门PX项目即将转入漳州古雷的传闻并未引发古雷民众的抗议，却在一水相隔的东山县铜陵镇触发了环境群体事件。第八章与第九章均聚焦古雷—东山跨区域环境风险，分别通过质化与量化研究方法，探讨产业转入地环境群体事件的动员机制与跨区域环境风险的传播治理。第八章通过深度访谈与话语分析，发现地方利益集团的社会动员强化了公众的高风险感知；而地方媒体、学校、居委会的说服传播没有回应公众的环境正义诉求，同时部分组织成员对组织规范与使命的心理抵制也降低了组织传播效力，从而未能有效减轻公众的风险感知。

第九章以东山县铜陵镇为问卷调查点，进一步验证当地公众的环境正义意识对其风险反应的预测效应，以理解政府风险传播未能阻止当地环境群体事件发生的原因。结果证实程序正义意识对公众是否接受风险、支持"邻避"，以及通过"散步"表达环境诉求均有显著预测效应。产业转入地的公众常常采用环境正义框架去理解来自发达地区的环境风险，而地方政府却使用技术安全框架对公众实施风险传播，传播障碍往往由此产生。研究结果意味着产业转入地政府的风险传播应优先回应公众的环境正义诉求。自20世纪90年代以来，"治理"（governance）的概念被引入社会科学并逐步取代"管制"（regualtion）成为风险研究的主导理念。治理是指政府与非政府行为者参与集体决策的结构与过程（Nye & Donahue，2000）。在风险研究领域，它倡导政府机构、市场力量、公民社会等多元主体参与对风险的评估、决策、控制、监管、传播，以减小风险的强度与概率，或使它维持在可控水平。本书关注媒介、公众与政府机构在风险传播治理中的角色，尚未充分涉及企业、环保组织、科学团体等治理主体，有待今后进一步探索。我的同事吴胜涛助理教授参与了本书第五章的数据分析与撰写。熊慧助理教授以及翁苏伟、杜凯健、陈婧、黄小芳等研究生参与了云霄、上杭、东山、宁德等地的田野调查。厦门大学学生陈若频、钟伟林、刘新祥、王丽珍、王超，厦门大学嘉庚学院学生蔡林玮、谢小静等参与了问卷调查。衷心感谢他们的付出。

目　　录

第一部分　媒介

第一章　媒介与国家环境形象建构 …………………… 3

第二章　媒介与气候变化适应战略 …………………… 21

第三章　媒介与PX话语秩序变迁 ……………………… 43

第二部分　公众

第四章　新阶级、后物质主义与风险传播 …………… 95

第五章　网络使用、公众信任与风险治理 …………… 114

第六章　社交媒体、政治效能与风险介入 …………… 132

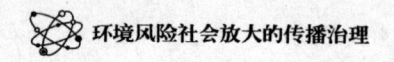

第三部分 政府

第七章　环境评估模式变革与传播治理 ················ 183

第八章　环境群体事件的组织传播机制 ················ 202

第九章　环境正义与跨区域风险的治理 ················ 221

附　录 ·· 243

参考文献 ··· 249

第一部分

媒　介

第一章

媒介与国家环境形象建构

美国社会学家赫伯特·布鲁默（Herbert Blumer，1971）认为社会问题与其说是客观条件，不如说是集体定义过程的产物。在此过程中交谈、传播、话语对公众与政治关注起到了关键作用（Hansen，2010：14）。随着我国环境与发展矛盾的加剧，西方主流媒体加大了对我国环境议题的报道力度，向全球公共领域呈现了一张生态维度的中国侧面像。建构主义的视角不仅质疑侧面像的失真度，还追问以下问题：为何某些环境议题与主张被媒体赋予了特殊的显著性？媒体关注的倾向与力度是持续的还是周期性波动的？如果答案是后者，驱使媒体关注周期性变化的动力是什么？通过对媒体关注轨迹的历时性考察是否可以预测未来美国媒体报道中国环境的趋势？本章采用美国学者安东尼·唐（Anthony Downs，1972）的"议题关注周期"（issue-attention cycle）模式作为考察上述问题的路径。这一模式过去多被用来揭示本国媒体对气候变化议题的关注变化，它在多大程度上能够解释美国主流报纸的中国环境形象建构还是一个崭新的话题。

一 文献回顾

1972年唐氏在他的"种子"论文《生态问题的兴衰——"议题关注周期"》中，以第一代环境问题（空气与水污染）为例，指出美国公众很少持续关注某个重要的国内社会议题，相反有一个"议题关注周期"。这个周期由"前问题阶段""问题惊现与欣快的热情""认识到重大进展的代价""公众兴趣的逐步消退"以及"后问题阶段"构成。他认为，产生关注周期的原因：一是特定问题本身的属性；二是传播媒介与公众之间的互动方式。经历关注周期的社会问题一般具备以下属性：（1）受特定问题困扰的往往是社会成员中的少数，这意味着他们的遭遇最终会淡出多数公众的视野；（2）问题的根源是有利于多数人或者权势群体的制度安排，意味着它的解决最终需要制度的根本改变，而这种改变又是相当困难的；（3）问题没有内在的令人兴奋的特征，意味着新闻报道会很快令多数公众厌倦，当媒体意识到公众兴趣衰减后会转移报道焦点。

唐氏认为公众对解决环境问题的热情既受到自身生活水准提高又受到媒介警示性修辞的激发；反过来由于美国媒体几乎都是受众—利润导向，公众通过维持或丧失对特定议题的兴趣影响媒体关注。唐氏赞同麦克卢汉所说的总体上是受众在"管理新闻"，似乎隐含社会关注与媒介关注同步的结论。然而，一个议题的"社会—政治生涯"不能仅从它的媒体生涯中得出推论（Hansen，2010：21），唐氏周期是一个议题—媒介—舆论互动的社会过程模式而非专为评估新闻媒体的议题关注而设计（Trumbo，1996）。尽管如此，此后的许多历时性研究证明环境报道也呈现唐氏周期特征，甚至某些驱动媒体关注变化的因素也可以被唐氏模式所解释（Hansen，2010：22）。

基于公众对第二代环境问题（指有毒、危险、核以及固体废弃物问题）与气候变化的认知多源自外部信源而非直接经验，因此有必要评估媒体对公众关注的影响。这种研究视角的变化将议题关注周期研究与议程设置、框架分析结合起来。屈波（Trumbo，1996）证实5家美国主流报纸的气候变化报道框架与信源偏好随着时间进展（1985—1995）发生周期性变化，他将1988年NASA科学家汉森（James Hanson）在国会作证前视为"前争议阶段"，1992年地球峰会后为"后争议阶段"，1988—1992年间是媒体关注达到峰值的"争议阶段"。麦考姆斯与沙纳汉（McComas & Shanahan，1999）研究了1980—1995年间《纽约时报》与《华盛顿邮报》的全球变暖叙事，揭示了危险后果的叙事框架在报纸关注的上升期更为显著，科学争议在维持期更为显著，应对全球变暖的经济学在关注的维持期与下行期更为显著。

环境传播学者进一步分析了驱动媒体议题关注的因素，恩戛（Ungar，1992；1993）聚焦1988年酷夏引发的社会恐慌，认为极端高温与干旱"串联的物理影响"催化了公众对新闻的需求，使全球变暖对个人福利的威胁进入公众视野。他预言如果不依赖极端事件带来的"新鲜感与戏剧性",全球变暖议题将因无法重获20世纪80年代末那样的高度关注而发生衰竭。欧洲学者(Schäfer, Ivanova & Schmidt, 2014)比较了1996—2010年间澳大利亚、德国与印度驱动报纸关注气候变化的因素,发现社会反馈特别是国际气候峰会对三国媒体的议题关注均有强烈影响。与多数学者聚焦外生性变量不同,布朗萨德等人(Brossard, Shanahan & McComas, 2009)聚焦推动媒体关注的内生性变量。他们比较了1987—1997年法国《世界报》与《纽约时报》的全球变暖报道,认为新闻体制提供了"评估一个故事潜在受众兴趣的不同机会、标准与导向",美国新闻业更强调中立与客观因而比法国的"观点新闻业"更易产生关注周期。

然而多数对媒体关注周期的研究聚焦于单一的气候变化议题,对整个环境领域的历时性考察数量甚少。与本研究最为相关的是耶尔夫—皮埃尔(Djerf-Pierre, 2013)的研究。她跟踪了长达半世纪(1961—2010)的瑞典电视环境报道,将整个环境领域的媒体关注波动称为元周期(meta-cycle),将单个环境议题的关注波动称为议题周期(issue-cycle)。论文分析了单个环境议题如何推动元周期的演进,揭示了50年里那些属于灾祸、丑闻、警示与争议的单个环境议题获得了高度关注,是元周期的主要贡献者。但以上相关文献均不涉及当西方主流媒体持续关注他国(尤其是中国、印度这样经济成就与环境成本同样显著的新兴工业化国家)环境议题时在驱动因素上的复杂性。

二 研究方法

本章以《纽约时报》《华盛顿邮报》与《华尔街日报》2000—2013年间所有中国环境报道为研究对象,在factiva数据库搜索"中国"与"环境"两个关键词,分别找到97篇、47篇、211篇报道,有效样本分别为95(M=6.8)、47(M=3.4)、178(M=12.7)篇,总有效样本320(M=22.9)篇。这些报道包括:(1)以中国的政府机构、组织、公民为主角或中国作为环境事件发生地的报道;(2)中国作为发展中国家代表回应气候变化等全球公域事务的报道;(3)以美国、欧盟或印度为主角,中国的现状、立场与政策作为重要参考背景的环境报道;(4)中国能源需求对他国环境的影响。尽管三张报纸不可能呈现中国环境的完整镜像,但基于它们的发行规模、行业声誉以及各自不同的政治倾向,这些报道能够折射美国报业对中国环境的议题与框架偏好。

本章不仅考察美国主流媒体对中国环境的关注是否呈现唐氏周期,而且考察单个环境议题对总体关注变化的驱动,因而将这320篇报道归入12类环境子议题(见表1-1)。必须承认某些子议题之间并没有十分清晰的边界。比如,总体环境污染指的是一篇报道中提到了空气、水、土壤、重金属等污染类型中两类以上的污染信息,因而被视为一个独立的子议题。再如空气污染与气候变化存在交集:二氧化硫、氮氧化物等污染物的排放也伴随着温室气体排放。但如果报道没有提到"气候变化"、"全球变暖"或"温室气体"等字眼,就归入空气污染子议题。还有三峡工程虽然涉及清洁能源、水污染与生态保护,但总体而言生态保护议题更加突出。

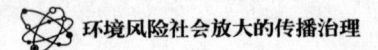

表 1-1　　　　美国报纸报道中国环境的子议题类型

序号	议题类型	《纽约时报》 n=95 f	%	《华盛顿邮报》 n=47 f	%	《华尔街日报》 n=178 f	%	总报道量 n=320 f	%
1	气候变化/全球变暖	33	34.7	20	42.6	40	22.5	93	29.1
2	空气污染	25	26.3	7	14.9	26	14.6	58	18.1
3	生态问题	12	12.6	1	2.1	22	12.4	35	10.9
4	环境污染总体状况	11	11.6	5	10.6	14	7.9	30	9.4
5	水污染	7	7.4	7	14.9	15	8.4	29	9.1
6	清洁能源与技术	2	2.1	3	6.4	17	9.6	22	6.9
7	环境治理政策	2	2.1	0	0	20	11.2	22	6.9
8	重金属污染	2	2.1	1	2.1	6	3.4	9	2.8
9	环境运动	1	1.1	0	0	8	4.5	9	2.8
10	绿色营销	0	0	0	0	4	2.2	4	1.3
11	土壤污染	0	0	2	4.3	1	0.6	3	0.9
12	其他	0	0	1	2.1	5	2.8	6	1.9
	变异系数	1.37		1.45		0.75		0.99	

分类结果表明14年来三家报纸都将中国回应气候变化（包括全球变暖）视为最重要的子议题，共93篇，占所有中国环境报道的29.1%。其中《华盛顿邮报》20篇，占其全部中国环境报道的42.6%；《纽约时报》33篇，占比34.7%；《华尔街日报》40篇，占比22.5%。基于这一议题的报道量在统计学上的显著性，本章通过

折线图与回归曲线拟合来反映 2000—2013 年三家美国报纸在报道"中国环境"与"中国回应气候变化"上是否经历了完整的"元周期"与"议题周期"。同时，本章将定位吸引或转移媒体关注、推动报道量与报道焦点变动的"激发事件"（Bacot & Fitzgerald，1999），以揭示三张报纸在建构中国环境形象上的驱动力。

三 研究发现

《纽约时报》的中国环境报道在 2000—2013 年并没有呈现一个完整的元周期（如图 1-1 所示），而是处在唐氏周期的第二、三阶段重叠的上升期，既高密度曝光问题又聚焦问题解决的困难，报道量总体呈递增趋势。报道量比较集中的分别是 2007 年（14 篇）与 2013 年（19 篇）。新千年的第一个报道高峰出现在北京奥运会的前一年，14 篇报道中气候变化与节能减排议题占了一半，其余 4 篇讨论环境污染总体恶化背后的矛盾与困境，2 篇讨论三峡库区滑坡引发的周边生态问题，还有 1 篇报道年末北京空气污染，在奥运会前一年没有完成"蓝天"计划。在这 4 篇讨论环境污染总体状况的文章中，首篇提到了北京 PM_{10} 与 $PM_{2.5}$ 状况，揶揄"北京正在寻找天外救兵为 2008 年奥运会清理天空"，此后的 3 篇评论都是对这篇报道的回应。可见，推动 2007 年报道高峰的"激发事件"是 2007 年年底巴厘岛全球气候峰会、北京奥运会以及三峡库区滑坡。如果考虑到 2006 年美国前副总统戈尔参演的纪录片《难以忽视的真相》以深入浅出的科学传播形式成功触发全球热议（Corfee-Morlot，Maslin & Burgess，2007），这一个中国环境报道高峰可能是当下、过去与将来发生的事件联合推动的结果。

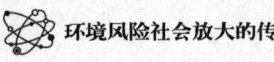

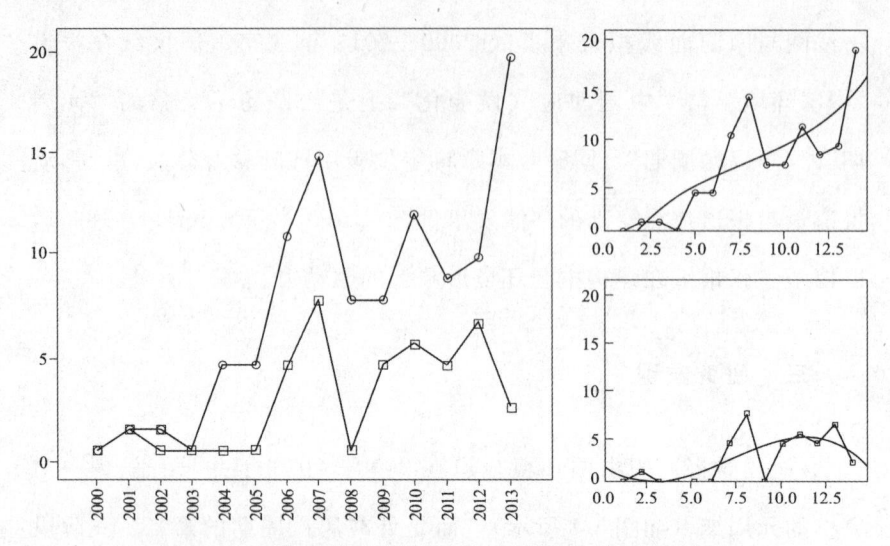

图 1-1 《纽约时报》中国环境议题关注与回归曲线拟合

○中国环境报道　□中国回应气候变化报道

中国环境报道的回归方程：$Y=-4.20+2.85t-0.27t^2+0.01t^3$，$R^2=0.69$，$F=7.41$，$p<0.01$

中国回应气候变化报道的回归方程：$Y=1.54-1.33t+0.31t^2-0.02t^3$，$R^2=0.51$，$F=3.40$，$p=0.06$

《纽约时报》的中国环境报道在2013年达到了21世纪以来的最大峰值。在这19篇报道中，空气污染议题占据了史无前例的11篇，由北京及其周边城市持续的雾霾以及中央政府的回应（2013年6月国务院部署大气污染防治十条措施、9月国务院发布《大气污染防治行动计划》）所激发的。然而议题本身可能并非推动报道量变化的唯一因素，不能忽视媒体与受众的互动对议题关注的影响。2013年2月《纽约时报》网络中文版开启，意味着纸版的报道经过翻译与编辑后可经由网络平台抵达我国的高端读者群。媒介融合战略导致的受众结构变化可能是《纽约时报》放大北方空气污染报道量的重要因素之一，今后还有第二代环境问题进入它的报道视野，多种环境问题的叠加使它对中国环境的关注还将维持在一个较高的水平。

相比之下,《纽约时报》对中国回应气候变化的报道却在2000—2013年呈现了一个完整的唐氏周期。21世纪的首次报道出现在2001年,随之是长达4年的沉默,直到2006年出现上升期(5篇),这与美国媒体对气候变化议题的总体关注趋势一致:"学者们确认的早期关注峰值显然仅仅是2006年以来气候变化新闻重大峰值出现以前的初始阶段。"(Djerf-Pierre,2013) 2007年对中国节能减排的困难、《中国应对气候变化国家方案》发布、中国在碳排放交易中的角色以及巴厘岛气候峰会等7篇报道将这一议题的媒体关注推上峰值。2008年聚焦北京奥运期间的空气质量挤压了对中国回应气候变化的关注(0篇)。2009—2012年议题关注衰退,数量维持在4—6篇,2013年进一步下滑至2篇。这种衰退可能在于媒体对发达国家与发展中国家的根本矛盾(《京都协议书》地位认定上的分歧)一时难以解决而产生了厌倦,但也可能是因为中国不仅在哥本哈根气候大会前宣布到2020年碳强度(每单位GDP的二氧化碳排放量)减少40%—45%,而且在清洁技术投入、产业与能源结构调整、气候变化应对立法等方面切实采取了行动。由于在2017年《京都协议书》到期之前需要有一个新的国际协议达成,美国媒体对中国回应气候变化可能会迈入下一个关注周期。

《华盛顿邮报》总体对中国的环境报道量较少(年均3.4篇),2000—2013年间它的中国环境报道与中国回应气候变化报道都经历了完整的关注周期,而且两者相当同步(如图1-2所示)。中国环境报道在2001—2006年间比较零星,在2007—2008年出现了一次小高潮:2007年的7篇报道中2篇提到北京奥运的空气质量;2008年的6篇报道中,3篇涉及奥运期间空气与水的质量。显然北京奥运是这波报道高潮的"激发事件"。中国环境报道与中国回应全球气候报道的峰值都出现在2009年，14篇中国环境报道中有11篇与气候变化相关，奥巴马访华与胡锦涛会谈气候变化等事宜、哥本哈根全球气候峰会是"激发事件"。此后对两类议题的关注都急速衰退，进入"后问题阶段"。

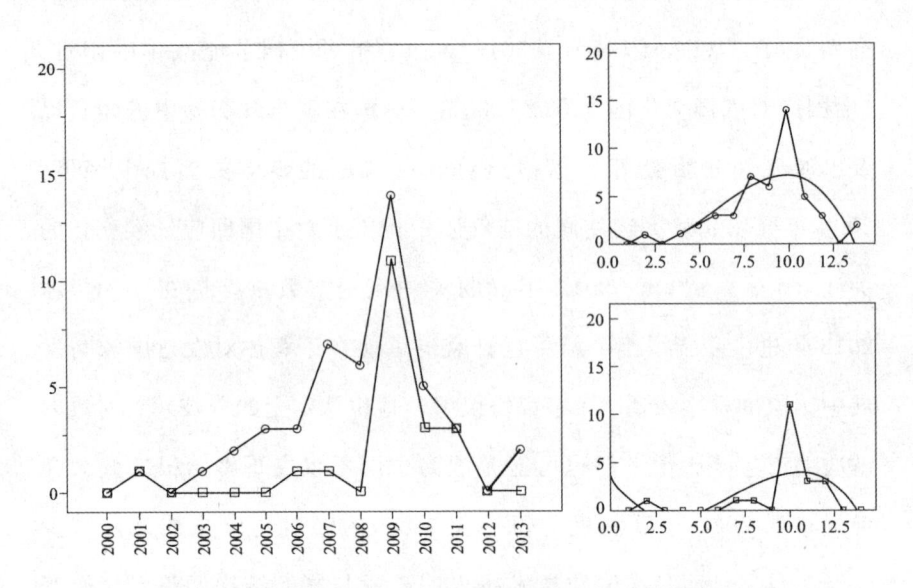

图 1-2 《华盛顿邮报》中国环境议题关注与回归曲线拟合
○ 中国环境报道　　□ 中国回应气候变化报道

中国环境报道的回归方程：$Y = 1.74 - 1.86t + 0.54t^2 - 0.03t^2$，$R^2 = 0.58$，$F = 4.54$，$p < 0.05$

中国回应气候变化报道的回归方程：$Y = 3.57 - 2.85t + 0.55t^2 - 0.03t^2$，$R^2 = 0.35$，$F = 1.79$，$p = 0.21$

《华尔街日报》在2000—2013年对中国环境的报道没有呈现完整的关注周期（如图1-3所示）。它在2007年出现报道峰值（33篇），其中气候变化8篇，北京奥运会空气质量讨论3篇，三峡库区滑坡引发生态关注8篇，中国政府的环境治理措施6篇。北京奥运、三峡滑坡与各级政府提出环境治理对策推动了峰值的产生。中国环境报道在 2013 年出现了第二峰值（24 篇），其中空气污染 7 篇、水污染 2 篇、环境运动 3 篇、政府环境治理 4 篇，北方持续雾霾、黄浦江死猪事件、民众环境抗争、政府回应环境问题是激发因素。相反，中国回应气候变化议题却在 2000—2013 年经历了一个完整的媒体关注周期。2007 年出现报道小高潮（8 篇），激发因素包括碳排放权交易争议与巴厘岛气候峰会。2009 年出现最大峰值（10 篇），激发因素包括 2009 年 9 月第 64 届联大讨论气候变化应对以及 12 月的哥本哈根气候谈判。此后与中国相关的气候变化报道衰减，至 2013 年为零篇。

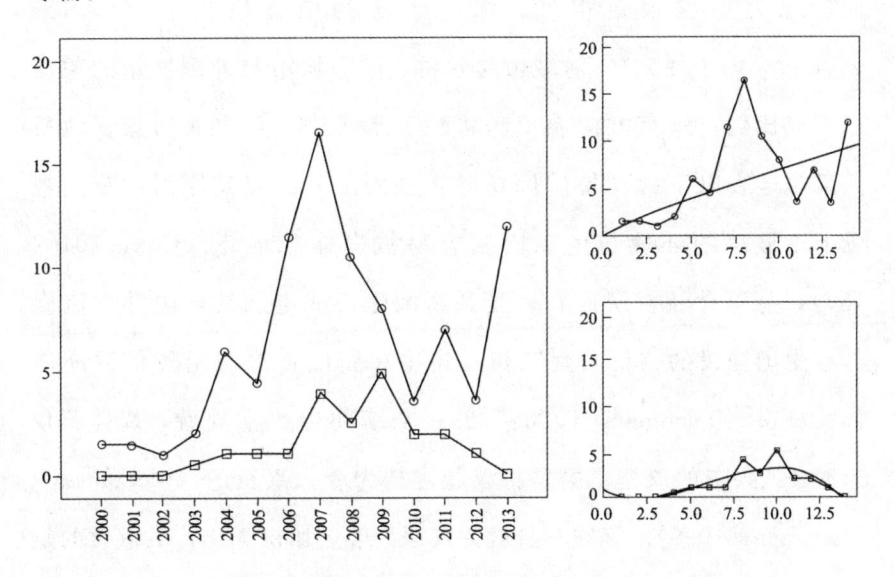

图 1-3 《华尔街日报》中国环境议题关注周期与回归曲线拟合

○中国环境报道　　□中国回应气候变化报道

中国环境报道的回归方程：$Y = 2.09t^{0.83}$，$R^2 = 0.52$，$F = 12.80$，$p < 0.01$

中国回应气候变化报道的回归方程：$Y = 1.52 - 1.81t + 0.51t^2 - 0.03t^3$，$R^2 = 0.73$，$F = 9.07$，$p < 0.01$

四 讨论与结论

唐氏强调议题关注周期由议题的属性以及媒体与公众的互动决定,这一观点既有现实主义又有建构主义色彩。从驱动媒体关注达到峰值的事件看,美国主流报纸勾勒了以北京为中国的污染中心,三峡、黄浦江、怒江、松花江等水污染或生态风险流域呈散点分布,细颗粒物经由韩国、日本,最后到美国西海岸呈带状流动的立体图景。这种图景在水平与垂直方向均偏离现实:水平方向表现为不仅报道空气、水与土壤污染比例失衡(18.1% vs. 9.0% vs. 0.9%),对城市与农村、中心城市与外围城市的关注也不成比例;垂直方向表现为将地下水污染、重金属污染、地质风险等地表以下的环境问题排除在视野之外。究其原因,首先视觉上不显著的环境与生态问题容易被媒体隐形化(Cox,2010:157);从媒介经营层面看,受到新闻生产成本制约,国外主流媒体在中国铺设的"新闻网"相对集中在新闻资源与精英信源充沛的大城市(Tuchman,1978:22);从新闻生产常规看,媒体不仅追逐令人兴奋的议题,更是将议题建构为令人兴奋的(McComas & Shanahan,1999)。雾霾本身就比其他污染更加视觉化,更重要的是雾霾发生区域涵盖一国首都,特别是一个政治意识形态迥异、经济增速令人忌妒的新兴工业国家的首都,污染地点因此具备比污染本身更令媒体兴奋的特质,即它的政治象征意义。通过报道$PM_{2.5}$的标准之争与雾霾治理的困境,美国报纸质疑了政府权威却无须担负政治冒犯的风险,那么政治中心与污染中心在新闻报道中的人为重合也就成了必然。一些议题本身不具备令人兴奋的属性,而是社会的、机构的、传播的选择将议题以令人兴奋的方式进行建构，这种叙事路径允许现实主义与建构主义的视角共存（McComas & Shanahan，1999）。

在美国主流报纸报道中国在国际谈判桌上与美国在减排上的分歧时反复强调的是两个背景：一是中国超过美国成为全球最大温室气体排放国；二是中国的煤炭消耗量是美国、日本与欧盟的总和，而燃煤又是温室气体的最大贡献者。由此中国被建构成全球变暖问题的症结，中国政府被视为解决发展中国家与发达国家在全球气候义务争议的关键。因此，每当中央政府做出节能减排、环境治理、能源结构调整等重大战略决策时，总会激发《华尔街日报》的报道热情（20篇，占比11.2%），同时它也热衷从经济视角分析中央政府的环境与能源决策为跨国公司的清洁技术输出带来巨大商机（17篇，占比9.6%）。但是正如建构主义所批评的那样，媒介学者过度聚焦于已经成为媒体与公众议程的议题，却很少研究旨在使议题远离公众或媒体视线的议程管理；与议程设置同样体现权力关系的是将议题隐藏起来免予被讨论的权力（Hansen，2010：19—20）。在美国报纸的中国回应气候变化报道中，有两个事实被有意无意地淡化了：（1）中国能源密集型商品大量出口，为进口国承担了碳排放等环境成本，气候谈判不能对全球生产与贸易结构视而不见；（2）根据国际能源署2007年数据，中国的人均碳排放量远远低于美国（4.6立方吨 vs.18.7立方吨）等发达国家的水平。新闻最有力的影响就是它们赋予了逍遥视野之外的破坏性条件免于受到注意与批评（Edelman，1988：14）。对美国民众的高能耗生活方式视而不见，却片面将中国视为气候变化的症结，正如一个媒介研究的制度视角所观察的那样：美国的传播媒介并不天然服务于环境主义目标，它还推动与环境主义相对立的消费主义与物质主义，后两者是主导社会范式的组成部分（Dunlap & van Liere, 1984；Shanahan, 1996）。

尽管文本显示中国政府的节能减排措施出台与国际气候会议的召开常常触发美国主流报纸对中国回应气候变化的报道，但上述因素不能完全解释美国报纸对这一议题的关注。有少数传播学者借用政治学的"多源流"（Multiple Streams）与"间断平衡"（Punctuated Equilibrium）理论，试图设计出一套完整的影响媒体关注气候变化的变量体系（Kingdon, 1995；Jones & Baumgartner, 2005）。使用不同的术语，这两种理论确定了推动决策者关注公共问题的系统性因素：问题指标的改变、焦点事件与权益相关人反馈。刘新胜等学者（Liu, Lindquist & Vedlitz, 2011）用大气中的二氧化碳浓度与美国历史上的极端天气两个问题指标、联合国气候大会这样的国际焦点事件以及科学家的反馈作为因变量，发现指标的变化对媒体关注没有显著影响，而焦点事件与科学家反馈则有不同程度的影响。谢弗等学者（Schäfer, Ivanova, & Schmidt, 2014）以国内极端天气指标、联合国气候大会、国会讨论与环境 NGO 行动等作为因变量，发现除德国 2002 年的"世纪洪水"之外，极端天气对澳大利亚与印度媒体的气候变化关注均无影响，但国际焦点事件以及政治家与社会组织的反馈对三国的媒体关注均有显著影响。本研究同样发现我国的极端天气，如 2012 年南方高温与华北暴雨均超历史纪录，甚少触发美国报纸对中国回应气候变化的报道，但是国际能源署统计数字中的中国碳排放量指标（2007 年超过美国成为全球最大温室气体排放国）却作为重要背景在中国回应气候变化的报道中被频繁提及。这可能因为极端天气与气候变化之间存在科学证据上的不确定性，同时他国的极端天气未必引起本国受众的恐慌因而未能突破国际新闻报道的阈值。美国媒体对中国回应气候变化的关注也受到媒体所在国的政治、经济、社会等外生性因素的影响。一些研究认为共和党总体上对环境主义与全球变暖议题持公开的敌意，因此可能阻止气候变化议题进入议程设置过程（Dunlap, Xiao & McCright, 2001; McCright & Dunlap, 2003）。三张报纸的中国回应气候变化报道都在 2006 年步入上升期，到 2010 年出现衰退，而 2006 年民主党重新赢得参、众两院多数，2010 年共和党人夺回了众议院的控制权，议题关注周期与美国政治权力转移同步。以上说明激发一国媒体关注他国环境议题的外生性变量是多元的，既可能是来自媒体所在国，也可能来自被报道国，推动报道量上升达到峰值的往往是多个"激发"因素的叠加而非单一因素。

以上对影响媒体关注因素的研究都聚焦外生性变量，缺乏对媒介组织内生性变量的考察，如编辑资源、政治立场、新闻价值等，或者说缺乏对新闻文化的考察。希尔加特纳与伯斯克（Hilgartner & Bosk, 1988）认为一个问题的生命周期更多地与公共论坛如媒体的问题建构有关，而更少与公众关注有关；与其说是关注的自然衰退，制度性的因素如版面容量、空间竞争以及维持戏剧性的需求影响了关注的走向。报纸运作有多方面的资源限制，如版面、成本、注意力等，因此存在议题之间的空间竞争。在美国主流报纸的中国环境报道中，北京奥运是竞争力超强的议题。《纽约时报》的中国回应气候变化报道在 2007 年风生水起

(7篇),在2008年却受到了北京奥运环境质量议题的强势冲击(0篇),在2007与2009年两个报道高峰之间出现了异常明显的低谷。《华盛顿邮报》同样在2008年排他性地聚焦在北京能否兑现"绿色"奥运的承诺上。《华尔街日报》的中国回应气候变化报道也在2008年出现了明显回落。这说明在美国主流媒体的中国环境报道上,政治象征意义要优于其他新闻价值要素,其次才是相关性。但在建立受众利益的相关性上,每家报纸的实践各有特点:《华盛顿邮报》注重议题与美国受众的相关性,其中国回应气候变化报道占中国环境报道的比例最高(42.6%);《纽约时报》重视在叙事框架上引发美国受众的关切,如对中国空气污染的报道总会引用细颗粒物漂移到美国西海岸,影响加州空气质量的研究报告,从而将中国的空气污染纳入国内环境议程;《华盛顿邮报》的受众相关性体现在它分析中国的环境治理政策对跨国公司业务特别是清洁技术出口的影响,为其核心受众监视并警示商业环境变化。

唐氏详述了议题关注周期的三个中间阶段:"惊现与欣快的热情"(第二阶段)是公众突然意识到一个特定问题的邪恶,热切期望社会有能力在短期内解决问题,这种乐观主义倾向源自美国人将社会进步的障碍视为存在于社会结构外部。"认识到重大进展的代价"(第三阶段)意味着公众逐渐明白问题解决需要制度安排的调整,甚至要牺牲自身的某些利益。"公众兴趣的逐步衰退"(第四阶段)是指更多公众感到受挫或厌倦,同时竞争性的议题正在进入第二阶段对公众施加新的刺激。但唐氏模式被用来考察媒体关注则需要某种程度的修正。屈波(Trumbo,1996)

认为,媒体关注的第三、四阶段之间明显重叠:20世纪90年代初解决全球变暖的困难成为新闻,但同时媒体关注也开始退潮,美国滑入持续的经济衰退(被"沙漠风暴"行动所累)并开始热衷预测新的总统选举,"唐氏周期的各个阶段独立运作或者以严格的线性方式运作是不可能的"。因此,他将唐氏的五阶段议题关注周期修正为三阶段媒体关注周期("前争议""争议"与"后争议")。事实上,媒体关注的第二、三阶段之间也没有明确的边界,三张报纸的中国环境报道都以新闻分析为主,呈现的是恩特曼(Robert Entman,1993)的框架结构,既定义问题又同步阐释原因并分析问题解决的系统性困局。从2004年报道怒江水电开发起,《纽约时报》就已经在剖析众多环境议题背后中央治理决心与地方GDP导向、东部能源需求与西部生态风险、节能减排与经济增速放缓、能源结构调整与新生态问题、社会稳定与公民环境诉求等多重困境。2007年它的一篇评论直言"中国难以实现平衡经济增长与环境保护的目标说明这个国家的环境问题至少是部分系统性的"[1],而正是2007年它的中国环境报道量达到第一个高峰,说明媒体关注的第二、三阶段高度重叠。唐氏的自然史模式被批评为对社会问题演进的线性描述,而现实可能是"许多问题同步存在于几个发展阶段,从一个阶段到下一个阶段的演进方式变化多端,足以质疑认为有一个典型的议题生涯存在的观点"(Hilgartner & Bosk,1988)。

总体而言,唐氏模式为理解国际媒体的中国环境建构提供了中

---

[1] Kahn, J. & Yardley, J., "As China roars, pollution reaches deadly extremes", *New York Times*. Aug. 26, 2007, p. A1.

观视野。通过历时性考察它不仅帮助勾勒中国环境议题得到国际关注的演进轨迹，而且基于对媒体关注激发因素的偏好分析，它在一定程度可以帮助判断未来中国环境形象建构的向度。然而这种中观的视野应当佐以议程设置、框架分析，甚至话语分析等微观路径，并考察宏观层面的政治、经济变量，才能完整解密国际媒体对中国环境的形象建构及其驱动力。

第二章

媒介与气候变化适应战略

2015年6月30日我国向联合国提交了《强化应对气候变化行动——中国国家自主贡献》文件,在巴黎会议召开前表达了对协议谈判的见解与立场。文件将"适应"(adaptation)气候变化放在了与"减缓"(mitigation)气候变化同等重要的战略地位。减缓旨在通过减少温室气体源头或提高它的吸收储存进行干预,多依赖自上而下的政策驱动(Reidsma et al.,2010)。"适应"是指权益相关人为减轻气候变化对其生活的不利影响,调整生活方式与经济结构,以降低系统对气候变化的脆弱性(Smith et al.,2000)。提高适应气候变化的能力,不仅需要国际合作、地方与国家层面的适应计划,也离不开广泛的公众参与以增强抵御风险的韧性(resilience),以及各类传播主体通过议程与框架设置实施有效的公众倡导。然而尽管适应气候变化已成为全球传播的宏大叙事,国内传播领域却备受冷遇。比如澎湃的一则新闻《东北"皮草之都"恐遇寒潮》描述了辽阳皮草业惨淡经营的现状，并归因为粮价下降影响农民群体的消费意愿。尽管该现象可以作为讨论适应气候变化的新闻由头，报道并没有将它纳入归因框架。① 气候变化属于"后常规科学"（post-normal science），具有事实不确定、价值观争议大、代价高昂、需要紧迫决策与行动等特性（Funtowicz & Ravetz，1991）。然而正是这些特性给国际组织、政府机构、环保团体、新闻媒体等传播主体的社会动员产生了巨大的挑战。本章以气候变化主题微博为研究对象，探索当前网络气候传播的主体构成与传播框架，理解我国网民对气候变化的风险感知及其影响因素，发现横亘在公众介入适应气候变化行动面前的障碍，为如何围绕适应战略实施有效风险传播提供建议。

一　文献回顾

1992年通过的《联合国气候变化框架公约》作为国际社会对气候变化的政策回应，包含了减缓与适应战略，前者指的是减少温室气体的排放，后者是对气候变化预期影响的各种反应（Lidskog, Soneryd & Uggla，2010：73）。由于前者是主动迎战，后者是被动适应，最初这两种战略被视为互不兼容。然而在当今西方国家的气候政策中，适应已被接纳为合法的应对战略。欧洲委员会意识到即便是野心勃勃的减排计划也只能减缓而无法阻止全球变暖，在2005

---

① 参见罗杰《东北"皮草之都"恐遇寒潮：销量普降四五成，有企业减产自救》，2015年11月2日，澎湃新闻（http://www.thepaper.cn/newsDetail_forward_1390220）。

年颁布新的"欧洲气候变化项目",容纳了适应议题;同年澳大利亚、加拿大、英国等国接受它为国家战略,开始国家层面的能力建设(Lidskog, Soneryd & Uggla, 2010:74)。虽然德国在2008年才出台国家适应战略,但一些地区先前已经对此进行跨学科研究,旨在强化抵御力、恢复力与创造力,增强社区应对气候变化的韧性(resilience),如推进预警系统、排水系统、农作物适应措施、旅游服务调整、农林业决策支持系统等(Frommer, 2013)。我国于2013年12月公布《国家适应气候变化战略》,此后各地推出了省级甚至市级层面的适应规划,或者在整体应对规划中包容了适应战略。

传播研究领域首先聚焦传统媒体的气候变化表征以及社交媒体中的公众反应。研究认为气候变化自1988年进入公众议程后持续发酵为政治议题(Jaspal & Nerlich, 2014)。如《纽约时报》1995—2000年间的气候变化报道逐步退出"科学"版面,转而亮相"政治"版面(Kirilenko & Stepchenkova, 2012)。技术乐观主义是气候变化报道的另一个特征:2010年后,减少碳排放的"技术"框架的报道在增长,如液裂法开采页岩气、碳捕捉与储存等(Howell et al., 2014)。传统媒体遵循的是科学传播的"赤字"模式,即假设公众缺乏知识或者没有意识到迫在眉睫的危险,因此需要教育、说服公众与科学共识结盟;与之相对的是借助新媒体技术促进公众介入批判性、包容性对话的科学传播范式(Pearce et al., 2015)。然而互联网是纵容极化观点的场域。在美国,研究发现共和党选民占多数的州,居民更多使用"全球变暖"术语与"骗局"框架在推特上发表评论;而在民主党选民占多数的州,居民更多使用"气候变化"术语,并视之为值得关注的现实问题

(Jang & Hart，2015)。而且推特等社交媒体上气候变化的讨论常常发生在极化的"回音室"里（Williams et al.，2015）。在战略偏好上同样存在极化现象：一些选民支持减缓作为气候变化政策，另一些选民则拒绝这一政策但会支持某些适应措施（Sharman，2014；Capstick & Pidgeon，2014）。

大量的研究还聚焦在公众是否使用气候变化框架来理解风暴潮、旱灾等极端天气，以及如何向公众传播气候风险以提高他们的适应能力。地球暖化导致的海平面上升，与高潮位、风暴潮等短期威胁会联合加剧脆弱海岸区域的海水倒灌，英国学者（Thomas et al.，2015）基于对塞汶河口（Severn Estuary）居民的风险感知调查，发现与其他议题相比海平面上升受到低度关注，居民将它视为未来他人面临的风险，并且认为引起或应对海平面上升不是他们的责任。研究认为乐观或回避都是公众适应行动的潜在障碍，风险传播应将灾难归因为极端天气与海平面上升联合作用的产物，否则不理解叠加效应的居民会低估风险；要表征气候变化的威胁就在"此时此地"，并且推荐个体能够采取的最有效的行动。我国学者李玉洁（2013）通过电话调查，发现农村受访者普遍认为气候变化对他们的影响不太严重，半数以上认为气候变化不是由于人类活动引起；农民对政府环保政策的认同以及行动上的自我效能都不高，但他们比城市居民更加信任政府与科研机构，因此对城乡公众应实施差异性气候传播策略使其参与适应气候变化的行动。

全球公众总体上对气候风险的感知度不高，这为适应战略与实践的传播带来了障碍。加拿大三所大学联合发起的"迎接气候变化挑战项目"，试图利用互联网提高社区层面适应气候变化的知识生产与有效传播:第一步是知识生产,即采用特定语境下的案例分析,在英属哥伦比亚省的11个社区调查创新性的应对气候变化行动,确认最佳实践;第二步是通过网络将知识传播给地理上分散的社区与公众,以分享领导社区的先进经验,包括使用在线案例库、在线对话、社交媒体(如利用推特与脸书邀请公众参加在线对话),以及线下的面对面交流与学术传播(Newell & Dale,2015)。意大利学者(Bojovic et al.,2015)探索利用互联网促进意大利北部农民高效、有意义地介入气候变化适应行动,为此开发了电子参与框架(eParticipationFramework):首先通过在线问卷理解他们对农业影响的感知与反应,随后设计了一揽子农业适应措施,让农民使用用户友好型界面评估这些措施,再将这些地方适应实践的信息传递给决策者,在农民与决策者之间尝试新的沟通渠道,使公众参与贡献于合法的决策过程。

综上所述,当前国内外气候传播研究包括以下方面:(1)气候变化的传播主体、渠道与内容框架;(2)公众风险感知及其影响因素;(3)促进公众参与气候变化应对行动的有效传播方式。基于以往的研究,本章提出如下研究问题:

RQ1:谁使用微博传播气候变化风险、以何种框架传播?适应气候变化是否为主导框架?

RQ2:网民如何回应气候变化微博?从中反映出他们的风险感知处在何种水平?

RQ3:网民气候风险感知的影响因素为何?如何以促进公众适应行动为目标,有效治理风险传播机制?

二 研究方法

以内容分析结合框架分析作为研究方法，先随机抽取一个月中的某一天，随后以"气候变化"为关键词抽取 2015 年 1—10 月间所有同一天发布的微博。接着对样本微博的发布主体与内容框架进行编码。微博的发布主体简称博主，分为国际组织、外国政府驻华机构、外国媒体、外国营利机构、中国非营利机构、中国政府机构、中国媒体、中国营利机构、中国非盈利机构、个人等 10 类。研究使用议题特殊性框架（issue-specific frames）与通用框架（generic frames）分析博主是如何表征气候变化议题。前者是指专属特定议题的框架，后者是所有议题共享的框架（de Vreese，2005）。气候变化议题的表征既有特定框架又有共性框架，包括科普、风险感知、行动倡导、展望巴黎等议题特殊性框架，以及原因阐释、影响后果、解决路径等通用框架。其中气候变化应对（即解决路径）又可以分为中方行动、美方行动、国际合作、投资新能源、减排技术、市场路径、绿色营销等若干子框架。对以上项目的描述性统计，可以反映哪类传播者积极介入对我国网民的气候风险传播、传播策略为何，以及"适应"气候变化的框架处在主导还是边缘地位。

研究将上述微博中的网民评论分为社交性互动（转发、问候、"路过"、粉丝间互动，仅仅表达存在感或维系线上社会关系）、认同性互动（赞同博主的观点或价值观，甚至在认同基础上补充自己的观点）、批判性互动（嘲讽、质疑、批驳、否定或纠正微博观点，表达冲突性或竞争性观点，如对气候变化的行动倡导表达阴谋论、怀疑论、宿命论等）、偏离性互动（言论与微博主题无关，如在美国驻华大使馆的气候变化微博中抱怨签证事宜，在联合国的气候变化微博中谈论人权或反腐话题）以及极端性互动（咒骂等情绪发泄）。通过对博主与网民互动的内容分析与话语分析，研究试图理解我国网民对气候变化的风险反应，以及何种因素影响了他们的风险认知、态度与行为。

三　研究发现

从样本数据看（见表2-1），新浪气候变化微博平均每天发布量为19.7条，平均每条微博的网民评论量仅为2.2条，无论从发布量还是从反馈量来看都可谓"清冷寡淡"。个人（53.1%）、中国营利机构（11.9%）与中国政府机构（10.7%）排在平均每天发表量的前三位，合占总发布量的75.7%。在个人博主中，表现比较踊跃的是NGO成员、记者、研究者、理财经理等；在中国营利机构中，踊跃博主为碳排放权交易网络、能源产业网站；在中国政府机构中，地方环保与气象部门最为活跃。然而从网民反馈程度来看，这三类博主的气候变化微博分别只占总评论量的11.8%、18.7%、1.8%，平均每条微博分别只有0.5、3.5、0.4条评论，多数微博遭遇零反馈的窘境。再看中国媒体的表现，平均每天发布气候变化微博仅为1条，每条微博仅吸引0.3条网民评论。以上数字说明气候传播在微博空间被边缘化，在吸引网民互动上也不成功，气候变化不属于国内传播的热门议题。

相比之下，国际组织（4.0%）、外国政府驻华机构（3.4%）、外国媒体（2.8%）的气候变化微博占比都很低。然而这三类微博的网民评论量却分别占所有评论量的31.5%、18.9%、15.1%，合占65.5%；平均每条微博吸引的评论分别为17.6条、12.3条、11.8条，远胜于个人与各类中国机构微博的表现。这表明我国网民更偏好与国际组织、外国政府驻华机构与外国媒体探讨气候变化，说明它更属于国际传播议题。

表2-2显示了新浪气候变化微博的框架分布：科普（4.0%）、风险感知（9.6%）、原因阐释（3.4%）、影响后果（24.3%）、解决路径（42.4%）、行动倡导（14.7%）、展望巴黎（1.7%），大体上契合恩特曼（Entman，1993）提出的"问题定义、原因阐释、道德评价或解决路径推荐"这一人类普适的思维逻辑。从框架的构成中没有发现气候变化命题是否成立的争议。换句话说，就科学数据呈现的气温升高、极端天气频繁、北极冰盖融化等现象属于地球史上周期性的"气候变异"（climate variability）还是人类行为引发的"气候变化"（human-induced climate change）的争议，样本微博总体上默认了后者并将它视为一个急待解决的问题。尽管科学争议已经式微，对气候变化成为全球性政治议题的原因阐释却存在挑战：有6条微博从不同侧面指责气候变化是工业革命以来资本主义扩张的产物，但作为国内利益博弈的结果，美国退出《京都协议书》，在国际谈判中要求发展中国家承担更多减排责任，使该议题成为南北问题。虽然原因阐释不是微博话语的中心，但它属于一种隐伏话语，在国际谈判场合仍然会成为话语秩序的中心。

第一部分 媒介

表 2-1　　新浪气候变化微博的主体、数量与评论

博　主	微博数量 N＝177, M＝19.7	粉丝评论数量 N＝391, M＝2.2	代表性博主
国际组织	7(4.0%)	123(31.5%)	联合国、联合国开发计划署、联合国粮农组织、联合国环境规划署
外国政府驻华机构	6(3.4%)	74(18.9%)	美国驻华大使馆、瑞士驻华大使馆、美国驻武汉总领馆、古巴驻华大使馆
外国媒体	5(2.8%)	59(15.1%)	路透中文网、新西兰华文报社、FT中文网、ColdplayNews
外国营利机构	2(1.1%)	0	巴西星威贸易有限公司、孟山都中国
外国非营利机构	3(1.7%)	2(0.5%)	乐施会、美国普林斯顿大学、加拿大协和大学
中国政府机构	19(10.7%)	7(1.8%)	环保部宣教中心、长春市环保局、绍兴环保、中国气象局、昆明气象、厦门疾控、北京质监等
中国媒体	9(5.1%)	3(0.8%)	北美新浪、财新网、北京新闻广播、陕广新闻、中国贸易报、环球老虎财经、新浪时尚等
中国营利机构	21(11.9%)	73(18.7%)	北京环境交易所、China碳排放交易网、中国—风力发电网、国际4A广告网、招商地产等
中国非营利机构	11(6.2%)	4(1.0%)	中国绿色碳汇基金会、中国国际能源舆情研究中心、北海民间志愿者协会环保组、中科院之声等
个人	94(53.1%)	46(11.8%)	气候组织大中国区总裁、绿色和平对外联络顾问、柳叶刀网站记者、扬子晚报记者等

微博空间气候变化话语的特点还体现在影响后果（24.3%）、解决路径（42.4%）框架已占主导地位。前者试图唤起人们的忧虑或恐惧，证明行动的必要性与紧迫性，后者从政治、经济、技术、市场等视角提供应对方案。这种情况在无意间契合了当代环境倡导团体的气候传播战略，如美国前副总统戈尔发起成立的"气候保护联盟"，战略性地绕开气候变化是否是一个现实风险的争议，转而向公众传播气候变化是"急迫的、可解决的"议题，呼吁公众对气候危机采取行动（Cox，2010：213）。从解决路径的构成看，减缓气候变化（69条，92.0%）在微博数量上远胜于公众适应气候变化（6条，8.0%）。减缓框架包含了中方行动（21.7%）、美方行动（7.2%）、国际合作（26.1%）、投资新能源（15.9%）、发展减排技术（18.8%）、促进碳排放交易（2.9%）以及绿色营销（7.2%）等子框架，隐含了大国责任、全球合作、资本导向、技术乐观主义等国际社会的主导价值观。相形之下，以增强公众韧性为目标的气候变化适应框架处在边缘地位。联系到影响后果框架的构成中，强调气候变化对人类带来不可逆转后果的末日修辞占较大比例（39.5%），这种宿命论与悲观主义论调可能不仅不会激发公众行动，反而会降低公众在适应气候变化上的自我效能。

表2-2　　　　　　　　　　新浪微博气候传播框架

框架 N=177(100%)	子框架	操作性定义
科普 7(4.0%)	N/A	普及与气候变化相关知识
风险感知 17(9.6%)	自身体验 12	亲身感受到气候变化、参与应对行动
	不感兴趣 5	讽刺气候变化观点或对议题不感兴趣
原因阐释 6(3.4%)	N/A	气候变化或国际气候争议的责任归属

续 表

框架 N=177(100%)	子框架	操作性定义
影响后果 43(24.3%)	致命后果 17	对人类或生态带来致命或不可逆转的后果
	其他影响 26	对极地、海洋、天气、经济、健康的影响
解决路径 75(42.4%)	减缓 69 (39.0%) 中方行动 15	中方在减排上的努力以及成功经验
	美方行动 5	美方在减排上的承诺、表态与行动
	国际合作 18	大国合作或富国援助穷国以应对气候变化
	投资新能源 11	投资新能源、再生能源、非化石能源
	科学技术 13	发展农业、气象、能源互联网、绿色建筑等技术
	市场路径 2	通过碳交易的市场力量减缓气候变化
	绿色营销 5	企业推出节能产品或宣传应对气候变化的努力
	适应 6 (3.4%) N/A	通过改变耕种方式等适应气候变化
行动倡导 26(14.7%)	N/A	批评政府漠视、倡导权益相关人遏制气候变化
展望巴黎 3(1.7%)	N/A	巴黎会议的难题、关键因素、公众参与等

追踪这 177 条微博的信源，发现仅 51 条（28.8%）为原创，其余 85 条（48.0%）源自新华网、人民网、环球网、新浪网等新闻网站，15 条（8.5%）源自非新闻网站，6 条（3.4%）源自《自然》《柳叶刀》等专业期刊。说明传统媒体仍是气候传播的主力军。然而 6 条适应框架的微博无一源自国内主流媒体，它们包括：《中国科学报》报道马铃薯主食化有利于粮食安全；国际扶贫机构乐施会发布《提升恢复力：灾害风险管理与气候变化适应指

南》中译版；美国之音报道印度改变作物与种植方式，发展智能型农业；瑞士驻华大使馆宣布瑞士资助青岛研究风暴潮影响；《自然》杂志报道奥地利玉米种植户与气候学家探讨温度升高和降雨变化如何影响农作物生长；联合国开发计划署宣布与摩洛哥妇女团体合作，改善绿洲种植方法。中国是受气候变化影响最深远的国家之一，主流媒体在倡导城乡居民的适应行动上仍有相当大的潜力。

基于对23条微博（评论量3条以上且没有关闭评论功能）共283条网民评论的分析（见表2-3），研究发现偏离性互动（94条，33.2%）、社交性互动（75条，26.5%）、批判性互动（65条，23.0%）、认同性互动（43条，15.2%）、极端性互动（6条，2.1%）呈依次递减趋势。总体而言气候变化微博的认同度较低。即使表达的是认同，一些网民的末日修辞透露出宿命论倾向，如"后天要来了，不是幻想""下一次物种灭绝快了吧""不断追求进步快速，以为人定胜天，竟是走向末路""虽然感觉好可怕，但是我们什么也做不了"。批判性互动总体上反映了网民对气候变化影响或应对的怀疑论倾向。如路透中文网微博指出"富国对穷国的资金援助是巴黎气候峰会成败的关键"，有网民嘲讽"给钱就给办成、不给钱就办不成"，另一位质疑极端天气的成因"不一定是气候变化，而可能是其他人为因素"。针对"希拉里反对美加输油管道，称它是解决气候变化障碍"的微博，仅有的3条评论都对依赖石油经济的加拿大阿尔伯特省表达了同情。就环保部宣教中心发布的"中国应对气候变化提供2.5万亿美元投资机会"，有粉丝认为水污染、生活垃圾等感受得到的环境问题治理更加重要。联合国粮农组织发布了"教皇敦促应对气候变化,消除贫穷与饥饿"的微博,网民反驳认为饥饿的主要原因是贫富分配不公。偏离性互动反映了网民对气候变化议题的冷漠,如一位博主在青海吉乃尔湖旅游时感叹气候变化导致盐湖逐步消失,3条偏离性评论中一条肯定了盐湖之美,另外两条则询问去那里的路线与车程。另一条微博刊图报道了美国男星飞抵达沃斯出席气候变化应对倡导活动,34条评论中有24条表达了对男星衣着品味以及会否受凉的关注,并声称要捐款为他购买衣服。

网民对联合国与美国驻华大使馆的回应更具有冲突性,批判性与偏离性话语所包含的情绪相对更为激烈。联合国在2015年9月23日发了两条微博,主题分别是"遏制气候变化是全球可持续发展目标之一"与"遏制气候变化的地球是人类理想的家园",招致了高比例的不认同。有的批评它"放卫星""难度高",斥责它"除了收会费与扯皮之外,有什么用?"有的直接给出了替代性目标,涵盖了对日常生活层面的房价、交通、工作,到国家层面的民主、文明、人权,再到国际层面的反恐、和平等方面的期待。针对9月23日美国大使馆主题为"博卡斯评价中美签订气候变化协定具有历史性"的微博,不仅有声音质疑美国政府别有用心或者受到利益集团的操纵与诱导,更有偏离性的回应谴责美国发动战争或者要求美国正视日本侵略历史。就6月23日美国大使馆主题为"北极升温正给温带地区造成气候异常"的微博,有网民驳斥认为这是"地球正常规律的变化而已,人类活动虽有影响但微乎其微",指责美国高能耗的生活方式加剧了温室气体排放,还有网民要求美国停止开采页岩气,避免温室效应更强的甲烷逸出。偏离性反馈更是反映了不同议题在吸引公众关注上的高度竞争性,如"气候暂时不是最主要的,先把签证系统修好吧,需要蓝翔技校帮助吗?""就已存在的问题避而不谈,签证系统崩溃也没有任何道歉,这难道是美国价值?"气候变化的关注度在某些语境中远低于其他议题,反映了网民的功利与实用倾向。

表2-3　　　　　　　　新浪气候变化微博网民评论

日期/博主	微博主题	评论(社交:认同:批判:偏离:极端)	典型评论
10.23 路透中文网	富国对穷国资金援助是巴黎峰会成败关键	4(1:0:2:1:0)	极端天气不一定是气候变化,可能是其他人为因素。
9.23 联合国	遏制气候变化是全球可持续发展目标之一	9(1:2:6:0:0)	能达到的目标就是不饿死人,而且也不能保证。
9.23 联合国	遏制气候变化的地球是人类理想的家园	33(8:4:5:16:0)	你们除了收会费和扯皮之外,还有什么用处?
9.23 国际4A广告网	气候变化如何摧毁野生动物的生存空间	4(0:3:0:1:0)	散发着浓重工业气息的背后,是对动物无尽的摧残。
9.23 美国驻华大使馆	博卡斯:中美签订气候变化协定具历史性	17(2:4:5:5:1)	美国政府也是被以谋求商机和利润为目的的大公司所操纵误导。
8.23 爱城微博	希拉里反对美加油管项目,称加剧气候变化	3(0:0:3:0:0)	只有一个客户,如今客户变竞争对手,日子还能更难过点吗?
7.23 3KM逗高反	感受气候变化导致盐湖消失	3(0:0:0:3:0)	公路至湖边约需步行多久?请问下大巴车可以开到湖边吗?
7.23 环保部宣教中心	中国应对气候变化创2.5万亿美元投资机会	3(1:0:1:1:0)	水污染不彻底治理,气候就会变得更加暴躁!

第一部分 媒介

续表

日期/博主	微博主题	评论(社交：认同：批判：偏离：极端)	典型评论
7.23 青春水务	中国宣布2030年停止碳排放量增长	5(4：1：0：0：0)	了解。
7.23 瑞士驻华大使馆	瑞士资助青岛应对风暴潮研究	3(1：0：0：0：2：0)	现在办瑞士签证可以申根免签么？
6.23 联合国	公务员在应对气候变化挑战上的作用	22(3：5：4：10：0)	你发错地方了，大陆没有这样的公务员。
6.23 MCBBS-精选	一款游戏呈现应对气候变化的城市形象	10(5：2：0：3：0)	光影好漂亮；太美了。
6.23 FT中文网	批评教皇将气候变化归因为科技	20(4：6：5：2：3)	宗教应该尊重科学，宗教如果攻击科学，是自取其辱。
6.23 美国驻华大使馆	北极升温正给温带地区造成气候异常	26(5：3：6：11：1)	气候暂时不是最主要的，先把签证系统修好吧！
6.23 FT中文网	《柳叶刀》报告警告气候变化影响健康	3(2：1：0：0：0)	不断追求进步快速，以为人定胜天，竟是走向末路，非常的讽刺。
6.23 非常真人	美国学者认为地球正进入第6次大灭绝期	6(0：5：1：0：0)	虽然感觉好可怕，但是我们什么也做不了，群众好弱。
6.23 联合国粮农组织	教皇敦促应对气候变化，消除饥饿	3(0：0：1：2：0)	生存所需原本是够用的，只不过被少数给占有了。
4.23 美国驻华大使馆	美国担任北极理事会轮值国主席	20(8：2：4：5：1)	欺世盗名，白痴都知道这理事会是干吗的。

35

续 表

日期/博主	微博主题	评论(社交：认同：批判：偏离：极端)	典型评论
2.23 联合国环境署	IPCC报告东非极端天气威胁食物与水安全	3(2：0：0：1：0)	一万多块钱躲十几年，"名人"别做没脸的事儿，赶紧还钱！
1.23 联合国	中国促基里巴斯参与气候变化国际合作	39(11：0：21：7：0)	这些领域我们也需要投入和发展，自己做好了再说别人。
1.23 不见青女	气候变化导致地理调整，第五人类正在诞生	10(8：1：1：0：0)	被你知道我们的存在了，哼哼；我读书少你不要骗我。
1.23 天津河北青年	中国承担共同但有区别的责任，低碳发展	3(0：3：0：0：0)	迎接国际局势新挑战。
1.23 Coldplay News	美国男星抵达沃斯参与减缓气候变化活动	34(9：1：0：24：0)	就穿一件么，帅帅帅；给他捐钱买衣服的事啥时候开始？

四 讨论与结论

"如果不确定性被所有的长远决策所考虑，那么许多基础设施项目会更好地适应未来，气候变化的影响会保持在更低、更可管理的水平。"（Hallegate，2009：246）倡导公众适应气候变化的重要性毋庸置疑，然而从新浪微博及互动来看，我国网民在对风险信号的阐释、过滤与传递过程中表现出社会减轻迹象。一方面反映在气候变化微博的活跃度与互动的热烈度都比较低、反馈话语流露出高比例的回避（偏离性评论）与否认（批判性评论）倾向，与气候科学所警示的风险强度、范围以及环保组织倡导的行动急迫性有着巨大落差。国外学者通过研究谷歌搜索词，同样发现自 2009 年哥本哈根气候会议以来，人们原先抱有的更好气候传播推进更好气候政策的希望在收缩，公众对气候变化的兴趣在流失（Pearce et al.，2015）。不少国家的舆论研究也显示一种混合的景象，有一些公众关注增长的证据，但也有对气候变化的程度或可能危险持怀疑主义的潮流（Capstick et al.，2015）。

风险减轻的另一个表现是气候变化微博空间成为国际政治舞台的延伸，表现在联合国、美国大使馆、《金融时报》等境外机构的微博吸引了远比国内机构高得多的网民互动，而网民通过对抗式解读与话语狂欢（表现在怀疑论、阴谋论、反美情绪）解构了现实中的国际政治权力。网民在议程设置意图、归因框架与言行一致性上对美国的批判，作为公共外交的重要构成，对美国政府施加了一定的舆论压力。然而在对内传播上，阴谋论、怀疑论与宿命论可能降低我国公众适应气候变化的积极性，甚至在支持、倡导、监督地方政府与企业的节能减排行动上缺乏必要的动力。因此，理解网民处理气候变化信息的心理机制尤其重要，美国传播学者吉姆·维特（Kim Witte，1992）关于风险传播的"延伸的平行处理模式"（Extended Parallel Process Model）为我们提供了视角。

使用这一模式（如图 2-1 所示）勾连上面的研究发现，可以窥见网民减轻气候变化风险背后的影响因素。维特认为当个体接收到含有恐惧诉求的信息后，作为解码者会先后启动两种评估：首先，个体从严重性（severity）与脆弱性（susceptibility）两方面去评估感知到的威胁，如果评估结果是一个低度威胁（琐碎或无关的），那么个体没有动力去进一步处理信息，对恐惧诉求也不做回应；如果评估结果是一个中到高度的威胁，个体的恐惧情绪被唤起，随后被激发去评估应对效能（response efficacy，即推荐的应对行为能否有效阻止威胁）与自我效能（self efficacy，即自己能否轻松实施所推荐的应对行为）。当感知的威胁与效能都较高，个体将基于保护动机启动危险控制过程（danger control），考虑消除威胁的战略（即适应性结果）。相反，当个体感知的威胁较高，而感知的效能较低，那么启动的是基于防御动机的恐惧控制过程（fear control），考虑非适应性的应对战略（如回避或否认）。

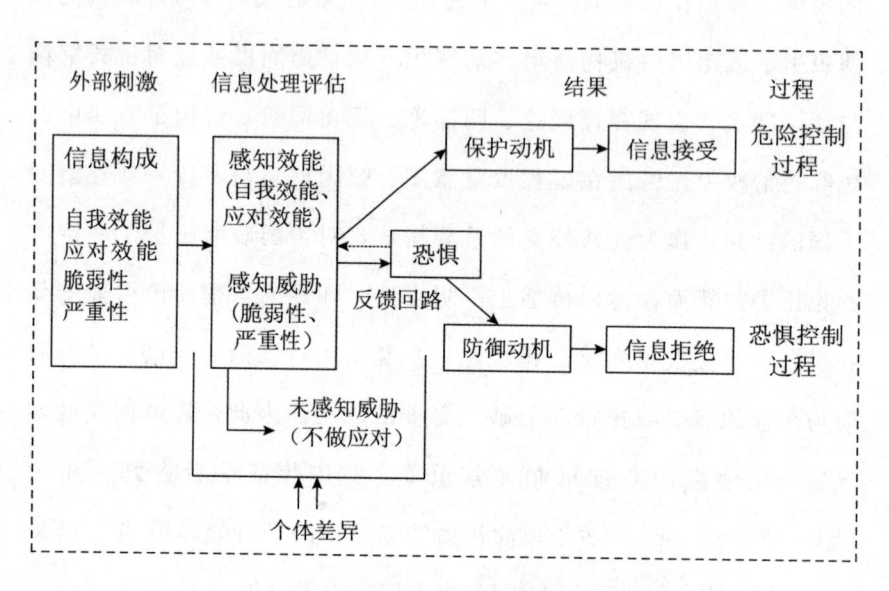

图 2-1　吉姆·维特的"延伸的平行处理模式"

从网民评论看，对气候变化微博的批判性互动（嘲讽、质疑、批驳、否定、纠正）与偏离性互动（回避）可被视为恐惧控制的表现。究其原因，首先审视气候微博所发出的"严重性"与"脆弱性"信号。无一例外，以影响后果为框架的气候微博都会强调风险的强度，从海平面上升、干旱、洪灾、海水侵袭、风暴潮到粮食安全、疾病流行、岛屿沉没、生物圈灭绝，风险信号的确非常严重。然而这些信号能否唤起受众的恐惧还要看它与受众的地理接近性与利益相关性，以及个体所处的地理、生计与文化上的"脆弱性"。基于对"显著性"这一新闻价值的追求，媒介呈现的多是北极、热带岛国、沿海低地国家等影响最显著地区令人震惊的浓缩视觉符号（如饿得皮包骨头的北极熊照片），即便偶尔警告亚热带与温带区域的气候风险，传递的却是含混的地理概念。再看对风险时间框架的表征，类似到21世纪末全球海平面相对于1986—2005年的基准线有望上升0.26—0.98米，全球气温将上升0.3℃—4.8℃的表述（IPCC，2013），给人留下气候威胁是身后之事的印象。这些信号导致了一个广泛的感知：气候变化在空间与时间上还遥不可及（Leiserowitz，2005）。一些公众虽然感知到气候风险的"严重性"，但并未感知自身的"脆弱性"，即认为自身经历风险的机会较低，因而无须恐惧，对气候议题表现冷漠。

但维特也强调了对威胁的评估具有个体差异。比如：价值观偏好"社会—利他主义"或"生物圈关注"而非"自我中心主义"的个体（Stern, Dietz & Kalof, 1993），亲身体会到极端天气频繁并认同人为因素导致的个体，担心风险威胁下一代人的个体，会因感受到"脆弱性"而唤起恐惧。但他们会积极采取适应行动（即危险控制），还是采取回避或否认（即恐惧控制），还取决于他们对"应对效能"与"个人效能"的评估。从气候变化微博的解决路径框架看，"减缓"战略占绝对主导而"适应"战略受到边缘化，"减缓"战略的具体路径（大国行动、国际合作、新能源投资、发展减排技术、碳排放权交易等）以及行为主体（国家领导人、政府机构、企业、交易所、投资人、技术专家等）都传递着强烈的信息：气候变化应对与普通公众无关，他们也无从评估社会组织与社会精英主导的解决路径的"应对效能"。强调减缓路径而非适应路径也会使公众意识到气候变化应对超越了他们自身的能力，甚至不认为这是他们的责任，从而压抑他们的自我效能。此外，一些报道将气候变化的后果表征为毁灭性的、无法逆转的，也强烈暗示了个体的无能为力。因此即便恐惧诉求唤起了公众相应的情绪反应，这种低自我效能会导致个体使用许多战略回避思考气候变化，为了管理情绪而疏离这些信息（Norgaard，2006），甚至基于防御动机而对行为倡导采取嘲讽、批驳、否定等控制恐惧策略，而不是通过积极适应去控制风险。

　　针对上述心理机制，气候传播治理应从威胁与效能两方面着手改进信息内容。适应战略强调的是及时的行为改变，其前提是公众必须感知到迫在眉睫的风险。因此，在气候变化威胁的描述上，不应再将焦点过度集中在遥远的北极、非洲、南太平洋或一个抽象的区域，而是应该借助农林、水利、海洋、气象等科学研究定义本土的潜在威胁，建立起气候变化与地方公众利益的相关性与心理的接近性，使公众切实感受到自身在风险面前的脆弱性。也就是说，从风险的严重性到公众感受到自身的脆弱性需要风险的相关性与接近性作为中介因素。如海平面上升加剧青岛等沿海城市风暴潮的威力、蒸发量加大使宁夏南部地区更加干旱，这些"此时此地"（here and now）的风险促使政府出台规划以及公众调整生产生活方式，支持农作物调整、气候智能型城市建设，甚至气候移民。传播气候变化是"此时此地"的风险，同时需要强调难以感知的气候变化与可感知因素的叠加效应。比如海平面上升、天文大潮与台风会加剧风暴潮的威力，而忽视海平面上升的人会低估风险。如果他们能够理解联合作用机制的破坏力，会对气候变化的影响有更真切的体会。

风险传播要使议题与"此时此地"有关，并且提供个体能够采取的最有效的行动（Bubeck，Botzen & Aerts，2012）。气候传播应改变过分注重减缓战略而忽视适应战略的传播框架，因为比起前者，后者的效果更加即时、显著与可视，能够激发公众的应对效能。要使公众认识到相关措施能够有效应对气候变化，地方层面的适应规划尤其重要。地方政府、科学家与公众不仅要联合定义"此时此地"的气候风险，而且要联合确定有关适应行动的决策选项，通过公众参与使适应措施的可行性与有效性得到广泛认可。比如：宁夏西海固气候移民政策实施后，因就业与生计困难产生移民返贫与返回原住地问题（石毅，2014）[1]，如果气候移民衍生的一系列问题不能被及时克服，必定会降低后续移民对应对效能的评价。对于如何将公众纳入有意义的传播之中，需要借鉴文献回顾中加拿大、意大利等国家的做法，如设计网络参与框架沟通公众、学者与政府机构。公众参与的另一个好处在于使城市规划者或农村决策者理解何种适应行为是公众凭自己的能力能够实施的，以此激发公众的自我效能。同时，大众传媒应当将气候报道论调从"末日修辞"与宿命论转移到公众适应气候变化的积极效果上来。

"延伸的平行处理模式"还帮助理解为何人们不愿将一些环境议题归因为气候变化。如媒体曾经使用气候变化框架报道云南大旱，

---

[1] 参见石毅《中国气候移民故事：35 万人迁徙寻生机》，2014 年 9 月 1 日，澎湃新闻（http://www.thepaper.cn/newsDetail_forward_1264392）。

却遭到一些网民反对。他们倾向将它归因为造纸公司焚毁原始次生林[①]，因为这种策略具有更高的应对效能——它可能促使上级政府出手干预。尽管这一模式有助于理解恐惧诉求影响公众风险反应的心理机制，必须指出传播语境对恐惧诉求效果的干扰。比如：当气候传播主体是美国驻华大使馆时，唤起受众情绪反应的不仅仅是信号本身，还包括与传播者身份相关的诸如南海争端、美日同盟、台海局势等集体记忆，这些议题唤醒的对立情绪可能会压制恐惧的唤起。此外，影响公众风险感知的因素还包括信任、公平、正义、风险—收益比、议题关注周期等。因此，"延伸的平行处理模式"需要补充语境的效果，并承认其他风险感知影响机制的解释力。

[①] 参见《揭密：云南大旱的真正原因》，2012 年 5 月 23 日，天涯论坛（http：//bbs.tianya.cn/post－62－572135－1.shtml）。

第三章

媒介与 PX 话语秩序变迁

作为 2007 年厦门 PX 事件产生的"涟漪效应",宁波、昆明、成都、茂名等地公众对 PX 项目的抵制均以当地政府宣告项目停建而告终,唯有从厦门转移到漳州古雷的 PX 项目得以成功落户并于 2013 年试投产。然而 2013 年 7 月 30 日与 2015 年 4 月 6 日的两次爆炸事故使得古雷半岛成为芳烃产业链雄心勃勃扩张计划的"牺牲区域"。2015 年 8 月 16 日,福建省公布了对古雷 PX 第二次爆炸的调查结果,认定其为重大生产安全责任事故,间接的人为原因包括工程违规分包、施工质量把关不严、检测数据涉嫌造假、地方政府监管不到位等问题。[①] 企业事故频仍威胁环境与安全、地方政府信任流

---

① 参见沈汝发《腾龙芳烃(漳州)有限公司"4·6"爆炸着火事故调查报告公布》,2015 年 8 月 16 日,新华网福州(http://www.fj.xinhuanet.com/news/2015-08/16/c_1116268722.htm)。

失、环境移民生计难题、风险放大的涟漪效应波及全国，这些负外部性促使传播学界省视新闻媒体在 PX 报道上的媒介表现及其社会影响。特别是 2007 年年底传言厦门 PX 即将迁至漳州古雷后，先有与古雷一水相隔的东山县铜陵镇爆发群体事件，后有部分古雷居民拒绝征地以及发生堵路事件，且古雷民众对 PX 项目工程转包一事早有所闻，对困扰他们的异味与粉尘的投诉也时有发生。按理说以上信息足以为新闻媒体设置报道议程，然而即便新闻媒体报道了腾龙芳烃的两起爆炸事故以及环保部两次对它严厉执法，古雷民众的安全与环境诉求并未在报道中得到充分反映，在企业—政府—公众的权力矩阵中失去了话语权、参与权与监督权，最终在两次爆炸后开始接受撤离家园的命运。

新闻报道作为一种话语实践，是社会实践的再语境化，它是"社会建构的关于某方面现实的知识，在具体的社会环境中以一种符合某些社会行为者利益的方式得以实现"（Kress & van Leeuwen, 2001：4）。本章引入法国哲学家米歇儿·福柯（Foucault, 1979）的"话语秩序"概念，使用费尔克罗夫（Fairclough, 1995）与范雷翁（van Leeuwen, 2008）的批判性话语分析方法，通过对相关新闻报道进行框架分析、社会符号学（socio-semiotics）分析以及文本间分析，考察从厦门 PX 到古雷 PX 演进过程中新闻话语秩序的变迁，揭示支撑话语选择与组织规则变化背后的意识形态。

一 文献回顾

话语实践被视为建构了环境风险以及应对风险的合法途径，而风险知识建构的背后并不是价值观或意识形态中立的，话语分析的一个任务是识别与特定利益群体相对应的话语类型，试着理解不同话语类型所隐含的价值诉求并提供它们之间对话与协商的可能性。如在储存有害废弃物的争议上，威廉斯与麦锡尼（Williams & Matheny，1995：9—10）归纳了三种重要的话语类型，即管理主义、多元主义与社区主义，公众利益在这三种不同话语的交锋中得以协商。然而在社会实践中，不同权益相关人的话语类型往往并不具备清晰的边界。使用上述话语类型考察美国联邦政府将核废弃物填埋场选址在内华达州的争议话语，利普斯葛姆与奥康纳（Lipscomb & O'Connor，2002）指出该州几乎所有的政治领袖借助社区主义话语反对选址，声称该州已经接受了高于全国风险水平的联邦设施，牺牲内华达州不公平；能源部、核工业等权益相关人则诉诸多元主义点缀的管理话语，坚持核废弃物应储存在科学家认为最高效的地方，且决策过程已经尊重了多元主义对程序的要求；普通公众总体上"信任"科学，但基于"公平"并不同意选址。作者认为在不信任与犬儒主义盛行的时代，风险决策者应加强对不同话语类型的敏感性。

从社会影响的角度考察话语实践，后者还被视为维护权力关系、再生产社会结构，或者重新分配社会权力、产生新的社会结构的机制。金斯拉（Kinsella，2005：63）认为美国冷战期间与冷战后关于核能的传播话语呈现两个重要特征：一是公众话语权的剥夺，即文本倾向于将核能表征为普通公众难以控制与干涉的主体，从而排斥他们的决策参与，借此挤压了不同观点争论的空间；二是现代主义的叙事建构，即核能被表征为正面的故事主角，作为人类社会演进的动力与启蒙意识形态发生强烈关联。其结果是，聚焦核能神秘、效力、机密与生机（mystery, potency, secrecy and entelechy）的核话语给了一小群精英以合法化权力,"联手将核领域的公众参与及个体能动性去权力化了,更普遍的是,同样的意义体系激活了技术专家、军事偏好、权威遵从,缩小而不是扩大了公共政策中的参与"(Kinsella,2005:63)。使用社会符号学分析,卡特拉尼(Catellani,2012)确认了日本福岛核事故前欧洲的亲核话语呈现了金斯拉所归纳的叙事话语的变种:核能被视为满足能源需求、减少温室气体排放的解决路径,这一新的宏大叙事激活了有关核能的现代主义叙事,同时诉诸享乐型个人主义也成为推广核能的合法化战略。

社会语言学传统上认为,"人们因为他们是什么身份所以怎么说话",而作为后现代社会思潮的话语理论认为,"人们因为怎么说话所以是什么身份"(Cameron,1997),因此新闻话语还被用来分析它建构了环境记者的何种身份认同。斯多金与侯斯腾(Stocking & Holstein,2009)归纳了记者在报道那些威胁产业利益的科学家受到产业界反击的议题时,表现出四种争议性角色:(1)传递者(disseminator),即记者客观描述产业界对科学家"无知"的声称,但自己不去评估这种声称是否"真理",只是准确报道产业信源对于科学的评价,留给公众自己去判断;(2)阐释者/调查者(intepretor/investigator),这类记者用独立调查来评价产业界对科学家的挑战,去伪存真,无视产业界声称,赞扬科学家的研究;(3)人民动员者(populist mobilizer),即强调非专业的公民观点,使记者的调查作为可信的科学证据得以表征,试图改变公民主张在多数情况下被排斥在产业与科学家的争论之外的现状;(4)敌视者(adversary),这类记者对所有的声称(包括科学家的)保持怀疑,由此提高了声称科学偏见的产业界的可信度,导致新闻事实上支持了产业利益、敌视了科学。

新闻话语建构了记者的社会身份，也建构了新闻事件中行为者的身份认同。我国学者冉冉（2015）总结了反 PX 事件报道中公众的媒介形象变化，认为 2007 年参加"散步"的厦门公众被媒介话语塑造为"理性、克制、有责任感的公民"，然而 2014 年茂名反 PX 事件中的公众却被媒体描述为"邻避者"，用贬义的"邻避运动"取代了在含义上中性的"环境运动"，其社会效果是将环境抗争去正当化、去道德化，从而消解了公民社会的政治力量。然而从积极的一面看，尽管成都、昆明、茂名的反 PX 事件被不恰当地表征为利己的"邻避运动"，新闻媒体至少没有完全遮蔽这些行动，事件曝光使它们在一定程度上获得了舆论能见度，使环境决策的暗箱操作置于公共舆论的视野与压力之下，最终迫使地方政府让步。这表明"邻避"话语本身不足以完全钳制"去道德化"的公众发出自己的声音。然而在古雷 PX 得以顺利开建并投产的反例中，基于媒介对某种环境争议的解决路径存在偏好，古雷居民的声音被排除在媒介话语实践之外。

二 研究方法

本章使用批判性话语分析（critical discourse analysis）作为研究方法，不仅分析媒介话语结构与话语策略，而且揭示话语与地方、全球、社会、政治语境之间的复杂关系（van Dijk，1990：8）。费尔克罗夫（Fairclough，1995：187）曾经使用一个"三维"框架来描述批判性话语分析的结构：它整合了文本分析、话语实践分析（即文本的生产、分配与消费过程）以及将话语事件（discursive events）

视为社会文化实践的分析,分别对文本进行语言学描述、阐释话语实践与文本的关系、解释话语过程与社会过程之间的联系。他(Fairclough,1995:187)进一步阐述:作为一种批判路径,批判性话语分析旨在揭示文本属性与社会过程、社会关系之间的联结,而这种联结对文本的生产者与阅读者来说并不是透明的,然而话语的有效性恰恰在于文本背后意识形态与权力关系的不透明性。由于文本是话语实践的产物,文本中留有话语实践的痕迹,因而通过批判性话语分析能够发现特定文本背后意识形态与权力关系的协商与再生产。

批判性话语分析路径认为文本生产遵循着特定的话语秩序(ordersof discourse)。这一概念居于福柯话语理论的中心,它既是指知识生产遵循特定的文化规则、风格、思维与禁忌方式等,又是指在特定的社会文化与历史时期,存在基于特定观察、分析与行为方式之上的话语,它分配权力,使参与者承担规训,按照其所处时代的主导话语身体力行(Scollon & Scollon,2001)。在福柯看来,"一个领域没有知识的相关建构就没有权力关系,没有任何知识不预设与同时构建权力关系"(Foucault,1979:27)。话语实践不仅生产与传输知识,而且生产某类个体,规训他们,使他们毫无疑问地接受某种思维方式并将之视为解释他们所面临问题的最自然、最合适的方式。但话语秩序也会受到挑战,尽管它是形塑特定群体文化与意识形态的"软件",但这一"软件"常常与个体的表达行为存在张力:个体表达行为受到"软件"的管理,但它也可以改变"软件",即个体能动性能够迂回、改编甚至改变法律、常规与文化体系(Catellani,2012)。费尔克罗夫(Fairclough,1995:132)认为某个社会领域的话语秩序就是这个领域的话语实践总体,以及这些话语实践之间的关系(如互补、包容/排斥、对立),某个社会的话语秩序是一系列"地方性"话语以及它们之间的关系。本章将当代中国社会的 PX 话语秩序视为媒介、公众、政府、企业、社会组织、科学家等权益相关人话语互动的产物;而其中媒介 PX 话语秩序的形成,也是基于不同意识形态(如多元主义、权威主义、科学主义、经济民族主义)的异质媒介话语相互竞争、协商、互补、融合或此消彼长的结果。因此,无论是媒介还是它所处社会的话语秩序处在永恒的改变之中,本章通过批判性话语分析,旨在揭示媒介 PX 话语秩序变迁的轨迹、推动变迁的话语机制(如框架转移、议程遮蔽、信源筛选、框架共鸣等)及其背后的意识形态根源。

作为话语分析对象,文本被定义为"社会事件的语言学/符号学要素,社会过程的可分析的孤立部分"(Fairclough,2005:916)。关于文本分析,费尔克罗夫(Fairclough,1995:188)认为它有两种互补的分析类型:语言学分析与文本间分析。前者不仅包括语言学的传统分析层面,如音位、语法、词汇、符号等较为微观的层面,而且分析句子以上的文本组织,包括句子的连贯性以及文本结构等较为宏观的层面。其中,框架分析常被用作揭示新闻文本结构(如问题定义、原因阐释、道德评估或解决路径推荐)与意识形态性(如片断式框架 vs. 主题式框架)的一种话语分析路径(Entman,1993;Iyengar,1991)。[①] 如加拿大学者(Haluza-Delay & Fern-

---

[①] 美国斯坦福大学教授 Shanto Iyengar 区分了新闻报道的片断式与主题式框架,前者将责任归属与问题解决导向个人而不是社会或情境,后者反之。参见 Iyengar, S. (1991). Is anyone responsible? How television framers political issues. Chicago, IL: University of Chicago Press.

hout，2011：727—745）探索了该国环境倡导团体与其他社会运动团体发生框架共鸣的潜能，认为二者没有形成联盟的重要原因是它们所关注的议题及其解决路径并不互相回应，前者没有使用环境正义框架去回应后者的社会正义框架，即环境运动与其他社会运动缺少"框架上的桥接"。社会符号学（socio-semiotics）分析是另一种揭示文本生产背后的话语秩序的路径。如范雷翁（van Leeuwen，2008：4—22）将话语视为社会实践的再语境化（re-contextualization），归纳了"替代"（substitution）、"删除"（deletion）、"重组"（rearrangement）、"添加"（addition）等话语策略，揭示社会实践的哪些要素通过何种符号意指方式在新闻文本中发生了基本改变。作为对语言学分析的重要补充，文本间分析通过对照相关文本的话语、类型、叙事（discourses, genres and narratives）等，揭示文本之间的关系以及在特定的社会情境中文本的生产者如何选择性地依赖某种话语秩序而舍弃另一种话语秩序，以此彰显其意识形态倾向。

基于《南方周末》是唯一持续关注厦门—古雷 PX 的新闻媒体，本章以 2007 年 5 月 31 日到 2015 年 4 月 9 日期间它关于 PX 的全部 13 篇深度报道与 4 篇特约评论为主要研究对象（详见本书末附录），对照新华社、央视、《人民日报》的 PX 报道以及在 2015 年 6 月田野调查期间收集的 28 位古雷居民的深度访谈文本，通过框架分析、社会符号学分析以及文本间分析，试图管窥这期间 PX 媒介话语秩序流变的特点、动力与潜在的社会影响，探讨未来我国环境争议解决的理想模式以及媒介在这一模式的共识形成中所应扮演的角色。

三 框架转移：从公众参与到政府公关

《南方周末》关于厦门PX的第一篇报道《百亿化工项目引发剧毒传闻 厦门果断叫停应对公共危机》（2007年5月31日）超越了其他媒体热炒的PX安全与环境危害争议，仅仅将这一由耸人听闻的短信引发的毒性争议作为报道的背景呈现，同时将海沧居民基于对当事企业过往表现而忧虑PX项目上马后会否违规排污的信任争议一笔带过，最后精到地引入了区域环境容量与城市定位的争议。正是由于当地政府无法就后者做出有说服力的解释，它成为半年后厦门放弃PX项目的关键因素，对主要矛盾的精准拿捏显示了记者的洞察与判断力。报道呈现了这一典型环境事件所包含的三个层次的争议（Renn, 2008: 244）：技术安全争议、基于机构表现的信任争议，以及（围绕区域环境容量与城市定位的）价值观争议。社会符号学分析帮助理解作者使用了何种话语策略将第三种争议设置为主导框架的。将话语视为社会实践的再语境化，范雷翁（2008: 17—21）归纳了话语建构社会实践的四种基本策略：替代、删除、重组与添加。替代，即使用符号元素代替真实的社会实践，使之产生新的意义，如通过特定化突出行为者或通过概括化模糊行为者；排除，即通过删除某些社会实践元素来建构现实，如使用动名词将行为主体排除在责任之外；重组，即通过社会实践元素在文本中的序列重组以达到吸引、说服、劝告读者的目的；添加，即通过补充对社会实践的反应、评价、合法化或者赋予其目的，从而赋予社会实践以特定意义。将某种议题或行为（去）合法化的策略又包括（去）权威化、（去）道德化与（去）合理化（2008: 105—117）。

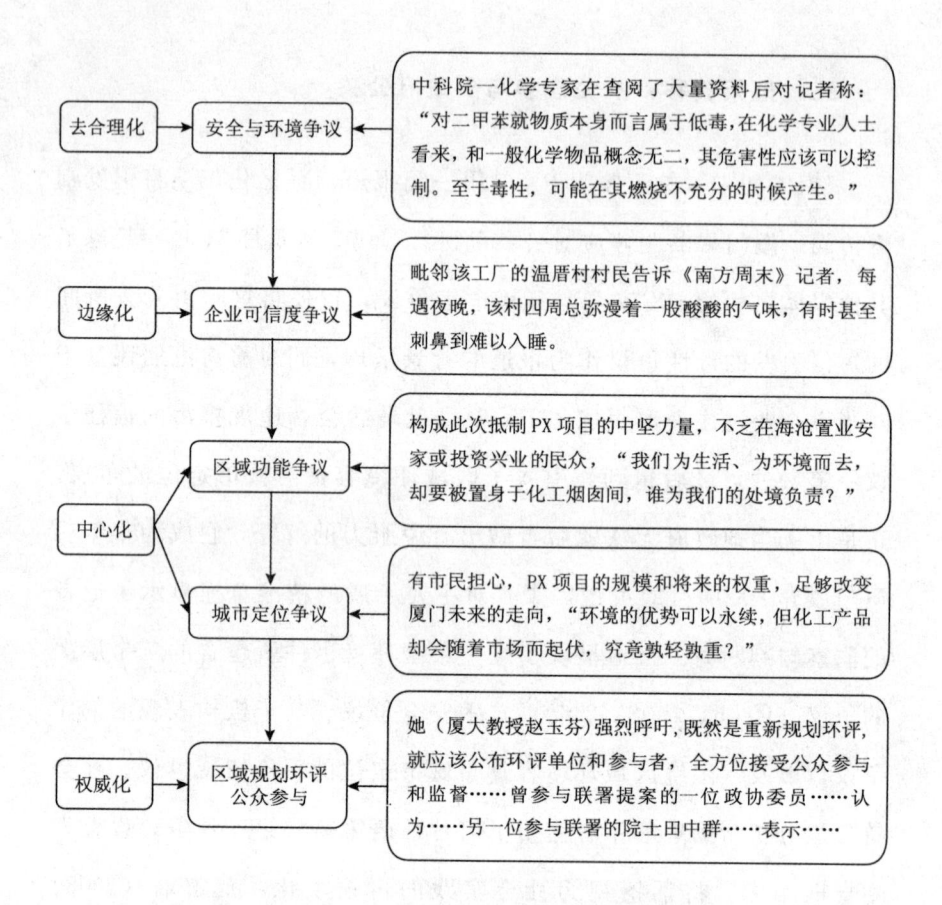

```
去合理化 → 安全与环境争议 ← 中科院一化学专家在查阅了大量资料后对记者称："对二甲苯就物质本身而言属于低毒，在化学专业人士看来，和一般化学物品概念无二，其危害性应该可以控制。至于毒性，可能在其燃烧不充分的时候产生。"

边缘化 → 企业可信度争议 ← 毗邻该工厂的温厝村村民告诉《南方周末》记者，每遇夜晚，该村四周总弥漫着一股酸酸的气味，有时甚至刺鼻到难以入睡。

中心化 → 区域功能争议 ← 构成此次抵制PX项目的中坚力量，不乏在海沧置业安家或投资兴业的民众，"我们为生活、为环境而去，却要被置身于化工烟囱间，谁为我们的处境负责？"

中心化 → 城市定位争议 ← 有市民担心，PX项目的规模和将来的权重，足够改变厦门未来的走向，"环境的优势可以永续，但化工产品却会随着市场而起伏，究竟孰轻孰重？"

权威化 → 区域规划环评公众参与 ← 她（厦大教授赵玉芬）强烈呼吁，既然是重新规划环评，就应该公布环评单位和参与者，全方位接受公众参与和监督……曾参与联署提案的一位政协委员……认为……另一位参与联署的院士田中群……表示……
```

图 3-1 《百亿化工项目引发剧毒传闻》话语图式

图 3-1 显示这篇报道对三种争议分别采取了去合理化、边缘化与中心化策略，这些策略是利用中科院专家的科学权威、厦门公众的道德评价，以及政协委员的政治权威来达成效果的。报道采用的公众信源并不涉及对 PX 毒性、项目安全性及其环境影响的评价，对激烈言论的呈现保持了极大的克制，避免通过新闻的二次传播再度放大风险，引起公众更大的不安与恐慌并且可能左右事态发展。相反，在 PX 安全性争议上，报道引用中科院专家对 PX 本身"低毒"与"可控"的评估将这一争议去理性化。在企业信任度争议上，

报道采用了翔鹭公司（腾龙芳烃的母公司）周边居民基于自身感受到的企业违规偷排的经验，表达对 PX 项目落地后企业风险自控的不信任，所使用的话语策略是对企业历史表现的道德评价。但报道并没有充分讨论这一议题而匆匆进入了区域功能与城市定位争议，而且报道最终提供的解决路径是针对后者的，因而使得信任议题被边缘化。在区域功能与城市定位争议中，报道先后使用了道德评价与理性化策略将这一议题合理化：先是受到区域功能冲突（居住区域 vs. 化工产业园区）影响的海沧房产业主追问谁对功能定位混乱负责，后是厦门居民表达了环境优势是比化工产业更可持续的城市发展理念。但使这一争议成为中心议题的是围绕"冲突—解决"的话语图式而安排行为序列的叙事结构，这种社会—认知图式通过将分散的社会实践在新闻文本中重新组合而实现再语境化，使之转化成话语实践（Machin & van Leeuwen, 2007：62—64）。[①] 在这个"争议 1（去合理化）—争议 2（边缘化）—争议 3（中心化）—解决路径"的话语图式中，通过将前两个争议去合理化与边缘化，第三个争议即区域功能与城市定位争议成为唯一具有合理性的议题，报道结尾引用三位中科院院士兼全国政协委员的权威话语对厦门 PX 事件的解决提出建议，期待对海沧进行再次区域规划环评的同时引入公众参与程序，显然是针对第三个争议而提供的解决路径，从而强化了第三个争议的中心地位，预示了此后厦门 PX 事态发展与冲突解决的方向。

[①] 话语图式（discourse schemas）是一种话语分析方法，它将文本抽象成按照某种逻辑结构组合的行为或事件序列，从而揭示社会实践是如何在话语实践中被再语境化的。常见的有"冲突—解决""追踪询问"等话语图式。详见 Machin, D. & van Leeuwen, T. (2007). Global media discourse: A critical introduction. New York: Routledge.

显而易见，厦门市民信源只为第二、第三个争议提供了道德评估与合理性。由于回避了他们对PX毒性的评价，这些市民信源呈现了厦门市民就事论事、以理服人的形象。但报道中提出公众参与环境决策的是政协委员而非普通的厦门市民，说明报道意在促使问题以一种民主参与的方式得以解决，但并不刻意渲染厦门市民争取环境决策权的激进形象，没有拔高他们近乎本能的维护宁静和平家园行为的政治含义，正是对这种政治含义的弱化反而在我国的社会语境下为他们的环境抗争提供了合法性。

厦门市民第一次以环境决策参与主体的形象出现是在半年后《南方周末》的第二篇PX报道中。现场特写《环评座谈会全记录："我誓死捍卫你说话的权利"》描述了海沧区域规划环评报告发布后，厦门市政府在2007年12月13—14日召开104名市民代表以及人大代表、政协委员参加的座谈会。它的报道框架就是公众参与环境决策过程，这种由美国哲学家、政治学者南希·弗莱舍（Fraser, 1992：134）提出的"强公众"（strong publics，即话语权边界涵盖意见形成与决策的人大代表、政协委员、政府官员）与"弱公众"（weak publics，即有权参加商议、形成意见，但不直接决策的普通公众），以及专家型公众所构成的混合型公共领域，开创了我国地方政府环境决策的先例。2007年12月27日，《南方周末》的年末盘点报道《厦门人：以勇气和理性烛照未来》将集合的"厦门人"奉为2007年的年度新闻人物，描述了厦门普通民众、厦门市政府官员、厦大教授等代表性人物在PX事件中的群像，指出厦门市民的理性抗争与决策者的顺应民意是圆满解决环境冲突的关键，并提升了公众参与环境决策的社会政治意义："帮助中国敲开现代公民社会的大门。"2008年1月3日的《厦门PX项目迁址在望？民意与智慧改变厦门 趋于多赢》承上启下，既是对厦门PX事件的再回顾，也是对古雷PX前景的预测。副标题"民意与智慧改变厦门"再次将事件解决归因为厦门市民执着与理性的决策参与，以及厦门市政府在与民意互动过程中的成长。对抗争结果的政治意义，报道同样充满溢美之词："如果最终迁址成功，厦门市政府无疑将重唤民意，而且还可能为中国环保史留下政府和民众互动的经典范例。"报道最后引用官方话语展望古雷PX的前景，给了这个延续了近一年的悬念一个乐观的解决路径：

> "［古雷］关键是不涉及拆迁安置，征地费用低廉，而且地广人稀，不会重现PX项目在厦门遭受民意反对的窘境。"一位厦门市政府官员称。古雷半岛的官员们正翘首期待中……古雷港经济开发区管委会负责招商事宜的李少平告诉《南方周末》记者，古雷岛上公路和水电等基础设施建设已经基本完成，"静候上面的安排"。对于PX项目的污染可能，［漳浦县对外经贸局局长］洪国继显得信心十足，"要做老百姓工作，就像我们家里的煤气罐一样，那也是危险的东西。管理得好，就不会带来危害，一个道理啦"。（《厦门PX项目迁址在望？》）

副标题"趋于多赢"所指的利益方涵盖厦门市民、厦门市政府、"决策民主化"的中国社会，还包括漳州地方政府，但显然这里排除了古雷公众。然而一个重要的逻辑悖论是，以上三篇报道都或隐或显地声称厦门PX事件的圆满解决得益于公众参与，但对古雷PX前景的展望却只谈及自然条件、基础设施、官员态度，以及地方政府的公关（"做老百姓工作"）与管理，而将古雷公众的声音排除在媒介话语之外。换句话说，为何媒体讨论厦门PX的解决路径偏好的是环境参与话语，而对古雷PX的解决路径却采用"公关"与"管理"话语？如果仅仅依靠文本分析，而不做文本间的框架对照，特别是解决路径的对照，就难以发现媒介新闻话语的不一致性以及背后可能存在的有意无意的偏见。这一逻辑悖论衍生出一系列相关问题：古雷周边居民的风险反应是否与官方话语一致？如果他们也有忧虑甚至恐慌，导致他们感知环境风险的因素是什么？如果他们也像厦门居民一样进行过环境抗争，是否也应当作为农村公众争取环境自决的典型加以报道？用"公关"取代公众参与环境决策是否最终会强加风险？假如缺乏有效的公众参与环境监督的机制，当地政府能否对企业的规范运营与排放实施有效"管理"？高风险产业由城市向农村转移，产业转入地最终会否成为"多赢"的一方？

　　事实上，作为对厦门PX即将转移到古雷的传闻的反应，与古雷镇隔海相望的东山县铜陵镇在2008年2月发起了规模较大的群体事件。2009年年初，古雷PX项目在征地过程中也遭受了附近村庄的抵制，2014年6月杏仔村村民因担忧不明气味与尘埃对健康的影响而发起堵厂门、堵路行为，到2015年上半年古雷第一期移民的5个村庄仍有不少"钉子户"拒绝搬迁至15公里外的"新港城"。尽管抗争过程中掺杂着某些产业利益（如东山群体事件中利益集团的动员）或部分居民的私利（如违规抢建房屋、抢种鲍鱼排以求更多赔偿），但不应忽视多数公众在安全、环境、健康、生计、迁徙、土地与海洋资源使用等方面的正当权利诉求。然而这些事件及其背后的诉求却基本没有得到报道，少数提及村民行为或引用村民话语的报道也将他们表征为唯利是图者或者爆炸事故被动的影响者，而非厦门市民那样被表征为环境与健康权利的积极实践者。在《南方周末》的PX报道中，东山群体事件只在事隔近一年后才在2009年2月5日的《厦门PX后传：“隐姓埋名”进漳州》中用一句话提及："关于PX剧毒的传闻很快波及了这座海岛县城。"这里作者使用了角色分派中的"被动化"（passivation）话语策略，即行为者被表征为"正在经受"某种影响，或者"处在后果接受者的一端"（van Leeuwen，2008：33）。在此话语策略下，东山居民被表征为"传闻"的"波及者"，而非环境权利的主张者与争取者。

这篇报道的新闻由头是2009年1月20日环保部正式批复腾龙PX与翔鹭PTA项目落户古雷，使用的主导框架（meta-frame）是漳州市政府针对古雷半岛冒出来的抵触情绪（问题定义），借鉴东山群体事件（原因阐释），对古雷居民采取说服、教育、宣传、网络舆情监测、组织参观等公关策略（解决路径），避免项目重蹈厦门PX的覆辙（如图3-2所示）。但问题仍未得到彻底解决，因此主导框架衍生出子框架（sub-frame）：尽管地方政府采取强大的公关攻势，仍有部分杏仔村村民不肯在征地上签约（问题定义）。原因阐释反映了村民的多元利益诉求，包括：（1）同意征地，但嫌补偿太低；（2）不同意征地，PX风险不高但也没有带来利益；（3）不同意征地，担心会影响海产品销路，但报道并没有清楚交代村民的担心是源自害怕PX有毒还是源自PX污名会影响海产品销售。显然作者在处理PX毒性争议以及东山居民环境抗争的敏感信息上如履薄冰，但无法推断是新闻生产过程中的"把关人"施加了压力，还是记者"自我审查"的结果。除了征地问题，杏仔村还面临安全隐患（工厂离村

```
┌─────────┐    ┌─────────┐    ┌──────────────────┐
│ 问题定义 │ →  │ 原因诊断 │ →  │道德评估或解决路径推荐│
└─────────┘    └─────────┘    └──────────────────┘
```

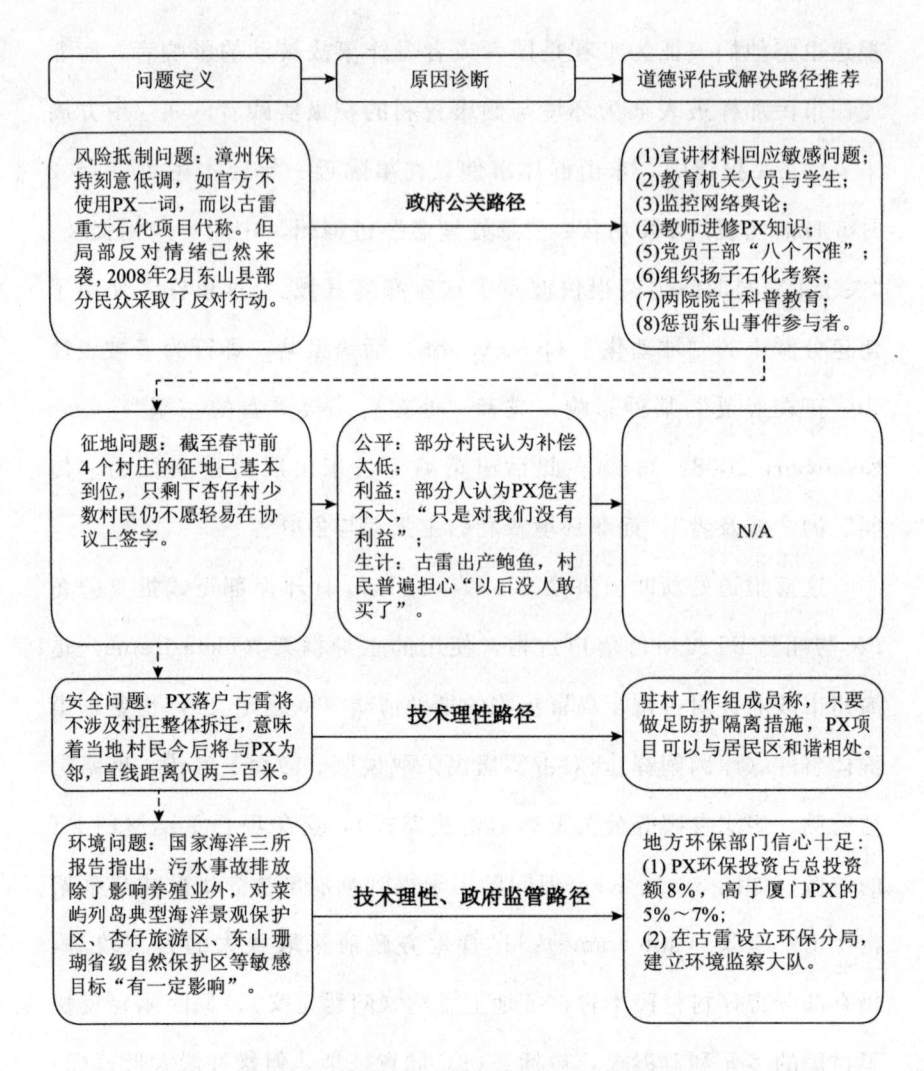

┌──────────────────┐   ┌──────────────────────┐
│风险抵制问题：漳州保│   │(1)宣讲材料回应敏感问题；│
│持刻意低调，如官方不│   │(2)教育机关人员与学生；│
│使用PX一词，而以古雷│   政府公关路径   │(3)监控网络舆论；│
│重大石化项目代称。但│ ──────────────────────→   │(4)教师进修PX知识；│
│局部反对情绪已然来 │   │(5)党员干部"八个不准"；│
│袭，2008年2月东山县部│   │(6)组织扬子石化考察；│
│分民众采取了反对行动。│   │(7)两院院士科普教育；│
└──────────────────┘   │(8)惩罚东山事件参与者。│
                                                  └──────────────────────┘

┌──────────────────┐ ┌──────────────────┐   ┌────────┐
│征地问题：截至春节前│ │公平：部分村民认为补偿│   │   │
│4个村庄的征地已基本│ │太低；   │   │   │
│到位，只剩下杏仔村少│ │利益：部分人认为PX危害│   →   │ N/A │
│数村民仍不愿轻易在协│ │不大，"只是对我们没有│   │   │
│议上签字。   │ │利益"；   │   │   │
└──────────────────┘ │生计：古雷出产鲍鱼，村│   └────────┘
                      │民普遍担心"以后没人敢│
                      │买了"。   │
                      └──────────────────┘

┌──────────────────┐   ┌──────────────────┐
│安全问题：PX落户古雷│   │驻村工作组成员称，只要│
│将不涉及村庄整体拆迁，│   技术理性路径   │做足防护隔离措施，PX │
│意味着当地村民今后将│ ──────────────────────→   │项目可以与居民区和谐相处。│
│与PX为邻，直线距离仅│   │   │
│两三百米。   │   │   │
└──────────────────┘   └──────────────────┘

┌──────────────────┐   ┌──────────────────┐
│环境问题：国家海洋三所│   │地方环保部门信心十足：│
│报告指出，污水事故排放│   │(1) PX环保投资占总投资│
│除了影响养殖业外，对菜│ 技术理性、政府监管路径   │额8%，高于厦门PX的 │
│屿列岛典型海洋景观保护│ ──────────────────────→   │5%~7%；   │
│区、杏仔旅游区、东山珊│   │(2)在古雷设立环保分局，│
│瑚省级自然保护区等敏感│   │建立环境监察大队。 │
│目标"有一定影响"。 │   │   │
└──────────────────┘   └──────────────────┘

图 3-2 《厦门 PX 后传："隐姓埋名"进漳州》话语图式

庄距离太近）与海域环境风险（污水事故排放与积累效果），由此衍生出另外两个子框架（即安全风险与海洋环境风险），它们的解决路径分别是官方承诺的"做足防护隔离措施"与"增加环保投入、设立环境监察大队"，隐含通过"技术理性"与"政府监管"路径来解决问题。从以上分析看，无论是报道的主导框架（古雷居民的反 PX

情绪）还是三个子框架（征地、安全、环境），公众参与都没有作为解决路径、通过呈现村民诉求或采访专家学者提出。报道呈现了化工产业转入由政府公关主导的争议解决路径，当公关无力应对安全与环境风险时，则通过技术理性与政府监管作为对政府公关的修补，而不是通过在企业—政府—公众之间建立一套监督、制衡、调停、商议的协作机制去解决这些问题。报道没有预料到的是，古雷 PX 项目通过环保部环评审批后，地方政府以强硬方式解决了部分杏仔村村民对征地的抵制，确保了 2009 年 5 月 PX 项目的抢速开建。

在这篇报道之后，《南方周末》所有涉及古雷 PX 的报道再也没有提及当地公众诉求。随着昆明、成都等地相继发生 PX 事件，古雷 PX 作为 2007 年后唯一在国内成功落地、投建并试生产的 PX 项目，地方政府的公关经验被抽去特定的社会语境，在其他城市发生的 PX 事件中被再语境化，作为解决路径在新闻报道中得到推广。而当 2013 年 7 月古雷 PX 发生"闪燃"事故以及国内城市的 PX 事件反过来冲击古雷舆情后，受到挑战的政府公关路径又在新闻报道中得到修补。

对《南方周末》2013—2014 年间的三篇 PX 报道（《PX 国家公关》《中国 PX：再经不起爆炸声》《PX 开窗者说》）的文本间话语分析呈现了从古雷地方语境到国内语境，政府公关被去语境化并在新的语境中与其他路径调和，成为我国芳烃产业链应对公众挑战的"万灵药"的过程（如图 3-3 所示）。这三篇报道都将政府公关作为解决路径，包括政府官员入户做思想工作、正面宣传、利用人际关系说服等做法，然而在每一个案例中，都能发现政府公关的"自反性"（reflexivity），即单独实施这一解决路径所产生的负面效果或者

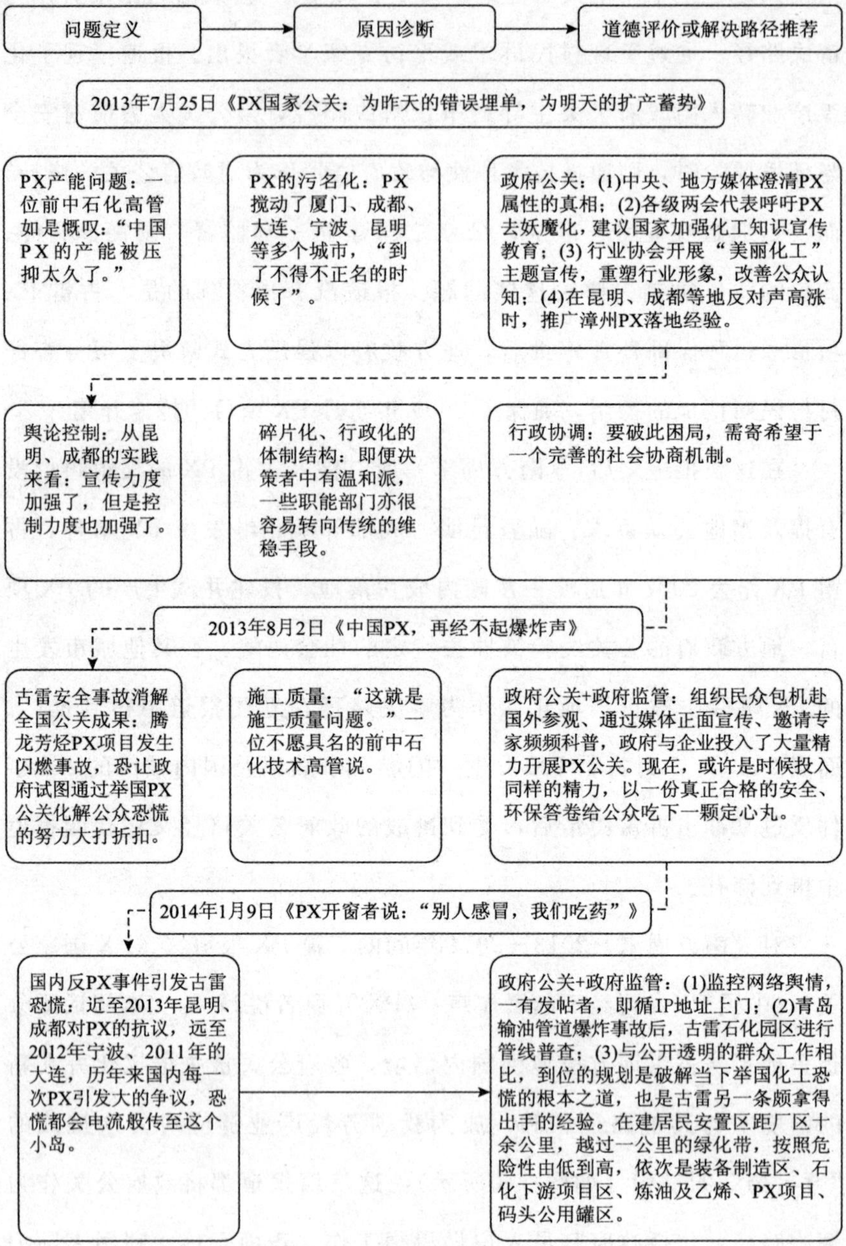

```
[问题定义] → [原因诊断] → [道德评价或解决路径推荐]
```

2013年7月25日《PX国家公关：为昨天的错误埋单，为明天的扩产蓄势》

| PX产能问题：一位前中石化高管如是慨叹："中国PX的产能被压抑太久了。" | PX的污名化：PX搅动了厦门、成都、大连、宁波、昆明等多个城市，"到了不得不正名的时候了"。 | 政府公关：(1)中央、地方媒体澄清PX属性的真相；(2)各级两会代表呼吁PX去妖魔化，建议国家加强化工知识宣传教育；(3)行业协会开展"美丽化工"主题宣传，重塑行业形象，改善公众认知；(4)在昆明、成都等地反对声高涨时，推广漳州PX落地经验。|

| 舆论控制：从昆明、成都的实践来看：宣传力度加强了，但是控制力度也加强了。 | 碎片化、行政化的体制结构：即便决策者中有温和派，一些职能部门亦很容易转向传统的维稳手段。 | 行政协调：要破此困局，需寄希望于一个完善的社会协商机制。 |

2013年8月2日《中国PX，再经不起爆炸声》

| 古雷安全事故消解全国公关成果：腾龙芳烃PX项目发生闪燃事故，恐让政府试图通过举国PX公关化解公众恐慌的努力大打折扣。 | 施工质量："这就是施工质量问题。"一位不愿具名的前中石化技术高管说。 | 政府公关+政府监管：组织民众包机赴国外参观、通过媒体正面宣传、邀请专家频频科普，政府与企业投入了大量精力开展PX公关。现在，或许是时候投入同样的精力，以一份真正合格的安全、环保答卷给公众吃下一颗定心丸。|

2014年1月9日《PX开窗者说："别人感冒，我们吃药"》

| 国内反PX事件引发古雷恐慌：近至2013年昆明、成都对PX的抗议，远至2012年宁波、2011年的大连，历年来国内每一次PX引发大的争议，恐慌都会电流般传至这个小岛。 | | 政府公关+政府监管：(1)监控网络舆情，一有发帖者，即循IP地址上门；(2)青岛输油管道爆炸事故后，古雷石化园区进行管线普查；(3)与公开透明的群众工作相比，到位的规划是破解当下举国化工恐慌的根本之道，也是古雷另一条颇拿得出手的经验。在建居民安置区距厂区十余公里，越过一公里的绿化带，按照危险性由低到高，依次是装备制造区、石化下游项目区、炼油及乙烯、PX项目区、码头公用罐区。|

图 3-3　三篇相关报道的文本间话语图式

出现的新问题。《PX国家公关：为昨天的错误埋单，为明天的扩产蓄势》（2013年7月25日）刊登于古雷PX第一次爆炸前几天，问题定义为昆明、成都等地民众上街抗议PX项目，解决路径是中央媒体、行业协会、地方政府加强舆论引导，漳州政府公关经验作为风险治理典型得以全国推广；期间新的问题产生：昆明、成都等地在政府公关的同时加强了行政控制（如口罩实名制、邀请参观不许发声等），记者将之归因为部门分割，建议职能部门之间在应对决策上的行政协调。最终，媒体为成都、昆明PX事件提供了政府公关加行政协调的路径。7月30日古雷PX爆炸挑战了政府公关路径的效果，基于对这个"中国最敏感的PX项目"的爆炸可能消解"举国PX公关"努力的忧虑，记者在《中国PX，再经不起爆炸声》（2013年8月2日）中提出政府在公关投入的同时应将同样的精力花在公共安全与环保上，提供的是政府公关与政府监管并举的路径。昆明、成都等地公众的环境抗争使古雷半岛面临严峻的维稳任务，《PX开窗者说："别人感冒，我们吃药"》（2014年1月9日）针对这一问题，提出了在加强群众工作的同时，做好网络监控、安全检查以及化工园区与移民安置区的隔离规划，提供的还是政府公关加政府监管路径。

然而地方政府公关辅之以监管作为各地公众抵制PX的解决路径具有相当大的局限性：一方面政企不分、利益捆绑，难以有效监管企业生产与排放，古雷PX的两次爆炸事实上宣告了这一路径的破产；另一方面以说服为目标的单向传播模式最终无法摆平土地、生计、安全、健康等当地居民的根本利益诉求，杏仔村村民的抵制征地与堵厂堵路最终不得不通过强硬方式得以解决。新闻媒体也似乎意识到地方政府公关加监管路径的功效受制于政企关系，因而在对古雷PX原料调整项目未经环保审核擅自开工（《最敏感PX项目环评违规始末》2013年2月1日）以及古雷石化基地未经环评擅自建设（《11个月前消失的公函：环保部建议发改委撤销古雷石化规划批复》2015年4月7日）的报道中，又寄望环保部的监管与处罚来解决企业与地方政府违规运作问题。

以上5篇报道同样没有将"公众参与环境评估、决策、监督"作为问题的解决路径，而是寄望科普教育、舆论引导、群众工作、政府监管、安全规划、环保部惩罚等措施应对公众挑战。上述措施的共同点都是以PX项目的落地、建设与投产为目标，通过自上而下的教育、说服、宣传、管控等方式，使公众接受化工风险，支持国内芳烃产业链的完善。对照厦门PX的解决路径，即区域规划环评与公众参与环境评估与决策，新闻媒体在解决路径上的倾向性已经发生了转折。纵观从厦门PX到古雷PX的报道框架，《南方周末》的PX话语秩序经历了从倡导公众参与环境决策、推动公民社会建设到寄望地方政府公关促进芳烃产业发展的变迁过程。当公关路径在古雷PX运作以及其他城市PX争议过程中碰壁时，地方监管、技术理性，以及国家部委的权威作为补丁陆续用来修补公关路径。这种颠覆既有的话语秩序（公众参与）到不断修补新的话语秩序（政府公关）的过程，说明了新的主导话语在确立其地位的同时也受到社会实践的挑战。如果一种解决路径从具体语境中抽象出来，却无法作为普遍的原则在其他社会实践中被完全接受，那么由它主导的话语秩序同样处在不稳定之中。主导话语实践作为文化霸权的重要构成不仅受到社会实践的挑战，而且它总是与边缘化的话语实践以多种方式共存，构成了这一领域总体话语秩序的复杂性与不稳定性。这种共存在新闻报道中并不总是以冲突的方式出现，《南方周末》特约评论员有关PX评论的话语变迁呈现了与新闻报道话语从合力到互补的共存方式的转变。

笑蜀的第一篇相关评论《厦门PX项目不只是舆论的尴尬》（2007年5月31日）发表在媒体报道政协委员联合署名提案要求停建厦门PX而地方政府置之不理的背景下。他将问题定义为地方政府对舆论的不适症状已经消失，原因在于利益诱惑太大以及"看透了舆论的无力"，指出解决路径是舆论必须得到整个社会力量的支持。显然评论是站在反PX的立场上，要求广泛的国内舆论声援，对地方政府施压后迫使其放弃PX项目，尽管事实上，任何预设立场的解决路径已经偏离了公众参与环境决策的精神。在2007年12月13—14日厦门召开市民代表座谈会后，他于12月20日发表《祝愿厦门PX事件成为里程碑》的评论，认为厦门PX可能迁建漳州"无疑是一个重大利好"，事件解决的意义在于开创了通过正常渠道解决环境争议的先例，象征着市民社会的到来、社会治理模式的转型、"展示了中国走向政治民主的可能路径"。评论还不遗余力地讴歌了厦门市民：

> 在事件全程中，我们见识了厦门市民强烈的公共精神，见识了他们的英雄主义气概，见识了一个新阶层，即以中产阶层为主体的市民阶层的崛起，他们那样的帅气，那样的坦荡，仿佛一个阳光少年。他们的崛起意味着人民已经长大，意味着一个新时代正在到来，即市民时代正在到来。（《祝愿厦门PX事件成为里程碑》）

厦门 PX 可能迁建漳州对多数厦门市民与古雷官员来说当然是"重大利好",但对古雷、东山部分居民来说可能不是,因为迁建对厦门市民来说是平衡的修复,对古雷、东山居民来说却是平衡的打破。当所有权益相关人能够以平等、公开的身份参与环境公共领域的模式并没有成为一个普世的、在城市与农村都得到应用的模式之前,厦门 PX 事件事实上并没有"落下帷幕",也没有如评论者所言"为中国的公共事件元年画上一个几近完美的句号"。

比起笑蜀刻意拔高厦门事件的政治含义,《南方周末》后期的两篇评论显然更加务实。2015 年 3 月 27 日,陈斌的评论《破解 PX 僵局:科普与市场都不能少》,认为自厦门 PX 事件后,大连、宁波、昆明、成都等地接连发生"邻避"事件,因而有必要探索其发生逻辑,他区别了 PX 项目与 PX 物质本身,认为 PX 仅仅是项目的一个主导产品,一味地科普 PX 无毒仍然存在一定的误导,不能忽视暴露方式、副产品、污染物排放对环境与安全的影响,同时他认为房产价格变动等收益感知也是化工厂邻近公众风险接受度的影响因素,他提出的警示是科普既要尊重科学也要尊重市场。另一位特约评论员阳平坚在 2015 年 4 月 9 日,即古雷 PX 第二次爆炸不久,发表了题为《古雷 PX 爆燃事故背后的"中国式邻避困局":政企关系扭曲,解铃还须系铃人》的评论,从政府与企业扭曲的关系去探讨环境"邻避"运动的根源,认为二者的利益捆绑导致监管失效与公众不信任,开出的药方是转变政企关系,政府成为监督者、裁判员。

这两篇评论无疑是对新闻报道的地方政府公关路径的批评与修正:政府与企业需要公关,但要尊重科学并承认收益感知对公众风险认知的影响,隐含环境风险传播模式应从技术路径向文化路径演进，在包容技术理性的前提下尊重各种社会、文化、心理因素对公众风险感知的影响；环保部当然需要对违规行为加以惩戒，但真正有针对性的监管是地方政府的监管，这就需要首先改变地方政府与企业合谋的关系，使地方政府成为企业与公众之间超脱的裁判员。后一篇评论还隐含在公众通过集体抗议驱逐高风险项目，或者风险项目在地方政府强力推动下落户造成环境移民这两种"零和游戏"之外，存在第三条路径，即通过地方政府的第三方调停来促使企业与民众通过商议与协作解决环境争议，最终和谐相处的路径。特约评论员补充、修正了新闻记者视角的局限性，甚至与记者的报道框架形成竞争态势，体现了市场化媒体观点的内部多样性。

四 行为者表征：从环境公民到环境移民

关于媒介对社会行为者的表征，范雷翁（2008：23—54）归纳了一系列话语策略如何被运用，使社会实践中的行为者在媒介文本中被再语境化的。在厦门 PX 事件中的公众被塑造为环境决策的主导者与健康、财产权的主张者；在昆明、成都等地反 PX 事件的报道中，公众虽然也是主动行为者，但被归类成为自私自利的"邻避者"（冉冉，2015：226）。然而在古雷 PX 报道中，古雷居民的风险反应总体上受到了媒体的遮蔽，极个别侥幸发声的村民，通过新闻报道的再语境化，被建构成唯利是图的经济人与沉默的受影响者，尽管在社会实践中，无论是东山居民的"散步"、杏仔村村民拒绝征地以及堵厂堵路事件、半湖村民向各级环保部门举报腾龙芳烃排污问题，都说明农村居民中不乏环境权利的主张者、能动的社会人。《南方周末》9篇涉及古雷 PX 报道仅有两次使用了当地村民作为信源,一是《厦门 PX 后传:"隐姓埋名"进漳州》中匿名的"杏仔村村民",二是《最敏感 PX 项目环评违规始末》中的"半湖村村民姚家寿"。为何类似情境中的行为者在某一时期的新闻文本中被表征为公民,却在另一时期受到了排除或者被分配了被动角色?话语实践与社会实践之间存在何种差异以及为何有这种差异?费尔克罗夫关于批判性话语分析的三维结构,其中一维就是关于话语与社会语境的关系,即话语是如何反映社会权力关系的,回答上述问题必须通过文本间分析得以实现。

在批判性话语分析中,能动性,即在多大程度上社会行为者被表征为"能动的个体"还是"被动的患者",是一个重要概念(van Leeuwen,2008:23)。《南方周末》的厦门 PX 报道使用多位普通市民作为信源,如 2007 年年底的年终特稿《厦门人:以勇气和理性烛照未来》,既将其合称为"厦门市民"以彰显集合的政治力量,又交代其姓名(连岳、李义强、老孟、汪民、阿美、陈小姐、李岩)以突出独特的身份与具体的权利诉求。2008 年 1 月 3 日的《厦门 PX 项目迁址在望?民意与智慧改变厦门　趋于多赢》又不加掩饰地赞美这一群体:

> 今年 6 月 1 日,因为抵制 PX 项目落户海沧,部分厦门市民散步街头,此事惊动高层。即便厦门市政府此前三天紧急宣布缓建决定,并在当地媒体应急澄清传闻,仍未能阻挡住坚忍的市民的步伐……进入 11 月,厦门公众更盛传 PX 项目"已经获得批复",将于春节后动工。民意愈加坚定。有座谈会代表甚至提及电视剧《士兵突击》称,她从"许三多"那里学会"不放弃,不抛弃"……12 月 5 日,厦门市政府依照承诺,如期公布海沧南部重点区域规划环评简本,并开启公众参与渠道。这一

次，理性建言成为主流。两天的座谈会，厦门市民进行了前所未有的公共决策辩论……两场座谈会，近九成市民代表反对项目上马。但其间某报曾误报"超过半数市民代表反对"，厦门市民再次显出执着精神。最终该报重新改写新闻。

"坚决""坚忍""坚定""理性""成熟""执着"，700多字的环境抗争与参与过程就有6个溢美之词。在描写公众代表在座谈会上的表现时，报道没有出现代表对 PX 毒性这一争议话题的评价，呈现的市民反对理由包括：项目本身的泄漏或爆炸风险、项目风险—收益比过高、项目与厦门旅游城市定位矛盾、项目阻碍地方节能减排目标、对当事企业污染环境的历史评价、居民搬迁成本过高、尊重民意对和谐社会构建的意义等，全面反映了公众风险感知影响因素的复杂性，以及在座谈会这一特殊的公共领域对技术话语与管理话语发起的挑战。对座谈会上厦门公众"理性"话语的褒扬，实质上是媒体赋予影响公众风险判断的非技术因素的合法性，这与西方发达国家的风险评估以参与、对话为特征的文化模式取代以说服为目的的技术模式、以文化理性包容技术理性的思路不谋而合（Cox，2010：201—208）。然而在古雷 PX 报道中，媒体曾经暗示的风险评估模式从文化理性模式又退回到将公众作为公关说服对象的技术理性模式。《最敏感 PX 项目环评违规始末》（2013年2月1日）披露了古雷 PX 的生产原料调整未经环保部审批擅自开工，因而环保部对其做出行政处罚，责令其在通过环评前停止原料调整项目建设，报道破例引用了一位村民对环保部决定的反应：

"漳州 PX 项目被叫停"消息已然通过媒体在古雷半岛扩

散。"高兴!"与腾龙芳烃厂区毗邻的半湖村村民姚家寿说。此前,因为拆迁补偿未达到理想要求,他与诸多村民不愿搬迁,环保部的处罚让他觉得有了更大的博弈筹码。

在这段采访中,姚姓村民被表征为一位贪心的逐利者,令他兴奋的不是因为国家部委监管对当地安全、环境与健康的促进,而是环保部处罚对PX项目进展设置了障碍,从而给了村民们更多讨价还价的余地。村民不愿搬迁的目的被媒体话语建构为争取更高的拆迁补偿而非其他,从而将村民的行为置于受众的道德审视之下。在不同的社会语境中赋予同样的社会实践以不同的目的是话语实践的一个重要方面。"目的,并非行为或行为序列的内在部分,至少并不以明确知晓的方式存在。它们在话语中被附加在行为或行为序列之后,因此常常充满争议。"(van Leeuwen,2008:20)

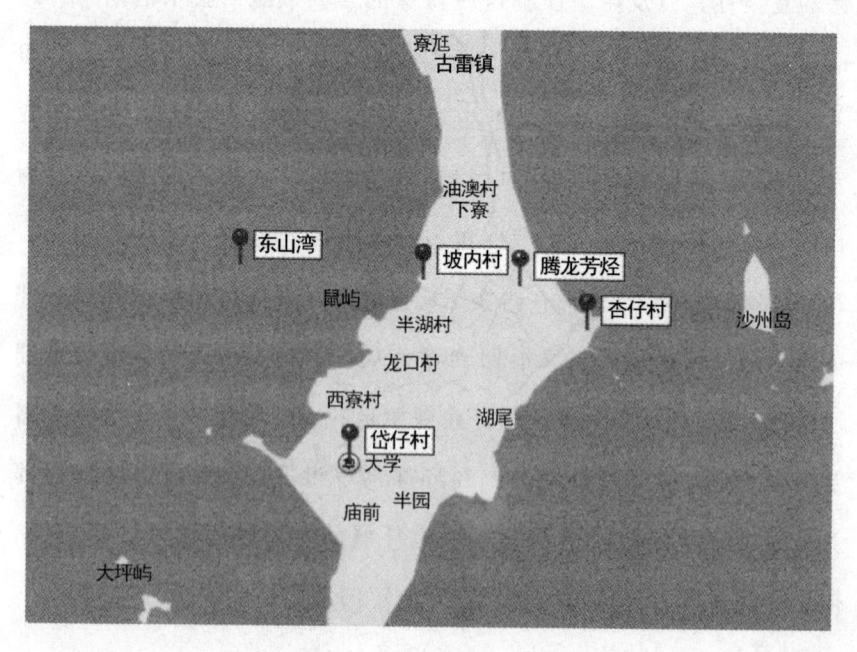

图 3-4 腾龙芳烃(古雷 PX)地理位置示意图

然而，2015年6月对古雷PX附近村庄的田野调查表明，现实情形是不同村庄基于特定的地理位置、自然资源、经济结构、收入状况等，对待征地、收海与移民的态度是多元的，甚至同一个村里也有多元的利益诉求。比如以农业为主的村庄可能总体上对拆迁持较为积极的态度，而自然环境优美、海洋资源丰富、从捕捞业或养殖业获得可观收入的村庄就会因为搬迁影响生计而安土重迁。由于近几年鲍鱼价格随着"大环境"的变化应声而落，而且养殖户明显感到海水温度升高，溶解氧水平的下降使鲍鱼死亡率相应上升，以养殖业为主的渔村比养殖业与捕捞业并举的渔村可能有着更高的搬迁意愿。在同一个渔村，有盈利的也有欠债的养殖户，对于后者征海搬迁补偿可以帮助还清贷款，因此具有一定的诱惑力。此外，村民对风险、收益、公平以及未来生计的多元感知也影响他们对征地、收海与搬迁的态度，但这些都没有在新闻报道中被触及。2015年6月我们对古雷半岛的田野调查揭示了被遮蔽的多元风险感知、诉求及其背后的影响因素：

[2014年6月堵路是]为了环境、有毒、怕，不是为了[多赔偿]。我们不要有毒，[原来生活]在这里很快乐，祖先都[埋葬]在这边，谁要走？你做什么我不管，但不要影响我们就好，去年还是不想搬走的。要保证我们的健康。[我]不会去[腾龙]做工，恨它。把好地方拿走了，不公平。（杏仔村渔民，拒绝搬迁）

以后靠什么生活、就业？[搬到]新港城以什么为生都没有[着落]。我们是农民，种一些地，还养殖鲍鱼和鲍鱼菜，一年收入7—8万。收海,有10多排鲍鱼……前几年鲍鱼也不赚钱,每个人都负债,工作队来,我的要求是房子和工作,其他都不要,我的工作是子孙后代的工作,不是我一个人的工作。(半湖村养殖户,拒绝搬迁)

我还没有向政府拿钱,所以电、水还留着。我要拿钱干什么?在这里我捕鱼一年能赚几十万,搬走要干什么?那一点钱,我几年就花掉了,花掉了到哪里找工作?它说你不捕鱼就找别的工作嘛,我们这边的人都没有可能出去打工,我们这个地方的人没有文化,你能做什么,一天可以赚多少?没有文化给人打劳工,能赚多少?(杏仔村渔民,拒绝搬迁)

没有一家愿意离开的,包括村干部也不愿意。第一批1040户,没有一户是赞成的。祖祖辈辈有的靠海、农田,有的靠山。有人说50年后的古雷就是香港,经济前景很好,捕鱼、养鱼、钓鱼、农作物都很好。养鲍鱼菜,一年纯收入十万以上,连续养4年都是10万以上;鲍鱼收入,前几年也有10多万收入。(半湖村养殖户,已搬迁)

你不走也不行啊,因为早晨起来、晚上,小孩、我们这些老人咳嗽得厉害,气都喘不过来……我是3个村子里第79个签约的,因为我儿子的女儿出生了,小孩不能住,不走也不行,臭味道。我们早走房子可以买好一点,买两层,下面有个小店。我儿子这几天在搞饭店,女儿开了个食杂店,这样日子会比较好过。(杏仔村老人,已搬迁)

深度访谈文本显示,村民不愿搬迁包含经济、文化、生态、情感等多重因素,如忧虑今后的生计问题、不愿改变生产生活方式、守候自然和谐的生态环境以及乡土情结等。这些因素甚至可以使一些村民容忍化工风险的存在,在环境与健康不受影响的前提下(没有看得见、闻得到的气味与粉尘)愿意做出让步与 PX 和谐相处。《谁制造了 PX 全民敏感词?化工陷恐慌症困局》(2011 年 11 月 16 日)一文将 PX 争议描述为"支持派"与"反对派"的二元对立,在这种工厂与居民区"零和游戏"思维下只有两条路径、两种结果:要么将 PX 驱逐出去,要么将居民赶走,让环境移民为全球化竞争下国产芳烃产业链的完善付出代价。该文在结尾处写道:"中国石化工业高速发展的背后,不论政府、企业还是公众,显然都还没有做好和谐共生的准备。"然而事实上并非所有公众都那么极端:对杏仔村村民的深度访谈显示,他们希望留守在家园,在保障健康前提下与腾龙芳烃互不相扰,即便是 2014 年 6 月的堵路行为也是要求工厂治理好了再生产,而并非永久关闭它。在受到 PX 试投产影响后,杏仔村村民表达了与企业协商解决环境争议的意愿时,企业却没有像它在环评公众参与阶段所承诺的那样建立起与村民之间的风险沟通机制①,新闻报道没有对之进行相应的批判,在推动企业与公众通过商议与协作解决环境争议上缺乏报道深度与想象力:

---

① 参见《腾龙芳烃(漳州)有限公司 80 万吨/年对二甲苯工程及整体公用配套工程环境影响报告书》第 333 页:"充分发挥公众的监督管理作用,建立、健全公众与企业的沟通平台,增强公众对企业的了解。避免项目施工和运营过程中出现污染纠纷,使经济建设与保护环境协调起来。"

白色的灰尘［落在］玻璃上、桌子上、碗筷上，细细的、一点点大。［去工厂］问过，他们不说，他们也不讲实话。靠山太大了，没办法。村长书记到后来也没办法。我们老人都去问他，都不理。他不讲，保安在门口也不让你进去，最后才是群众性地将厂门给它围起来。（杏仔村村民）

［村里跟企业沟通困难吗？］困难，肯定不让你［进］。他不会让你乱进，没有出入证不能进入。如果要找领导，我们请示班长，班长请示队长，队长再给办公室说，办公室再联系领导［决定］要不要见。如果不见的话，就不让进。［当保安期间］没有遇到村民见过领导。我们第一关在大门口，肯定要问，你要进去干吗。（腾龙芳烃原保安，坡内村村民）

第一次［投诉］是在一年多前，比杏仔堵路还早，当时有酸臭味，运煤车在运的过程中掉下煤粉，吹过来，也有［向环保部门］反映……［为什么不直接跟工厂交涉？］一个人怎么交涉，交涉不了。找不到工厂的人，一个人过去也没用，他也不让你进。工厂没有渠道，员工不理你，老板见不到，向谁诉说？［如果工厂邀请你们参观，你会去吗？］我不会去。叫我去，肯定会说他们的坏话。引进 PX 本来就不满意，为什么要引进，把古雷这边都报废？［为什么不向政府反映？］他们会听，但不会理你。反过来说，你是钉子户，不跟政府合作。（半湖村村民）

味道经常闻到，风力小时，味道非常重。［刮］西南风［时］没有味道，一年 20 天左右，农历 4 月 20 日到 5 月初刮西南风。小孩现在在杜浔上学,很少回家。[有没有跟厂里沟通?]没有,因为根本没人认识,保安不让进入,根本没法进去,能当家的见不到,你找这个部门推给另一个部门,哭诉无门。[厂里有主动跟你们沟通过吗?]没有,没有一个责任部门说话,从哪里讲起都不知道。[如果厂里邀请你们去参观生产过程,告诉你们哪些气体有毒哪些没毒,怎么处理,你们愿意去吗?]愿意,但我们从来没有,像你这种说法连听都没有听说过。厂里肯定不会跟农民打交道,土地是它向政府要的,由县、镇政府出面,厂家不用找村民。(半湖村村民)

如何将当地村民的声音在新闻报道中再语境化,涉及对农村公民的社会认可上的公正。即便有不少村民通过抢建、违建以换取更多的拆迁补偿,也可能是出于对未来生计的忧虑,为最坏的结果做准备,毕竟征地、收海后村民将远离原来自给自足的生产场域与生产方式,自身的文化水平又不足以让他们拥有一份像过去那样稳定丰厚的职业,而且当地政府承诺的就业机会至今还是空中楼阁。[①] 在古雷半岛东边的杏仔村,搬迁不收海,但在半岛西边的半湖、坡内等村,征地又收海,因此西边村庄的渔民与养殖户面临搬迁后的生计问题,而杏仔村渔民尽管仍可以从15公里外的新港城回到村里打鱼,但工厂的排污口就在附近的浮头湾,事故排污与常规排污的累积效果给渔场的兴衰带来了不确定性。全岛整体搬迁虽然降低了爆

[①] 参见《南方周末》2014年1月9日的报道《PX开窗者说:"别人感冒,我们吃药"》,记录了古雷开发区官员对移民未来生计的描述以及记者的注解:"有知识和技术,可以去市政公司和PX工厂上班(真有古雷人已经得到了这样的工作);没文化,扫大街、去五星级酒店做保洁、去高尔夫球场当球童总可以干得了吧(古雷真规划了五星级酒店和高尔夫球场)。"

炸事故带来的安全风险,但未使环境风险得到彻底解决,而且还因为生计问题而埋下潜在的社会风险。作为对未来生计保障的担忧,抢建、违建背后古雷环境移民面临生计风险,才值得记者去深入报道与探讨。然而单一信源的使用遮蔽了村民的多元诉求及其背后的合理因素,受众可能会按照转喻(即用部分指代全部)的规则解码符号,误读出贪婪的群体形象,加深对农民群体的价值、诉求与形象的不认可,导致社会认可上的不正义(Schlosberg,2007:13—20)。倘若新闻媒体能够完整呈现古雷民众对风险、收益与公平的多元感知,以及相应的对征地、征海与搬迁的反应的复杂性,引发社会舆论对企业、地方政府与当地村民应以何种方式相处的思考,建构协作应对环境风险的公共领域,古雷居民是否还会走上背井离乡之路?在2013年7月30日古雷PX发生第一次爆炸后,记者再次提到了古雷村民:

> 截至《南方周末》记者发稿,古雷半岛上的爆炸现场喧嚣已散,现场只有零星几个厂区人员在清扫残迹。按照古雷管委会的情况说明,"附近一个村庄部分房屋玻璃受损,村民生产生活秩序正常"。(《中国PX,再经不起爆炸声》2013年8月2日)

一个刚刚试生产的化工厂发生事故,受影响的村庄离工厂仅百米之遥,远低于环保部批复要求设立的800米隔离区的标准[①],报道

[①] 参见环保部《关于腾龙芳烃(漳州)有限公司80万吨/年对二甲苯工程及整体公用配套工程环境影响报告书的批复》(环审[2009]56号):"漳州古雷港经济开发区石化启动区设置800米的防护距离……防护距离内不得存在居民区、学校、医院等环境敏感建筑。防护距离内涉及的居民应予以搬迁,依托工程所涉及的水产养殖区须予以调整。以上内容须在项目投入试生产前全部完成。"

却使用官方话语轻描淡写地描述了爆炸事故对周边村庄的物理与心理影响。如果引文第一句对爆炸现场的描述表明记者到过现场，下一句直接引用官方维稳话语隐含对官僚主义的讽刺，那么通篇报道见不到任何对事故影响的事实核对不禁让人起疑：记者究竟有没有履行调查报道的职责？如果有，为何要在文本中遗漏这些内容？报道后面写道："此次腾龙芳烃 PX 爆炸并不会对整个项目的进展产生太大影响，但这恐让政府试图通过举国 PX 公关化解公众恐慌的努力大打折扣。"流露出明显的产业倾向，支持地方政府通过公关化解公众恐慌，补上国内芳烃产业链上 PX 产能不足的短板以应对全球竞争。看到这里，报道遮蔽周边居民有关 PX 爆炸事故影响的话语就不难理解了。

其他三篇相关报道（《谁制造了 PX 全民敏感词？化工陷恐慌症困局》《PX 国家公关：为昨天的错误埋单，为明天的扩产蓄势》《PX 开窗者说："别人感冒，我们吃药"》）分别以大连、宁波、昆明、成都等地民众的环境抗争作为新闻由头，但都没有具体报道公众诉求，说明厦门 PX 事件后公众参与环境决策的框架受到了边缘化；而古雷杏仔村与东山铜陵镇同样发生过环境抗争，在媒介表征中却连边缘化地位都没有享受过。这说明媒体在表征公众风险反应上，不仅在时间向度上存在不连贯性，而且在空间上沿袭了城乡二元结构：厦门市民的风险反应被视为公民运动、作为问题解决路径进行表征，此后大连、宁波、成都、昆明等地的公众风险反应被表征为威胁产业发展的社会问题，而古雷与东山的公众反应受到有意无意的遮蔽，直接进入地方政府如何开展科普、公关，做好思想工作的议题。在《PX 开窗者说："别人生病，我们吃药"》（2014 年 1

月9日)一文中,记者以古雷开发区管委会官员就环境风险与移民就业问题的答疑开场,引出地方政府的公关举措及其取得的理想效果:

> 我入戏不深,还是下不了决心是否要和PX做邻居……但超过95%的古雷人却选择了同意,这是五年前腾龙芳烃PX项目环评时的数字,且经受住了环保部的检查。按照曾平西的说法,这是因为古雷"过细"的群众工作……"细"到有些故事你想象不到。比如,搬迁的村庄里,妈祖、王公、土地公,大大小小的神庙就有十几座,要世居于此的渔民离开,也要把他们所信奉的神明安顿好,排位、风水,都要考虑仔细,这叫"尊重群众"……规划到了,古雷已经开始坐享规划红利,或者,换个说法,全民"消除化工恐惧症"的红利。过去的两三年里,苦于无处安身的石化项目纷至沓来,把古雷"娇惯"成了一个不用为招商引资发愁的工业园……古雷俨然已成当下中国化工恐慌的开窗样本。

以上报道包含了三个议题的信息:(1)环境评估中的公众参与;(2)征地、收海与搬迁工作中的政府诚意;(3)政府公关的效果。在这些议题上报道都采用了单一的政府官员信源,忽视了公众参与、移民搬迁以及公众风险反应的另一面。首先,在公众参与环境影响评估阶段,企业在漳浦县古雷镇(3.3万人口)、东山县铜陵镇(5.4万人口)、云霄县列屿镇(2.4万人口)等地共发放调查问卷523份,仅从这三个地方的人口规模看,问卷样本量较小,且并未采用随机抽样,那么95%以上支持率的信度如何,记者至少需要谨慎使用这一数据。其次，公众参与应以信息充分告知为前提，倘若紧挨拟建项目的村庄居民一开始就知晓石化启动区外围要留出 800 米的安全距离控制带①，项目落户要以举家搬迁为代价，那么这部分公众的态度又将如何，需要记者提出质疑。再次，在征地与搬迁方面，记者使用了单一的官方信源仅呈现了温情脉脉的一面。最后，从对翔鹭 PTA 项目技术员②、曾经的腾龙公司门卫，以及其他古雷居民的深度访谈可以看出，当地居民并非真的"全民消除了化工恐惧症"，更可能是"被消除了化工恐惧症"：

[家里人反对你去化工厂上班吗？]我妈反对，我爸还能沟通，我妈沟通没啥用。[亲戚朋友有压力吗？]压力肯定有，街坊邻居，生活在同一村子，关系都不错，他们也是为了我好，叫我不要去工作。长辈劝说，反驳也不对，解释又不懂，也没办法。你辞了还是会有人去做，之前在莆田的化工厂工作，这边有工作回到这边来，这边待遇也不错。（翔鹭技术员，坡内村村民）

[2013 年第一次爆炸后为何辞职？]那时觉得化工是危险的，还有已经搬上 [新港城] 来了，也不想干了，路途远，工资也低，才 2500 多元。[这里]搞建筑活，一天也有 100 多元。主要原因是爆炸后怕了。[你在那里工作时怕吗？]怕，PX 对身体

---

① 参见《腾龙芳烃（漳州）有限公司 80 万吨/年对二甲苯工程及整体公用配套工程环境影响报告书》第 159 页："确定了石化启动区周围 800 米的安全距离控制带，该控制带内的居民全部搬迁……搬迁实施时间为 2009 年 1 月 1 日至 2010 年 12 月 30 日，与项目建成投产同步。"
② PTA（精对苯二甲酸）是 PX（对二甲苯）的下游产品，腾龙芳烃是翔鹭石化的子公司，翔鹭 PTA 项目紧邻腾龙 PX 项目。

有影响,那时我还没生第二胎,前几年检查时肝功能有点问题,还有呼吸道。吸久了,二甲苯会致癌,我们厂里大部分人都这么认为。百度扫[搜索]也说有致癌物,是有小毒,肯定不是剧毒的。生产时会挥发,如果闻到以后头会晕。我们还没搬上来时,已经试投产了。(腾龙前保安、坡内村村民)

我们[村]离 PX 三公里左右。种地瓜、花生、葱头、红萝卜、白萝卜,样样新鲜。[能不能吃]现在不知道,没有办法可以化验,不担心,我们那边的人不担心,生活还可以,有地皮赔偿、有海地赔偿。[搬迁]随大流,没有什么区别。现在搬上来的,还可以去种地,所以没关系。鲍鱼什么养的人家少了,怕化工厂影响。[担心孩子吗?]跟大人一样,农村素质没那么高。味道有,东南风吹过来会有一点,但农村死活不讲究,从来没人讨论过。为什么?素质低,不讲究。再过几年,古雷要比台湾还好。经济好了,蔬菜也有人买。(东林村农民)

[2013年试生产到现在,你觉得环境有没有变化?]它说不影响啊,我们这里的人都说有影响,政府说没有影响我们也没有办法。这个海面上的泡沫浮子,被污水淹过,就化掉了,怕油。我们农民说了不算。鲍鱼,村里鱼排那么多,现在都没人养。(杏仔村渔民)

现在不敢投资。为什么?投资下去鲍鱼成熟需要两年时间,不知道投资下去有还是没有[收成]。有毒的话怎么办呢?现在我这个年龄贷款贷多了怎么交代?这个海水以后毒到什么程度都不知道,肯定是有毒啦,但有多毒我们不知道。(杏仔村养殖户)

以上话语表明,古雷民众对安全与环境风险的感知是多元的。一些村民关注物质生活条件更胜于关注环境与健康影响,本身无所谓"恐慌",也就谈不上"消除",在这方面,物质主义与后物质主义价值观对环境关注的影响可以做出解释。有些村民对工作组的说服半信半疑,从一些细微的迹象感受到化工对环境的影响,比如排污口附近鱼排上的泡沫塑料的腐蚀让他们感到企业排污情况并非官方声称的"最低级的污水经过处理后能够泡茶喝"那么美好,因而放弃了在这片水面上的养殖作业,并且对未来附近水域的生态心怀忧虑。有些村民对工厂散发的臭味与落在家里的白色灰尘难以忍受与深感恐惧,成为杏仔村村民在2014年6月堵路以及此后部分村民同意举家搬迁的直接原因。更有一些村民从第一次爆炸中经历了化工事故的威力,劝阻亲友去化工厂上班或者自己主动退出那里的工作。此外,一位家在岱仔村的大学女生在接受深度访谈时回忆道:在刚听说PX要落户古雷时,经济发展前景的官方叙事对村民相当有诱惑力;即便2013年发生了"闪燃"事故,由于渔村迷信思想与权威意识浓厚,一些村民将它视为某种预示性的异常天象,因而能够平静地接受;但教育水平高的,某些高级的情感会越丰富,对原生态的、自然与人类活动和谐的生活十分留恋,对PX影响的不确定性非常焦虑。以上访谈话语说明,用"全民消除化工恐惧症"描述古雷居民多元的风险感知,无疑以偏概全。而且既然用了"消除"一词,就需要通过访谈居民的态度转变过程去获得事实证据。退而言之,当地居民由于亲身经历或感受爆炸、酸味、粉尘、油污腐蚀等现象而放大化工风险,这种心理反应也属正常。卡斯帕森等人(Kasperson & Kasperson, 1996)使用"风险的社会放大"这一术语来描述有关风险属性的信号在传递过程中受到选择、过滤、阐释，导致风险被放大的现象，但他们强调"放大"一词是中性的，不含价值判断。然而将公众正常的风险反应称为"化工恐惧症"却隐含一种精英主义式的价值判断。

五 原因探析

费尔克罗夫（1995：97）认为，"一个文本如何被生产，即选择什么样的话语秩序以及它们如何勾连，有赖于社会文化实践的属性，包括它与现存文化霸权的关系，在话语秩序之间的边界或内部可能就是冲突与竞争的地点，结果是一方受到削弱或增强，作为社会冲突与斗争的一部分"。在话语的罅隙中发现意识形态对话语秩序变迁的推动，以及由此产生的话语冲突与竞争，是理解政府公关取代公众参与成为 PX 报道的主导话语的关键。新闻报道作为话语实践，是个体能动性与新闻生产的制度性因素互动的产物，文本分析与文本间分析可以发现两者之间存在的张力。在《南方周末》2011 年后的六篇 PX 报道中，三篇全局性报道（《谁制造了 PX 全民敏感词？》《PX 国家公关》《PX 开窗者说："别人感冒，我们吃药"》）的新闻由头分别是 2011 年大连福佳 PX 事件、2013 年昆明 PX 事件，以及 2013 年成都 PX 事件。另外两篇报道（《中国 PX，再经不起爆炸声》《11 个月前消失的公函：环保部建议发改委撤销古雷石化规划批复》）的新闻由头分别是两次古雷 PX 爆炸事故。还有一篇报道（《最敏感 PX 项目环评违规始末》）的新闻由头是环保部就腾龙芳烃原料调整方案未经环评擅自开工所做的处罚。概言之，是大城市的环境抗争、古雷爆炸的产业影响，以及环保部的惩罚，而不是东山、古雷公众的环境抗争,激发了新闻报道。然而记者真的没有关注过公众的风险反应吗?古雷PX报道的开篇之作——《厦门PX后传:隐姓埋名进漳州》(2009年2月5日)是PX报道框架发生转折前的最后一篇报道。这篇报道提及了古雷PX推进中的问题,一定程度上反映了杏仔村村民的利益与环境诉求。不仅如此,记者还提到了东山群体事件:

> 东山岛与古雷半岛隔海相望,以渔业和旅游业闻名,尤其是旧县城铜陵镇,距离PX工地只有12公里。2007年年底,厦门PX事件平息后,关于PX剧毒的传闻很快波及了这座海岛县城,内容与厦门PX风波中的传闻基本相同。迁建地漳浦县官员彼时接受媒体采访时尚显轻松:"古雷不急,东山急什么?"未料,2008年10月,古雷征地正式启动后,各种传闻同样传遍半岛。

上述文本存在敏感社会实践在话语实践中被刻意低调处理(即再语境化)的痕迹,"漳浦县官员彼时接受媒体采访"说明记者很可能调查了东山群体事件,并且采访到了PX项目所在的漳浦县的地方官员,但最终未见公开报道,说明有可能报道没有通过新闻审查,虽然无法判断是内生性还是外生性因素。除了文本分析,文本间分析同样帮助理解社会语境作为外生性因素对话语实践的影响。2013年7月古雷PX第一次爆炸后,中新网与新华网转载了新华社"中国网事"记者写的同一篇报道(见表3-1)。

表 3-1　　　　　　两家网站对同一新闻源的转载内容比较

中　新　网	新　华　网
漳州 PX 项目闪燃追踪：至今有村民未签搬迁协议	中国网事：三问漳州古雷对二甲苯项目"闪燃"事故
投产在即,厂区附近千余米范围内就有杏仔、辽仔、半湖等村,最近的民房距离厂区围墙仅百米远。如此近的距离,一旦项目投产,能确保周边村民生命财产安全吗?	投产在即,厂区附近千余米范围内就有杏仔、辽仔、半湖等村,最近的民房距离厂区围墙仅百米远。如此近的距离,一旦项目投产,能确保周边村民生命财产安全吗?
[腾龙芳烃董事长]黄耀智说,此次受损的杏仔村本在搬迁计划内,有些村民都和相关部门签订好了拆迁协议,可能有些新房子在装修阶段,还没有来得及撤离。	[腾龙芳烃董事长]黄耀智说,此次受损的杏仔村本在搬迁计划内,有些村民都和相关部门签订好了拆迁协议,可能有些新房子在装修阶段,还没有来得及撤离。
记者了解到,古雷半岛邻海,村民多以海上养殖、出海打鱼为生,搬迁后将对村民生产造成不便。正是出于生计的考虑,一些村民对搬迁并不乐意。	（删节）
杏仔村一正在建房的村民告诉记者,现在还没人明确通知村民何时搬迁,住得这么近心里也不踏实,"感到两难,但总得有地方住"。	辽仔村一村民说,虽然自己已签了搬迁协议,但安置房存在漏水等毛病,暂时还不想搬。村民不少是渔民,搬迁点距离渔港有 20 公里,以后渔船怎么看,渔具哪里放?
在厂区附近的另一个村辽仔村,部分搬迁后民房被敲得一地狼藉,满地都是砖头、石块、钢筋。虽然村子已拆得七零八落,但还是有不少村民不想搬。村民告诉自己,全村约有 500 户人家,还有上百户住在村里,部分村民至今还没有与相关部门签订搬迁协议。	（删节）

对照两篇报道的话语，前一篇揭示了部分村民因生计问题而不愿成为环境移民，已经搬迁的村民不仅遭遇安置房质量问题，而且路途遥远影响生产作业。而后一篇报道删节了这些内容，意义变成了古雷居民盼望早日落实搬迁。删节的意图相当明显：避免引导村民拒绝移民从而影响古雷石化园区的建设进程。网站"把关"的动力来自组织内部、地方政府、生产企业还是芳烃产业，不得而知。但无论怎样，以上两个案例足以说明PX报道是各种利益方角力，争取主导舆论走向的"深水区"，从报道结果逆推，古雷居民在影响媒体报道能力上无疑相当弱势。环境记者的报道行为、编辑部的把关行为，甚至网站的转载行为，都受到媒介政治经济学因素的制约，因此话语秩序的变迁并非完全在于记者的个人选择。尽管如此，新闻场域的实践除了场域结构的强大影响与制约外，记者个体在认知与价值观层面的"习性"同样是新闻生产背后的动力机制。事实上，《南方周末》PX报道的政府公关框架几乎都出自同一位记者，2014年1月13日报社的内部刊物《马后炮》刊发了一篇他的随笔：

> 两年前，《南方周末》刊发《谁制造了PX全民敏感词？》《PX安检》系列文章，本意在于廓清PX是非的真实面目，让科学的归科学。但文章甫一出版，就被有关部门下令从网上撤下……敏感之后怎样？现实是，厦门、大连的PX风波，2013年如出一辙般陆续复现于昆明、成都。现实是，PX剧毒、高致癌、国际惯例PX建厂应该离城市100公里之外，这些科学界斥之为谬论的流言仍在散播……无论是现在的街头裁决，还是之前的密室裁决，这都不是PX这种化工产品应有的待遇。公众

出于邻避心理表达抗争，不应选择站不住脚的论据；政府和企业上马 PX 及其他污染项目，更不该藏着掖着，甚至堵塞公众表达诉求的通道。（《"最敏感的记者"手记：真正的阳光是 PX 最好的脱敏剂》）[①]

随笔中的"让科学的归科学"体现在《PX 国家公关》一文中，作者以央视与《人民日报》的 PX 报道以及两位中科院院士的科普为依据，指出 PX 非高致癌物、安全距离并非必须 100 公里，评价"这些来自媒体、科学界的理性声音以及政府的交流沟通，对消除 PX 项目的漫天流言有着积极作用"。报道强调的由科学家主导 PX 话语，再由地方政府依据科学结论教育、说服公众，是较为典型的崇尚技术理性的风险传播模式。然而报道忽视了 PX 项目作为一个系统工程，除对二甲苯外，还产出苯、甲苯等副产品，以及硫化氢等污染物排放。根据《南方周末》特约撰稿人陈斌的评论，"苯高毒且致癌，漳州项目的年产量为 22.83 万吨/年，称之为'副产品'实在太谦虚了"[②]。腾龙 PX 环评报告的风险提示也显示，在不利气象条件下，厂址区域"超过半致死浓度的距离为 1.003km（硫化氢），超过 IDLH 浓度的范围为 1.405km（硫化氢）、0.259km（苯）、0.263km（甲苯）"[③]。此外，国家海洋三所对其排污设施的环评报告也警示了污染物排放对近海环境的累积效应，以及事故排放的

[①] 《南方周末》绿色新闻的微信公众号"千篇一绿"。
[②] 参见陈斌《破解 PX 僵局：科普与市场都不能少》，2015 年 3 月 27 日，《南方周末》(http://www.infzm.com/content/108520)。
[③] 参见《腾龙芳烃（漳州）有限公司 80 万吨/年对二甲苯工程及整体公用配套工程环境影响报告书》第 202 页。

环境风险。① 既然生产不是在实验室里进行，它就涉及工程质量、安全生产管理、地方部门监管等问题。而在现行体制下要确保政府监管与企业自律，需要引入公众监督与企业—政府—公众之间畅通的风险沟通渠道，需要地方政府重新自我定位，变企业的合谋者为企业与公众冲突的调停者，重建公众对企业与政府的信任。因此，PX的落户与运营如果要避免居民与企业一方驱逐另一方的困局，最终需要让企业与公众协作解决环境争议，以及地方政府扮演公正的调停人、裁判员、监督者的机制，它是一整套风险治理体系的建设与施行问题，远胜于PX本身属性的问题。《南方周末》特约评论员陈斌在《破解PX僵局：科普与市场都不能少》（2015年3月27日）一文中就质疑过"只要关于PX的正确知识与信息抵达民众的大脑，这类（邻避）群体事件就消失于无形了"的科学主义论调，同样认为PX的风险感知并非只是科学问题，"一味指责民众反科学、民粹，是理性的致命自负"。仅依赖科学家认定的技术安全性，然后由地方政府派工作组驻村进行"做思想工作"，却有意回避PX项目副产品的属性、风险暴露方式，以及特征污染物对环境与健康的累积影响，与仅仅强调PX毒性的"流言"相比，同样是误导性的。在风险传播领域，应当承认公众风险感知与科学证据的合法性，兼容文化理性与技术理性。正如斯洛维克（Slovic，1987）所说："公众的风险感知有理性也有非理性的一面，如果风险传播者没有认识到这一点，所有风险传播都可能会失败。"

公众对待风险的态度也并非都是作者所谓的自私自利的"邻

---

① 参见《古雷污水排放口及石化启动区污水排海管道工程环境影响报告书简本》。

避",仅从杏仔村的堵路动机来看,至少部分村民愿意走企业—政府—公众协作解决环境争议的路径,只是这种"治理好了再开工"的诉求在相对封闭的乡村权力系统中以简单粗暴的方式处理了。而新闻记者,恰恰有责任将乡村权力所忽视与遮蔽的公众的协作意愿传达出去,探索解决环境争议的第三条路径。记者在随笔中呼吁不能"堵塞公众表达诉求的通道",但从新闻报道来看又明显偏好政府公关的自上而下的单向传播路径。政府公关与公众参与是两个不同的概念,前者将公众视为说服对象,而后者公众是传播主体,前者含有一定程度的操控意味,而后者被视为公平与公正的制度保障。退一步讲,报道中所描述的政府公关行为,事实上也是一种试图说服目标受众改变态度与行为而自己却不做改变、说服结果仅仅有利于说服者一方的"双向不对称模式",而非旨在促进相互理解、双方都做出行为改变、互动结果有利于双方的"双向对称模式"(Grunig & Hunt,1984)。美国学者莱恩·梅耶(Leon Mayhew,1997)在他的《新公众:专业传播与社会影响的方式》一书中曾经批评职业化的传播专家统治了当代美国的政治传播,他们将脱胎于广告、市场研究与公共关系的合理化的说服技术,系统应用在公共传播之中,使得基于自由讨论之上的启蒙公众变成了受控于大众说服技术的"新公众"。同样的道理,使用专家话语、新闻报道、学校教育、网络监控与工作组驻村等方式的政府公关并不等于基于充分告知与公开讨论之上的公众参与。

除了记者所持的科学主义与技术理性之外,不能忽视的是经济民族主义意识形态为国产芳烃产业链的完善提供了宏大叙事上的支持。关于经济民族主义的内涵、起源、表现、分类、臧否等等可谓学说纷呈，一个引用较多的概念将它视为民族主义的重要形态，一种最优先考虑民族国家建设、民族国家利益至上的理论学说、意识形态、行动纲领与对外政策体系（庞中英，1997）。本章认为国内有关 PX 的经济民族主义话语更接近一种被忽略的观察视角：从某种意义上它可以被理解为利益集团利用民族主义来追求经济上的保护主义和其他形式的政府支持，以实现其特定利益（任其怿等，2010）。在全球化语境下，经济民族主义并没有被逐出决策视野，相反它常常借助关税、进口替代、限制资本流动、对外国收购本土企业进行国家干涉等措施以保护国家利益或者国内产业利益。正如安东尼·史密斯（Anthony Smith，2006：142）所言："民族主义在后现代会被废弃的条件尚未成为现实，而全球化也远远没有导致废弃民族主义，甚至可能在事实上还加强了它。"这种贯穿于市场化媒体后期 PX 报道的经济民族主义意识形态与一些中央媒体的相关报道导向高度重合，且前者在时间上稍稍落后于后者，这种文本间性说明了中央媒体可能为市场化媒体设置了报道框架：

> 中国已成为世界上最大的 PX 生产与消费国，产量占全球两成左右，消费量占全球三成左右，根据中国新建的每年 860 万吨 PTA 装置推算，需要增加 620 多万吨 PX 生产装置，但目前落实的仅有 200 万吨，中国的 PX 缺口非常巨大，产能远远满足不了市场需求，2011 年 PX 进口依存度已高达 44%，如果我们不建设 PX 项目，PX 供需矛盾将进一步加剧，国外对 PX 的价格控制力也将提升并强化。（央视：《揭开"PX"的神秘面纱：PX 产能不足，长期依赖进口》2013 年 6 月 13 日）

> 有专家预计，如果停建或者缓建现在的 PX 项目，预计到

2015年国内PX自给率将降至50%以下。原料受制于人，导致了化纤产业链的利润整体前移，更多地向PX环节聚集。换言之，海外原料供应商获得了更多的利益，而民族制造业备受挤压。张克华指出，日本、韩国等向中国出口PX产品，较国产材料价格都要高出很多。凡是和PX有关的产品价格都会传递到终端环节，最终还是转嫁到消费者身上。（《人民日报》：《揭开PX的神秘面纱》2013年6月25日）

对于中国PX项目而言，近年来错过的时光是最好的时光。上述不愿透露姓名的前中石化高管称，这几年PX价格虽有起伏，但都在10000元/吨左右高价振荡，堪称是石化产业链条上最能挣钱的环节之一……官方数据显示，截至2012年年底，我国建成和在建PX项目产能为1230万吨，缺口为600万吨，仅去年一年就进口了近700万吨。（《南方周末》：《PX国家公关：为昨天的错误埋单，为明天的扩产蓄势》2013年7月25日）

一位多次参与处置PX事故的芳烃届专家预测，此类爆炸并不会对整个项目的进展产生太大影响，"顶多就是炸毁的高压临氢装置再重新订购、安装、调试而已"。年产80万吨PX的腾龙芳烃，在国内目前被压抑的PX产能背景下，无异于一针强心剂，被寄望于可以有效缓解中国PX的供应不足。（《南方周末》：《中国PX：再经不起爆炸声》2013年8月2日）

其中《PX国家公关》一文在褒扬地方政府与中央媒体正面宣传的同时，也披露了昆明与成都的舆论控制行为，如购买口罩实施实名登记、要求居民摘下口罩、石化公司邀请学者参观却限制他们发表意见等。在评价这些行为时,报道引用了大学研究所所长的声音("宣传力度加强了,但是控制力也加强了")、独立地质学家的声音("比较务实的对话还是没有实现"),以及匿名学者的声音("只去看,不发声")。在厦门 PX 事件报道中,媒体同样将大学学者与独立作家作为重要的信源。在古雷 PX 落户与运营过程中也存在舆论控制,以及对抵制征地与堵路行为使用强力手段,但没有新闻报道引用任何当地信源对这些行为发表意见。这在一定程度上反映了新闻媒体更重视城市中产阶级的表达权利与环境权利,在对待城乡公众的诉求方面存在一种价值认可上的二元结构。从媒介政治经济学的受众市场因素来解释,一张以深度报道见长的市场化报纸需要反映城市知识分子这一核心受众的精神诉求、吸引他们的关注、获得他们的共鸣,有时需要直接引用知识分子信源代替媒体发声,以满足客观性的技术要求。从新闻报道常规中信源的"可信度等级"[①](Becker,1967;Fishman,1980)来看,城市知识分子中的高校教师与专业人士被视为更加理性与可信的信源。另外,新闻媒体对地方政府的批评报道需要知识界的支持以获得一种共鸣效果,说明话语秩序的形成、稳定、挑战与变迁背后是社会实践场域中各种话语权利竞合的结果。

六 结论

批判性话语分析旨在系统探索话语实践、事件与文本以及广泛的社会文化结构、关系与过程之间常常不透明的因果关系,调查这

[①] "可信度等级"(hierarchy of credibility)是指在一个群体等级化的体系中,处在高等级的群体被认为拥有"真理的知识",因此可信度与被倾听的权利通过等级系统而得到差异性的分配。新闻记者常常将高等级群体的叙事视为更加真实、权威的,这种信源偏好支持了一种有利于权威知情者的规范性秩序,而且它也给新闻报道带来了方便。

些话语实践、事件与文本是如何在意识形态上受到权力关系的影响，而话语与社会之间的不透明性本身就是保障权力与霸权的因素（Fairclough，1995：95—96）。本章对《南方周末》2007—2015年间的PX报道做了文本分析与文本间分析，历时性对照它在不同时期刊发的同一主题报道，以揭示作为话语实践结果的话语秩序流变。通过深度访谈那些被媒体忽视或遮蔽的声音，将同一议题的相关新闻文本与访谈文本并置、对照进行共时性考察，本章也从话语之间的冲突与矛盾去揭示话语实践背后的权力关系与意识形态。

  研究发现一种由管理主义、科学主义与经济民族主义等意识形态所支持的政府公关话语在2009年古雷PX项目开建后取代了公众环境参与话语。尽管古雷PX的相关报道并没有明确阐述政府公关的内涵，但从新闻报道所描述的地方政府行为看，政府公关意味着舆论管控、科普教育、正面宣传、组织参访，以及利用乡村社会关系网络入户说服。在实际执行过程中，这种以说服为目标的风险传播实践可能未尽到充分告知信息的义务，甚至在说服过程中存在误导行为。政府公关还意味着本应成为经济发展与环境保护目标之间调停者的地方政府，却越俎代庖包揽了企业的公共事务。这种公关实践既背离多元主体参与集体决策的风险治理理念，也有异于公关学者所推崇的企业与公众基于充分告知信息、理解彼此关切、协商行为调整，最终达到互利互信的"双向对称"的沟通模式。新闻媒体，包括那些被期待诊断并代言处在危险境地的公共话语的市场化媒体，忽视了弱势公众话语的输入，逐渐与产业话语合流，一起推动了产业倾向的PX话语秩序变迁。这虽然有个体认知偏好的因素，但更加重要的是媒介体制、产业利益、意识形态、媒介经营目标、媒体间的框架设置，以及新闻生产常规中依赖官方与精英信源的权威—秩序偏见（Wilkins & Patterson，1991；Boykoff & Boykoff，2007）等结构性与制度性因素联合对民主、平等的公共话语生产的制约。

在新的 PX 话语秩序之下，作为重要权益相关人但没有能力使用新媒体突破传统媒体传播控制的古雷居民被屏蔽于话语权利倾斜的媒介公共领域之外。某个群体公共话语权的丧失不可避免地导致了某种社会后果。语言学家韩礼德（Halliday，1978；1985）曾经归纳过语言的多功能性，认为任何文本同步具有"观念的""人际的"与"文本的"功能。费尔克罗夫（1995：131）也指出语言使用既是社会形构的又形构着社会（socially shaped and socially shaping），是社会身份、社会关系以及知识与信仰的重要构成要素。从社会身份建构看，古雷民众在新闻信源等级中处在底层，无法借助媒介发出自己的声音，他们被建构为沉默、被动的政府公关对象、风险接受者与环境移民，是逐利导向的经济人而非环境权利的主张者与行动者。从社会关系的话语建构看，农村居民在城乡二元结构中的地位仍然是固化的，他们在城乡风险分配中处在弱势地位，甚至没有资格成为媒体批判的"邻避者"。从知识与信仰来看，经济民族主义意识形态支持了公关话语、技术话语与管理话语的合法性，后者又作为风险应对战略互相补充，巩固了国家部委、地方政府与技术专家三方治理新建芳烃生产线环境风险的主导权，强化了风险评估与管理以技术理性为导向的知识生产体系，将当地公众的经验、诉求、洞见去权利化。费尔克罗夫（1995：138）认为不同于传统社会里固定的关系与身份，当代社会里关系与身份越来越需要通过对话来协商，它的一个后果是当代社会生活要求高度发展的对话能力。因而话语不仅影响受众对于群体与事物的态度，也影响某类群体在特定语境中协商利益的能力以及在宏大社会政治语境中的地位。正是从这个意义上说，虽然不能将话语实践化约为弱势群体获取社会权利与地位的唯一机制，PX报道的话语实践以及作为结果的话语秩序对于古雷居民成为环境移民以及面临生计不确定性负有一定的责任。如果古雷民众的声音能够及时得到报道，使之成为安全与环境风险监督的有生力量，促使地方政府角色与职能的转变，结果可能会迥然不同。

本章并不旨在批评特定的新闻媒体，之所以将《南方周末》的PX报道作为主要研究对象在于仅有它对这一敏感但又意义深远的环境争议议题保持了敏锐、持续的关注，在艰难的报道环境中奉献了有价值的思考，更何况它的特约评论也弥补了新闻报道在视野上的不足。通过对话语秩序变迁及其背后原因与社会影响的分析，本章意在促使新闻从业者反思新闻媒体在环境报道中的表现及其社会影响，在环境争议报道中重视两种极端倾向：一种夸大公民环境抗争的政治象征意义，另一种则将公众合理的诉求以"邻避"之名而漠视之。古雷爆炸后的工厂停产、个别官员的惩处以及当地居民对未来不确定性的担忧，这种"负和游戏"的结局促使新闻从业者思考第三种环境争议解决路径的可能性，借鉴公共新闻的实践，构建容纳多元利益方声音的环境公共领域，促进治理主体之间的沟通、商议、监督、掣肘，协作解决环境争议，共同建设健康的环境与经济发展平衡的可持续社区。

第二部分

公 众

第四章

新阶级、后物质主义与风险传播

　　自20世纪60年代后半期起，美国公众对环境问题的关注呈戏剧性增长，在1970年第一个世界地球日达到巅峰（Jones & Dunlap, 1992）。相应地，20世纪70年代以来社会学家将环境关注的社会基础作为研究的中心议题，无论以理论论证还是实践决策为目的，确定什么类型的人对环境问题感兴趣成为一种主导旨趣（van Liere & Dunlap, 1980）。尽管具体结论各异，总体而言居住地、性别与学历对环境关注均有一定影响。其中一个重要的发现是绿色政治的领导者与积极参与者来自中产阶级的一个亚类型，即以高学历、从事非市场职业为主要特征的"新阶级"（Eckersley, 1989）。

　　近年来我国发生的多起环境冲突事件意味着公众环境意识的提升，但环境关注的社会基础是否已经扩大并均衡地分布在社会结构的每个层面，还是每个人口学变量在环境关注度上都存在显著差异是一个需要探索的议题。特别是随着全球变暖共识的加深，核能作为清洁低碳能源重新回到国际、国内政治经济议程，然而专家对核能的风险评估与公众的直觉判断还存在较大分歧（Slovic，1987）。理解核电环境风险关注的社会基础，帮助公共机构制定针对性的风险传播战略，使公民更理性地评估环境风险。本章基于2013年年初对福建宁德核电站周边居民的调查，考察居住地、性别、学历等人口学变量对核电风险关注度与接受度的影响，探讨"新阶级"在该地区未来环境运动中扮演的角色，并对地方政府的传播战略提出建议。

一 回顾与假设

社会学家在公众的人口学特征与环境关注的联系上存在分歧，既表现在统计学证据本身，又表现在对证据的阐释上（van Liere & Dunlap，1980）。一个被频繁检验的是居住地假设，它认为城镇居民比农村居民更可能关注环境并采取行动。理由是农村居民多从事种植、伐木、采矿等自然资源采掘业，高度依赖开发自然导致更少关注环境保护，没有介入采掘业的农村居民由于共享农村文化因而也对环境持功利主义态度；而且城镇居民总体上暴露于更高水平与更多形式的环境污染（Tremblay & Dunlap，1978）。此外，一些学者（如Inglehart，1995；Dunlap & Mertig，1997）认为，环境意识与物质富裕程度相关，落后的国家、社区与个人偏好牺牲环境质量以追求经济增长。这一逻辑经常被应用在我国的农村人口，他们常常被视为贫困、文化低、疲于奔命而忽视环境问题（Edmonds，1998；Wheeler，Wang & Dasgupta，2003）。尽管早期研究显示总体上城镇居民更关注环境，后期研究却认为城乡差异可能正在缩小或几乎已经消失（Jones et al., 1999；Huddart-Kennedy et al., 2009）。美国自20世纪90年代起大量亲环境价值观的城镇居民移居到农村社区（Smith & Krannich, 2000）、农村对自然资源采掘业的经济依赖下降（Jones et al., 2003）等被认为是城乡环境观趋同的原因。然而考虑到西方发达国家出现的"绿色移民"现象不被我国政策所允许，同时核电站可能会向征地村民提供工作机会因而形成对风险项目的经济依赖，这里提出如下假设：

H1：宁德核电站周边农村居民比城镇居民更少关注环境风险。

在性别与环境的关系上，1974年法国女性主义者德·奥波妮（Françoise d'Eaubonne）首次提出"生态女性主义"概念，指责父权制与男性权力应当为环境恶化负责，号召女性起来革命保卫全球生态（Howell, 1997）。生态女性主义认为，无论在意识形态上还是社会结构上，男性对女性的统治与对自然的统治是同构的（Reuther, 1992：2）。既然同样的社会经济结构也伤害环境，那么女性在某种程度上愿意为自然界代言（Buckingham, 2004）。这种理论建构虽然带有本质主义色彩，但实证研究也发现除少数案例外，女性特别是母亲身份的女性总体上比男性更加关注环境问题（Freudenburg & Davidson, 2007）。特别是1996年的一个文献回顾发现，过去36项性别与环境的研究全部证明女性比男性更关注核电与核废弃物的安全（Davidson & Freudenburg, 1996）。主流的解释强调传统性别角色对环境或经济偏好的决定作用，即男性以经济为中心而女性更在意儿童的安全与健康（Hamilton, 1985；Stern, Dietz & Kalof, 1993；Roberts, 1997）。然而也有少数研究结果挑战主流的理论期待（Krannich & Albrecht，1995；Blocker & Eckberg，1997）。而且当代女性的社会角色无论在西方发达国家还是新兴工业化国家都发生了实质性变化，同时女性照顾家庭的责任并未因此减少。承担养家与抚育双重角色的女性在环境关注上会采纳男性的视角还是会在经济与健康关切之间发生价值观冲突需要更多的实证检验。如美国内布拉斯加州已经建有核电站的内马哈县（Nemaha County）将建设核废料处理设施，调查发现核电站周围90%的职业女性低度关注核风险，而待建核设施附近90%的职业女性则相反（Freudenburg & Davidson，2007）。在这个案例中环境关注是地理接近性、性别角色、经济依赖等多重因素的复杂产物。考虑到宁德核电站可能对征地村民特别是家庭主妇提供工作机会作为风险补偿，女性性别角色的变化可能导致以下情况的出现。

H2：宁德核电站周边的男性与女性居民在环境关注上没有差异。

同女性主义运动一样，环境运动也是20世纪下半叶西方发达国家新社会运动的重要构成。一些学者认为，新社会运动的社会基础是无阶级的，它的支持与参与力量分布在社会的所有层面，但也有学者认为，新社会运动特别是环境运动的支持者来自"新阶级"（Cotgrove，1982；Eckersley，1989）。莫里森与邓莱普（Morrison & Dunlap，1986）描绘的环境运动领导者与积极成员的典型侧面像是拥有大学学历、专业工作及中等偏上收入，在教育与职业上而不是在收入上区别于其他社会人口，因此他们不一定是中产阶级的上层。与传统的阶级划分以收入为主要标准不同，"新阶级"的典型特征是高教育程度与在经济的非市场或服务部门从事白领职位（Brint，

1984；Kriesi，1989；Jenkins & Wallace，1996）。他们被视为更认同后物质主义价值观，并且因为远离生产性部门，支持或参与环境运动是其获得阶级权力的方式（Eckersley，1989）。在实证研究中，一些学者（如 Mertig & Dunlap，2001）使用三个指标来定义新阶级成员：大学教育、白领职位（如专家、经理、行政管理者、文职与销售人员）、非市场部门（如公共行政、服务、媒体、艺术、教育），三个条件必须同时满足。而另一些研究者将所有受过高等教育者或从事白领职业者定义为新阶级成员（如 Mitchell，1979；Rohrschneider，1990；Phelan & Phelan，1991）。尽管后者被批评为标准过于宽泛，但前者过细的职业分类在社会调查中难以实现。高等教育不仅是"新阶级"成员的关键构成，而且是操作性强的测量指标。我们在这里将大专以上教育程度视为"新阶级"的核心要素，并假设：

H3：宁德核电站周边高学历者比低学历者更关注环境风险。

二　方法与过程

宁德核电站位于福鼎市秦屿镇晴川湾，2013 年 4 月一期 1 号机组开始投入商业运行。电站选址的备湾村 66 户 232 位村民在 2008 年整体搬迁至 11 公里以外的秦屿镇南郊。2013 年农历春节期间我们走访了村民们现在栖身的巨口村秋溪移民新区，这里每户人家都拥有跃层式住房。搬迁前部分村民憧憬过上城里人的生活，直到 2011 年日本福岛核事故之后才蓦然意识到对核风险的焦虑将伴随着他们的日常生活。村民原先以讨小海、养紫菜、在温州渔船上捕鱼等为业，电站建设后 45 位村民组建了园林公司承担核电园区的绿化，32

位村民（多数为女性）受雇为电站的辅助工勤人员，形成了经济依赖与风险感知的张力。经济依赖带来的认同是脆弱的，除了健康焦虑，一些村民还担心商业运行后电站附近海水温度的提高会导致海湾内的紫菜苗溃烂，防波堤会阻缓潮流速度、导致泥沙沉积影响紫菜口感。我们还走访了离核电站不到百米之遥的牛栏岗村，那里年轻人多外出工作，剩下留守的老年人与儿童，他们同样忧虑核辐射风险，但搬迁要求没有得到满足。我们的问卷调查地点选择在秦屿镇、秋溪移民新区以及牛栏岗村等邻近电站的渔村，采用立意抽样入户调查的方法，共获得有效问卷200份，年龄、性别、收入、学历等人口学特征见表4-1。

表4-1　　　　　　　　　取样人群的人口学特征

	总体（n=200）	农村（n=100）	城镇（n=100）
年　龄	36.41±11.26	36.21±11.07	36.61±11.49
月收入	2845.96±2153.00	2434.47±1412.15	3202.86±2587.16
性　别			
男　性	122	62	60
女　性	78	38	40
学　历			
小　学	34	29	5
中　学	87	41	46
大专及以上	79	30	49

"环境关注"是指公众认识环境问题并支持或愿意贡献于解决环境问题的程度（Dunlap & Jones，2002：485）。我们采用三组量表

来测试宁德核电站周边受调者的人口学变量在环境关注上的差异：（1）受调者对国内外环境事故或事件的关注程度；（2）受调者对当地环境信息公开与决策参与的期待程度；（3）受调者对核风险的态度、观念与行为倾向。

我们选择了2011年日本福岛核泄漏事故与2012年我国发生的三起环境冲突事件（分别是四川什邡居民抵制钼铜项目、江苏启东居民抵制纸厂污水直排入海工程、宁波镇海居民抵制PX项目）作为测量宁德核电站周边居民关注国内外环境问题的指标，这四个题目采用1至3点的计分方式（1＝不清楚，2＝听说过，3＝主动了解过），公众越熟知这些事故或事件表明他们越关注国内外环境问题（见表4-2）。由于我国传统媒体对社会冲突等敏感信息的控制，网络论坛与微博是三起国内环境冲突事件的主要信源，这三题经信度分析其内部一致性系数 $\alpha=0.88$，可在回归分析中合并，均值越高说明居民利用网络了解异地环境冲突的程度越高。

表4-2　　取样人群对国内外环境事故与事件的关注

	农村	城镇	居住地	男性	女性	性别	中小学	大学	学历
	M	M	T-Test	M	M	T-Test	M	M	T-Test
日本福岛核事故	2.40	2.40	0.00	2.41	2.38	0.32	2.26	2.61	−4.61***
什邡反钼铜项目	1.34	1.65	−3.23***	1.50	1.49	0.13	1.31	1.77	−4.62***
启东反排污工程	1.51	1.70	−1.82*	1.64	1.54	1.03	1.42	1.88	−4.48***
镇海反PX项目	1.47	1.69	−2.19***	1.57	1.59	0.15	1.37	1.90	−5.13***

注：$*p<0.1$，$**p<0.05$，$***p<0.01$

我们通过受调者对参与环境决策满足程度的评价来测量他们对当地核辐射风险的关注度。"公众参与"是指被环境决策所影响的公众有权介入决策过程的信念。具体地说，它可以被定义为公民或团体有权通过以下方式影响环境决策：（1）获取环境信息；（2）公开评价责任机构的决策；（3）通过法院强制公共机构或产业为其环境决策或行为负责（Cox，2010：84）。公众参与的前提是政府信息公开与公众知情权的满足，美国环境历史学家海斯（Hays，2000：232）认为，政治权力存在于理解环境议题复杂性的能力，掌握权力的关键是信息以及驾驭信息所需的专业知识，因而近年来环境领域最为频繁发生的"戏剧"就是围绕信息控制的斗争。我们用受调者对"我们很容易、很方便从政府那里获取环境信息""政府主动定期向我们提供环境信息""一旦发生污染事故，政府会及时通知我们""环境风险项目落户前，政府征求了我们的意见"等四个陈述的评价来测量他们对获取核辐射监测信息与参与环境决策的期待，评价越低表明公众的关注与期待越高。我们还用"环境风险评估不能只听专家，也要听居民的经验与感受"这一题目来测量受调者期待将自己的日常经验与感受作为文化理性介入环境风险评估过程的程度。这五个条目均以1至3点计分（1＝不同意，2＝中立，3＝同意），前四个条目经信度分析内部一致性系数 $\alpha=0.77$，在回归分析中将四题合并，均值越高表明公众知情权与参与权的满足程度越高（见表4-3）。

表 4-3　　　　　　　取样人群对环境知情权与参与权的关注

	农村	城镇	居住地	男性	女性	性别	中小学	大学	学历
	M	M	T-Test	M	M	T-Test	M	M	T-Test
容易获取环境信息	1.73	1.43	3.25***	1.53	1.65	−1.23	1.66	1.46	2.27**
政府主动提供信息	1.63	1.47	1.60	1.55	1.56	−0.18	1.67	1.38	3.18***
政府通知污染事故	2.32	2.06	2.60***	2.15	2.26	−1.06	2.30	2.03	2.70***
政府征求项目意见	1.76	1.50	2.46**	1.64	1.60	0.39	1.73	1.47	2.55**
居民介入风险评估	2.59	2.69	−1.22	2.66	2.61	0.52	2.60	2.70	−1.13

注：*$p<0.1$，**$p<0.05$，***$p<0.01$

我们用受访者是否愿意以经济补偿为条件接受核风险（0＝有条件接受，1＝无法接受）、是否赞成"邻避"（0＝赞成，1＝反对）以及是否会通过"散步"表达对高风险项目的异议（0＝不会，1＝可能会）来分别测试人口学变量在核风险的态度、观念与行为倾向上的差异（见表4-4）。这三个题目在实践层面上存在紧密关联：近年来我国公民对某些能源、化工等风险项目落户持抵制态度，有些地方还通过"散步"表达环境关切，但这种行动常常被贴上"邻避"（not in my backyard）的标签。如2007年在厦门市民的努力下地方政府最终做出PX项目迁址漳州古雷半岛的决定，随后网络论坛上出现了对厦门市民的"邻避"指责。"邻避"一词起源于20世纪80年代早期，最初用来形容美国富裕的郊区业主将中、低收入家庭排挤出社区的行为（Williams & Matheny, 1995），后来一些官员将这一标签贴在环保主义者反对在贫困或少数族裔社区建设废弃物填埋设施的动机上,甚至有官员将它视为"一种狂躁、非理性地拒绝可靠技术进步的社会疾病"(Edelstein,1988:171)。但事实上有相当数量的公民既反对高风险项目在自己的社区落户也反对嫁"祸"于邻的做法,为此美国的一些倡导团体使用 NIABY(not in anybody's backyard)来描述他们认同的环境正义路径(Cox,2010:281),同样我们通过受调者是否赞同"邻避"来测试人口学变量在环境正义观上的差异。

表 4-4　　取样人群对核风险、邻避与"散步"的态度

	农村	城镇	居住地	男性	女性	性别	中小学	大学	学历
	N(%)	N(%)	R	N(%)	N(%)	R	N(%)	N(%)	R
拒绝风险	59(59)	71(71)	0.13*	84(69)	46(59)	−0.10	71(59)	59(75)	0.16**
反对邻避	33(33)	51(51)	0.18***	46(38)	38(49)	0.11	43(36)	41(52)	0.16**
散步倾向	46(46)	46(46)	0.00	64(52)	28(36)	−0.16**	53(44)	39(49)	0.06

注：*$p<0.1$，**$p<0.05$，***$p<0.01$

最后,我们通过 Logistic 回归分析哪些变量对受调者拒绝核风险、反对"邻避"以及诉诸"散步"表达异议有预测效应。除人口学变量外,我们还将公众网络暴露水平、对参与环境决策的满足程度以及公众风险感知作为测试变量。卡斯帕森(Kasperson & Kasperson,1996)的"风险的社会放大框架"认为,新闻报道的介入程度、信息量、阐释框架以及用来描述风险的符号、修辞与话语都有可能使群体或个体放大风险。如核设施的技术污名往往源自新闻媒体对证明核设施不安全的事故或证据的高强度、戏剧性的描述,污名化造成公众对核设施附近区域心生恐惧并对那里的房产唯恐避之不及(Flynn et al.,1998)。由于互联网是当今环境问题报道的重

要传播渠道，公众的网络暴露水平可能影响他们对核风险的态度、观念与行为。除上面提到的公众利用网络了解异地环境冲突的程度外，我们另选了两个指标测量公众的网络暴露水平：一是网络使用率（"您每天接触哪种媒体的时间最长？"），二是公众利用网络获取当地环境信息的程度（"哪些是您了解当地环境状况的常用信息渠道？"），这两题计分方式均为选网络者＝1，选其他者＝0。

风险感知是环境关注的结果，根据著名风险研究学者斯洛维克（Slovic，1987）的心理测量路径，公众的风险感知不能被简单地视为非理性；相反，公众的反应可被理解为他们对风险的敏感并没有被很好地吸收到专家的技术评估之中。他概括了两个影响风险感知的社会心理因素：一是"未知"（unknown），即感到风险前所未有、难以观察、不可理解以及可能造成延迟的伤害；二是"恐惧"（dread），即感到风险可怕、致命、灾难性、缺乏控制、非自愿以及风险收益的不平等分配。通过因子分析，我们合并"附近的环境风险是熟悉的还是陌生的"（1＝非常陌生，5＝非常熟悉）与"您对环境风险相关的物质或技术了解吗"（1＝一无所知，5＝非常了解）两个题目来测试"未知"因素对受调者的核风险接受度、"邻避"认同度与"散步"倾向性的影响，两题内部一致性系数 $\alpha=0.63$。我们合并"附近的环境风险是普通的还是可怕的"（1＝非常可怕，5＝非常普通）、"现有技术能否控制附近的环境风险"（1＝完全不可控，5＝完全可控）、"政府有能力控制附近的环境风险吗"（1＝完全没能力，5＝完全有能力）、"您能从风险项目中获益吗"（1＝获益很低，5＝获益很高）以及"项目建设时您是情愿的吗"（1＝完全不情愿，5＝完全情愿）等五个题目来测试"恐惧"因素对核风险接受度、"邻避"认同度与"散步"倾向性的影响,五题内部一致性系数 α=0.67。最后,我们采用"一旦发生事故,它的影响对每个人都平等吗"(1=非常不平等,5=非常平等)来测量公平因素对核风险态度的影响。

三 研究发现

所有类型的受调者都高度关注福岛核事故,但对国内环境事件都介于"不清楚"与"听说过"之间。独立样本检验显示农村居民与城镇居民对福岛核事故的关注程度没有差异,然而就2012年国内发生的三起环境冲突事件,农村居民的关注度低于城镇居民。这说明农村居民相对而言更关注与自身处境类似的环境事故。男性与女性在关注任何环境事故或事件上均无差异,但教育程度变量对所有测试项均呈现出显著差异性,学历越高越关注外部环境事件,不管它们与自身所处的环境风险是否相关。

在对核风险的知情权与参与权的关注上,所有类型的受调者均较为认同"一旦发生污染事故,政府会及时通知我们"的说法,但均不太满意获取环境监测信息的容易度、政府信息公开的主动性与政府征求风险项目落户意见的开放度。独立样本检验显示男性与女性对知情权与参与权的关注没有差异。城镇居民在评价信息获取的容易度、政府告知污染事故的及时性与政府征求民意的开放度上均比农村居民要低,说明总体上他们对环境知情权与参与权怀有更高的期待。大专以上学历的居民对所有测试项目的评价均低于中学以下学历的居民,说明高学历者更加期待环境信息公开与决策参与。但所有人口学变量在要求介入环境风险评估上均没有差异,对环境评估应该充分考虑受影响者的经验与感受持有高度的共识。

在核风险接受度上，71%的城镇受调者表示不能接受，高于农村受调者的59%，居住地与拒绝核风险之间有微弱相关性（r=0.13，p<0.1）；75%的大专以上学历者表示不能接受，高于中学以下学历者的59%，学历与拒绝核风险之间有较显著的相关性（r=0.16，p<0.05）；但性别与拒绝核风险之间不呈现相关性。在环境正义观上，51%的城镇受调者同意"高风险项目应在所有地方停建"，高于农村受调者的33%，居住地与反对"邻避"之间存在显著的相关性（r=0.18，p<0.01）；52%的大专以上学历者反对"邻避"，高于中学以下学历者的36%，学历与反对"邻避"之间有较显著的相关性（r=0.16，p<0.05）；但性别与"邻避"不呈现相关性。在是否会参与"散步"表达对高风险项目的异议上，居住地与学历均与这一倾向性无关，然而男性比女性表现出更高的参与倾向性（52% vs.36%，r=－0.16，p<0.05）。

综合以上结果，我们接受H3，但部分接受H1与H2。进一步的回归分析（见表4-5）发现居住地对受调者是否接受核风险与是否赞同"邻避"上没有预测效应，而教育程度却对上述态度或观念呈现显著的预测效应，学历越高越倾向于拒绝核风险与反对"邻避"。然而在是否会参与"散步"上，性别是唯一具有预测效应的变量，即男性比女性更倾向于介入公民行动表达异议。同时性别变量也对是否赞同"邻避"具有预测效应，女性比男性更倾向于反对转嫁风险的做法，反映出更高的利他主义价值观。在控制住人口学变量后，回归检验显示受调者介入环境风险评估的愿望越强烈、对核辐射越恐惧，就越倾向于拒绝核风险。除介入环境风险评估的意愿与恐惧两个因素外，当地居民越认为核辐射的影响对所在区域的每个人都平等，越倾向于反对"邻避"。

表 4-5　风险接受度、邻避认同度与"散步"倾向的 Logistic 回归

	风险接受度		邻避认同度		"散步"倾向性	
	β	Wald	β	Wald	β	Wald
人口学变量						
年　龄	−0.01	0.09	0.01	0.40	−0.01	0.42
居住地	−0.03	0.01	0.35	0.88	0.04	0.01
性　别	−0.51	2.20	0.70	4.06**	−0.83	6.37**
教育程度	0.82	7.03***	0.86	7.99***	0.34	1.45
媒介暴露水平						
了解福岛核事故	−0.29	0.63	−0.11	0.09	0.45	1.79
网络使用率	−0.13	0.22	−0.03	0.01	0.13	0.11
利用网络获取当地环境信息	−0.18	0.09	−0.01	0.00	0.18	0.29
利用网络了解异地环境冲突	−0.13	0.16	0.40	1.53	−0.17	0.31
信息公开与决策参与						
对知情权与参与权的期待	0.21	0.35	0.11	0.10	0.49	2.22
介入环境风险评估的意愿	0.65	5.70**	0.67	4.99**	0.07	0.08
社会心理因素						
未　知	−0.10	0.30	0.19	0.96	0.12	0.48
恐　惧	−0.83	10.83***	−0.52	4.59**	0.09	0.17
平　等	0.07	0.34	0.38	8.92***	−0.03	0.05
Cox & Snell R2	0.15	—	0.18	—	0.10	—

注：* $p<0.1$，** $p<0.05$，*** $p<0.01$

四 讨论与结论

研究结果突显了高信号值的事故对公众风险关注与判断的影响。尽管福岛核事故由强地震引发并且核能在专家眼里总体风险较低，但这类事故往往被阐释为人类还不能完全理解、控制或管理核能因而预示着未来发生更大灾难的可能性。也就是说，风险事故的影响是由事故发出的信号或预示的信息所决定的（Kasperson et al.，1988），而公众关注的恰恰就是低概率但高强度的风险且在风险的社会管理中寻求普遍共识与控制（Fiorino，1989）。受调者无论生活在城镇还是农村，是男性还是女性都高度关注福岛核事故，大众传媒的报道与阐释所释放的风险信号激发了公众的恐惧与介入风险评估的意愿，最终影响了他们对风险的接受。福岛核事故已经过去两年，跟所有生活在核设施附近的居民一样，随着时间的推移宁德核电站附近居民会对核电产生一定程度的认同，但这种认同是暂时与脆弱的。英国学者（Parkhill et al.，2010）曾经对生活在英格兰南部两座核电站附近的居民进行考察，揭示了核电风险是如何被熟悉与正常化的。比如有家庭成员、朋友或邻居在核电站工作，这种经济依赖与人际网络会使核电去神秘化与去"他者"化。但必须承认居民对核电站存在的焦虑同样构成了他们日常生活的一部分。焦虑通常被具体的风险议题所引发：一是大众传媒对恐怖主义、核电事故、强烈地震等外部事件的报道；二是个人经验，如周围有人患上癌症或无法确认的疾病，穿白色"太空服"的核电站员工对土壤的例行采样，甚至一次不明缘故的封道作业等。新备湾村居民在核电站从事清洁与绿化、出租住房给核电站员工，这种互信互惠的社会网络的形成可能会使核设施的存在正常化。但地方政府必须理解媒体对外部事件的报道以及居民在日常生活中觉察到的异常可能引发焦虑，这种焦虑部分源自缺少信息或不被告知从而无法消除不确定性。因此地方政府的信息部门应对可能引发焦虑的外部事件保持敏感，及时发布确切信息以打消公众疑虑。

无论是哪种人口学特征的受调者对获取环境信息的容易性与政府信息发布的主动性均评价较低，城镇居民与高学历者对信息公开的满意度更低。对信息公开的满意度也是公众对政府信任度的重要构成。如彼得斯等人（Peters, Covello & McCallum, 1997）认为，公众信任，依赖三个要素：对知识与技能的感知、对公开与诚实的感知、对关怀与在意的感知。由于公众信任减少了官民互动的复杂性，它可能是有效风险传播的前提或者公众减轻风险判断的重要因素（Leiss, 1995; Poortinga & Pidgeon, 2003）。因此为了提高公众信任，地方政府应当保证信息发布的透明与常态。但也有学者认为，地方政府不应将改善公众信任作为风险管理与传播战略的目标。这不仅因为信任的重建在多数风险传播的时间框架内不可能实现（Kasperson, Golding & Tuler, 1992），而且有学者（Trettin & Musham, 2000）认为，信任本身不一定完全理性，因此过高评价信任的价值在公共生活中是危险的。公众不应该盲目信任，而是要基于事实做出理性判断；政府无须增加信任，而是提供居民理性评估的透明信息。但无论学者对公众信任在风险传播中的价值如何评价，地方政府都应该对核辐射风险进行日常监测并通过城乡居民偏好的媒体定期提供监测信息，对重要监测指标与关键数据的意义进行适当解释，并加强反馈与互动，让公众在理性评估的基础上减轻焦虑。

所有类型的受调者都表现出介入环境风险评估的强烈意愿,意愿越强烈越拒绝核风险与反对"邻避"。然而普遍的现实是公众缺乏合法途径表达对环境问题的经验与感受,地方政府常常不尊重个体权利并且认为公众的风险判断是非理性的(Tilt,2006)。事实上,公众对环境风险的感知与判断都是在特定的历史、地理与社会语境中做出的,是文化理性的产物。最受风险潜在影响的人们必须有权利参与判断风险的水平能否为他们的社区所容忍(Slovic,1997)。当工业化与环境恶化加剧,抗议污染的声音在农村与城镇呈上升趋势,对政治与社会稳定形成威胁,甚至国外学者警示我国的环境问题为推动"政治可能性边界"提供了论坛(Weller 1999:127)。这要求地方政府承认文化理性的合法性,构建听证会、商议会等由公众、技术专家与公共机构互相"倾听与理解"的公共领域,倾听公众对环境与健康问题的日常感受作为专家技术评估的依据,理解影响公众风险判断的因素与他们的利益诉求作为政府环境决策的重要依据,让公众在充分听取技术评估结论与官方对风险—收益比的权衡后一起判断风险是否可以接受。

研究显示,高学历者比低学历者更为关注异地环境冲突事件、对知情权与参与权有更多的期待,学历对居民是否接受风险与认同"邻避"有显著的预测效应。相比居住地与性别这两个人口学变量,在宁德核电案例中教育程度或者说"新阶级"是关注环境风险最显著的社会基础。但是研究也显示是性别而非学历对受调者通过"散步"表达环境关切的倾向性具有唯一的预测效应。这说明在我国政治、法律语境中高学历者是环境运动的支持者但不一定是环境运动的积极行动者。西方国家对"新阶级"介入绿色政治的原因有两种解释:结构性自治假设认为相对独立于市场部门的职业使他们对工业体系持批判态度并积极寻求变革，同时他们的职业经验能使他们以独特的视角察觉到工业化的负面影响（Eckersley，1989）；而"新童年"假设则认为，根据边际效用递减原理与马斯洛的需要层次理论，在二战后和平、富裕与安全环境下成长起来的"新阶级"是物质主义转向后物质主义价值观的前卫（Inglehart，1990），因而对现代化进程中的各种问题更加敏感。在宁德受调者中大专以上学历者有65%为行政、事业单位雇员与自由职业者，平均年龄32岁，多为在改革开放后相对富裕的条件下完成社会化的"80后"。这些背景很可能使我国的高学历者跟西方发达国家的"新阶级"那样更加关注环境质量与社会公平正义，但可能会因害怕失去职位等原因而回避激进行为。

研究还发现"新阶级"在判断环境风险时有其独特的影响源（如图4-1所示），为地方政府针对这一人群进行有效的风险传播提供参考。

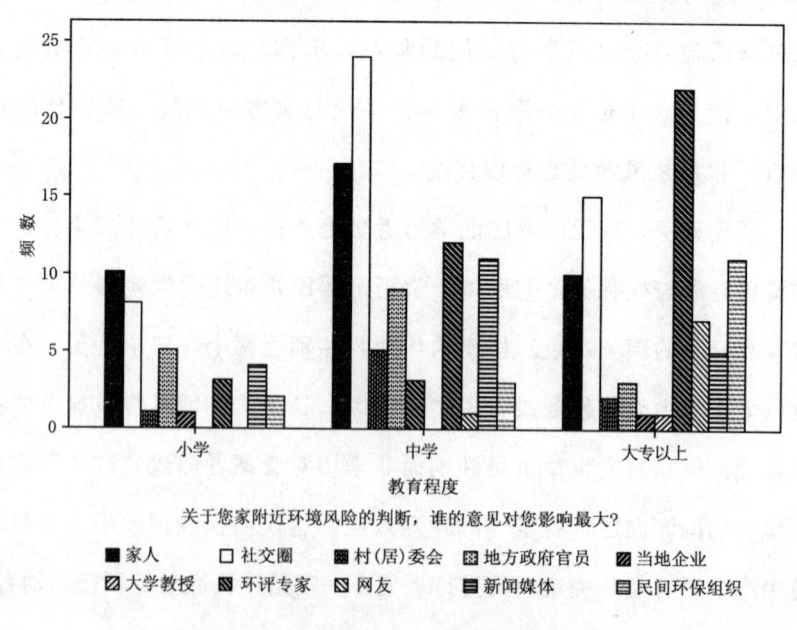

图4-1 不同学历者环境风险判断的影响源

对小学学历者判断风险的最大影响源依次：是家人、社交圈与地方政府官员；对中学学历者影响最大的依次是：社交圈、家人与环评专家；而对大专以上学历者最具影响力的依次是：环评专家、社交圈与民间环保组织。新闻媒体对这三类人群在判断风险上都不具备显著的影响力，其对高学历者的影响甚至还不如网友，一定程度上解释了回归分析中媒介暴露水平对当地公众的风险接受度、"邻避"认同度与"散步"倾向性没有预测效应。这进一步说明在风险传播中推动专家与民众互相倾听与对话的公共领域的重要性，对高学历的"新阶级"来说，利用专业权威进行说服远比利用地方媒体为政府决策强硬辩护有更好的传播效果。

第五章

网络使用、公众信任与风险治理

自20世纪60年代末以来,美国公众对政府机构的信任度急剧下降。伴随公众信任侵蚀的是公众对环境与健康议题日益增长的关注,参与环境运动的社会基础在20世纪70年代后期由精英群体扩大到所有重要的社会群体(US Council on Environmental Quality, 1980)。近来我国发生的江苏启东居民反对造纸污水直排入海工程、浙江温州环保局局长受邀下河游泳等事件彰显了公众对水污染风险的强烈关切以及对地方政府环保表现的质疑。从社会演进的基本面解释环境运动的兴起,教育水平与富裕程度的提高使公众对公共福利的质量有了更高期望,同时社会议题的复杂性与价值观的极化加深了公众对政府决策的争议(Renn & Levine, 1991)。由于信任允许公众在无需完全了解他人、社会机构或未来不确定性等条件下的互动与合作(Kasperson, Golding & Tuler,

1992），它可能影响公众对环境风险的判断以及政府机构的环境风险传播效果。因而公众信任的现状、形成机制与社会后果俨然是当今我国环境风险传播研究的重要课题。本章基于2013年2月对福建省上杭县深受紫金矿业影响的汀江沿岸居民的问卷调查，试图从互联网普及与使用上的城乡差异着手探寻公众信任流失的因素，检验公众信任流失对居民环境风险接受度的影响，最后对地方政府的水污染风险传播战略提出建议。

一 回顾与假设

信任总体上是社会关系中个体期待他人或机构能够被依赖且以有能力、可预期、关爱的方式行动，不信任则来自个体对社会关系期待的打破（Kasperson, Golding & Tuler, 1992）。信任润滑社会的各个层面，使它们平衡、和谐运转（Poortinga & Pidgeon, 2003）。如果行为者不得不审视每个社会互动是否会产生负面结果，他们将无法正常活动（Weber & Carter, 1998）。由于信任减少了互动的复杂性，没有它社会就难以发挥功能或效率低下。信任还是社会资本的关键构成，美国社会学家布特南（Putnam et al., 1993）对意大利工业区的实证研究显示社会资本贡献于经济表现，原因在于高层次的信任、联结与合作促进革新与信息分享。然而信任却是易碎品，一个错误或过失即可将它瞬间瓦解。它一旦流失需要长期的重建过程，在某些情况下永远无法恢复（Slovic, 1993）。

在风险传播研究领域，影响公众信任的因素可被概括为四个方面：信息特征、风险特征、社会机构特征以及个性特征。在信息内容与信源对信任的影响上存在"不对称法则"，即负面事件导致的信任流失比正面事件带来的信任增长要多，坏消息的信源比好消息的信源更令人可信（Cvetkovich et al.，2002）。但信源对信任的影响机制被证明更为复杂，如环保团体拥有较高的公众信任，但它在提供应急行为信息上并非公众最偏好的信源（Jungermann, Pfister & Fischer, 1996）。在风险特征尤其是风险类型对信任影响上，公众不太相信陌生风险的相关信息，如基因工程、天然毒素与杀虫剂等（Frewer et al.，1996）。但风险类型与信源相比，在决定信息可靠性上影响力较弱（Frewer, Miles & Marsh, 2002）。就机构特征而言，机构能力、信息披露、决策透明与信息准确等都被视为影响公众信任的变量（Chryssochoidis, Strada & Krystallis, 2009）。就个性特征对信任的影响而言，关注自然与环境风险的个体信任公民团体胜过政府机构，而关注战争、经济等其他社会风险的则反之（Wildavsky & Dake, 1990）。当个体与机构共享某些价值观、目标或思维方式时，"显著价值观的相似性"决定了公众对风险管理者的信任程度（Siegrist, Cvetkovich & Roth, 2000）。

在媒介化社会里，媒介表征是环境风险与公众认知的重要中介，因此传播媒介的技术特性、符号建构方式、社会普及程度与受众使用偏好对公众信任的影响受到学者关注。布特南（Putnam，2000：216—221）考察了美国社会包括信任在内的社会资本侵蚀，认为电视新闻受众数量的急剧下降是原因之一，且这种趋势在年轻一代中更为显著。他对互联网的作用并不抱乐观态度，认为互联网的新闻受众主要是从萎缩的传统媒体受众中分流而来，它并不扩大新闻受众群。不同于布特南的视角，韩国学者（Im et al.，2012）比较了互联网与传统媒体的使用对公众信任与政策遵从度的影响，发现个体在互联网上所花时间越多,其信任度与遵从度越小。究其原因,传统媒体时代的信息扩散受到大众传媒与政治精英的"把关",而网络传播方式削弱了政府在大宗信息收集与控制上的垄断,结果是权威行使者数量的减少与社会等级的去中心化(Mathews,1997)。伴随传统权威"祛魅"的是网民的知识积累带来强烈的自我赋权感并最终弱化了对权威的顺从(Brainard,2003)。具体到环境传播领域,美国环境历史学家海斯(Hays,2000:232)认为,政治权力存在于理解环境议题复杂性的能力,掌握权力的关键是信息以及驾驭信息所需的专业知识,因而近年来环境领域最为频繁发生的"戏剧"就是围绕信息控制的斗争。基于上述观点以及截至2012年年底我国网民中农村人口占比仅为27.6%这一事实①,本章试图探索城乡网络媒介暴露水平差异对公众信任的影响,假设如下:

H1:就水污染风险而言,城市居民对政府的信任度低于农村居民。

H2:就水污染风险而言,居民的网络使用率越高,对政府的信任度越低。

H3:利用网络获取特定环境信息的程度也对公众信任有预测效应。

如果互联网使用影响公众信任,那么很可能这种影响也会延伸到公民对政策的遵从(Braithwaite & Makkai,1994)。不仅如此,公众对风险管理者与传播者的信任可能是有效风险传播的前提或者公众减轻风险判断的重要因素(Leiss,1995;Poortinga & Pid-

---

① 参见《第31次中国互联网络发展状况统计报告》,2013年1月,中国互联网络信息中心(http://www.cnnic.cn/hlwfzyj/hlwxzbg/hlwtjbg/201403/P020140305344412530522.pdf)。

geon，2003）。如加拿大在 2003 年 5 月发现北美第一例疯牛病，然而该国公众对克雅氏症威胁的反应却相当淡定，牛肉消费反而有了轻微增加。除了当时 SARS 爆发与美国入侵伊拉克转移了部分注意力外，研究发现 82% 的受调者同意"我相信加拿大食品检疫机构会保护我免于疯牛病之类的食源传播疾病"的说法（Lewis & Tyshenko，2009）。显然在这一案例中，公众信任是干扰新闻报道影响的中介因素。相反，如果媒体对一个小事故的报道被公众视为风险管理者隐瞒风险、无力控制风险、不关心污染的累积效果对人们的伤害，或者视为专家们还不理解风险，这样的"信号值"会使公众放大风险、视小事故为未来灾难的前兆（Kasperson et al.，1988）。美国环保署前高级顾问费奥里诺（Fiorino，1989）认为，公众的风险感知与专家的技术评估不同的地方在于：关注低概率但高强度的事件；在风险的社会管理中寻求共识与控制；风险的可接受性有赖于公众对研究、管理或监督机构的信任。由此我们假设：

H4：公众对政府的信任度影响他们对水污染风险的接受度。

尽管许多研究结果显示，公众对危险的反应依赖于对风险管理者的信任，但公众信任可能并非作用风险接受度的唯一机制。如英国消费者对转基因食品风险感知的增加，特别是对其好处的负面评价，与高强度的媒体报道有关，但他们对管理者的信任并没有受媒体报道的影响。因而在这个案例中公众的风险感知独立于风险事件对公众信任的影响（Frewer，Miles & Marsh，2002）。在卡斯普森（Kasperson & Kasperson，1996）看来，媒体风险报道的介入程度、信息量、阐释框架以及用来描述风险的符号、修辞与话语对群体或个体的风险判断影响颇深。如核设施的技术污名往往源自新闻媒体对证明核设施不安全的事故或证据的高强度、戏剧性的描述,"污名化"使公众对核设施附近区域产生恐惧并对那里的房地产做出"回避行为"(Flynn et al.,1998)。韩国学者(Chung,2011)在研究公众抵制首尔—釜山高铁的环境风险时认为,与传统媒体相比,网络报纸与政府机构、非政府组织网站的高效互动为积极的信息分享与公众参与提供了开放空间,这些"社会站"之间的互动放大了公众的环境风险感知。由此我们提出以下假设:

H5:公众利用网络获取特定环境信息的程度,影响其对风险的接受度。

二 方法与过程

矿区的水污染问题构成了当今我国重大的环境风险。位于福建省上杭县城北、汀江左岸的紫金山金铜矿是当地水污染风险的主要来源。作为我国最大的黄金产地,它采用成本较低的堆浸工艺,以氰化钠溶液喷淋、木炭吸附的方法实施露天采金。2010年7月3日与7月16日紫金山铜矿湿法厂因污水池防渗膜破裂,发生两次含铜酸性溶液泄漏流入汀江,造成汀江重金属污染与棉花滩库区鱼类大量死亡,构成重大环境污染责任事故。新闻媒体披露第一次泄漏事故被瞒报长达9天之久。[①] 经媒体曝光与中央政府介入后,上杭县政府实施金矿限产、铜矿整改等治理措施,并在汀江上游10公里处开辟新的自来水水源。汀江上杭段在事故控制后河水含铜量恢复到地表水三类标准,但pH值依然偏向弱酸性。

---

① 参见邵芳卿《福建紫金矿业遭遇重大污染事故,九天后方披露》,2010年7月13日,第一财经日报网(http://news.163.com/10/0713/05/6BERPD5V000146BD.html)。

在走访过程中，我们发现尽管一些县城居民开始饮用自来水，但部分居民仍在购买来自高峡深处的桶装水作为饮用水，可见他们对饮用水质的担忧并未彻底消除。农村普遍饮用井水，有农民担心汀江污染对地势较低的井水水质造成影响。尽管棉花滩库区已禁止网箱养鱼，受访者对汀江水用作灌溉或渗入地下后重金属经由食物链影响健康表示忧虑。随着我国要求公开土壤监测数据的舆论高涨，水污染与土壤污染风险终究会成为地方政府必须直面民意追问的社会议题。

此次入户问卷调查采用方便抽样，地点选在上杭县城以及棉花滩库区附近的上都、中都与下都三个乡镇，共有225位居民参加了我们的研究，有效数据223份。其中农村116人、城市107人，年龄、性别、学历分布详见表5-1。

表5-1　　　　　　　　取样人群的人口学特征

	总体（n=223）	新城区（n=116）	旧城区（n=107）
年　龄	38.99±12.05	42.44±11.64	35.25±11.41
性　别			
男　性	142	81	61
女　性	79	34	45
不　详	2	1	1
受教育水平			
小　学	27	24	3
中　学	105	74	31
大专及以上	91	18	73

我们选用了三个指标去测试公众的网络媒介暴露水平：一是网络使用率（"您每天接触哪种媒体的时间最长？"），二是公众利用网络获取当地环境信息的程度（"哪些是您了解当地环境状况的常用信息渠道？"），这两题计分方式均为选网络者＝1，选其他者＝0。第三个指标是公众利用网络了解异地环境冲突事件的程度，我们选择了2012年我国发生的三起环境冲突事件作为衡量这一指标的依据，它们分别是四川什邡居民反对钼铜项目事件、江苏启东居民反对造纸厂排污设施事件以及宁波镇海居民反对PX项目事件（见表5-2）。由于传统媒体对敏感信息的控制，网络论坛与微博是这三起事件的主要信息源，公众越熟知这些事件表明他们利用网络了解异地环境冲突的程度越高。这三个题目采用1至3点的计分方式（不清楚＝1，听说过＝2，主动了解过＝3），经信度分析其内部一致性非常高（$\alpha=0.86$），可在回归分析中将三题合并，均值越高说明利用网络了解异地环境冲突事件的程度越高。

表5-2　取样人群利用网络了解异地环境冲突事件的城乡差异

	总体(n=223) M	总体(n=223) SD	城市(n=107) M	城市(n=107) SD	农村(n=116) M	农村(n=116) SD	城乡差异 T-Test
什邡反钼铜项目事件	1.54	0.68	1.81	0.75	1.29	0.48	−6.10***
启东反排污设施事件	1.49	0.66	1.71	0.77	1.28	0.47	−4.95***
宁波反PX项目事件	1.48	0.69	1.80	0.78	1.18	0.41	−7.36***

注：*** $p<0.001$

假如公众信任确实影响他们的风险感知与风险接受度,那么两个基本的问题有待回答:什么要素构成了公众信任?如何测量公众信任?彼得斯等人(Peters,Covello & McCallum,1997)提出对信任的感知依赖三个要素:对知识与技能的感知、对公开与诚实的感知、对关怀与在意的感知。卡斯普森等人(Kasperson,Golding & Tuler,1992)则认为,信任由四个要素构成:能力、关怀、可预见性、承诺并履行受托责任。尽管测量指标存在分歧,还是能够发现两者的共性:如三要素说的"公开与诚实"与四要素说的"可预见性"有关,它们都要求政府信息发布的透明与常态,从而使公众能够预测政府的决策行为。因此我们采纳两者的共同因素,通过5个条目、1—3点计分(1=不同意,2=中立,3=同意)来测试上杭城乡居民对政府的信任度(见表5-3),其内部一致性系数 $\alpha=0.79$。在后续分析中将5题合并,均值越高则公众越信任地方政府。

表5-3　　　　取样人群对地方政府的信任度

	总体(n=223) M	SD	城市(n=107) M	SD	农村(n=116) M	SD	城乡差异 T-Test
能力							
一旦发生污染事故政府有能力控制危险	2.22	0.74	2.04	0.69	2.40	0.75	3.75***
公开							
我们很容易、很方便从政府那里了解环境信息	1.76	0.74	1.58	0.67	1.92	0.76	3.57***
政府主动定期向我们提供环境信息	1.81	0.76	1.71	0.71	1.90	0.78	1.93

续 表

	总体 (n=223)		城市 (n=107)		农村 (n=116)		城乡 差异
	M	SD	M	SD	M	SD	T-Test
关 怀							
一旦发生污染事故,政府会及时通知我们	2.18	0.77	1.94	0.74	2.40	0.75	4.56***
风险项目落户前政府充分征求了我们的意见	1.81	0.77	1.69	0.72	1.91	0.81	2.17*

注：*$p<0.05$，***$p<0.001$

如果公众信任仅为影响上杭公众是否接受水污染风险的中介之一，那么除此之外还有哪些社会心理因素影响公众的风险接受？根据著名风险研究学者斯洛维克（Slovic，1987）的心理测量路径，公众对风险的关切不能被简单地视为非理性，相反公众的反应可被理解为他们对危险的敏感并没有被很好地吸收到专家的技术评估之中。他归纳了两个决定公众接受风险的社会心理因素：第一个因素是"未知"（unknown），即公众感到风险前所未有、难以观察、不可理解以及可能造成延迟的伤害；第二个因素是"恐惧"（dread），即公众感到风险缺乏控制、可怕、致命、灾难性以及风险与利益的不均衡分配。我们使用"附近的环境风险对您来说是熟悉还是陌生的"（1=非常熟悉，5=非常陌生）与"您对环境风险相关的物质或技术了解吗"（1=非常了解，5=一无所知）两个条目来测试"未知"因素对公众风险接受度的影响，两题的内部一致性系数 $\alpha=0.51$；使用"附近的环境风险是普通的还是可怕的"（1=非常普通，5=非常可怕）与"环境风险一旦发生影响全国的可能性高吗"（1=很低，5=很高）两个条目来测试"恐惧"因素对公众风险接受度的影响，两题的内部一致性系数 α=0.50。此外，我们采用"您能从附近的风险项目中获益吗"（1=获益很低，5=获益很高）与"环境风险的影响对每个人都平等吗"（1=非常不平等，5=非常平等）来考察影响风险接受度的经济利益因素与社会公平因素（见表5-4）。

表5-4　　　　影响风险接受度的社会心理因素

	总体 (n=223)		城市 (n=107)		农村 (n=116)		城乡差异
	M	SD	M	SD	M	SD	T-Test
未　知							
您对附近的环境风险陌生还是熟悉？	3.49	1.11	3.36	1.01	3.61	1.19	1.71
您对环境风险相关的物质或技术了解吗？	2.71	1.09	2.61	0.84	2.81	1.28	1.41
恐　惧							
附近的环境风险是普通的还是可怕的？	3.05	1.28	3.15	1.23	2.96	1.33	−1.13
环境风险一旦发生影响全国的概率高吗？	2.84	1.41	3.09	1.34	2.60	1.43	−2.66**
利　益							
您能从附近的风险项目中获益吗？	1.83	1.15	1.65	1.01	2.00	1.24	2.09*
公　平							
环境风险的影响对每个人都平等吗？	2.65	1.25	2.58	1.17	2.72	1.31	0.82

注：*$p<0.05$，**$p<0.01$

三　研究发现

独立样本 t 检验表明，总体上城市居民的网络使用率（0.65±0.48 vs. 0.17±0.37，t=−8.36，$p<0.001$）、利用网络获取当地

环境信息的程度（0.70±0.46 vs.0.14±0.35，t＝－10.26，p＜0.001）以及利用网络了解异地环境冲突事件的程度（1.78±0.68 vs.1.25±0.36，t＝－7.10，p＜0.001）均显著高于农村居民。城市居民对地方政府的信任度明显低于农村居民（1.79±0.51 vs.2.10±0.56，t＝4.33，p＜0.001），接受H1。相关分析表明，网络使用率（r＝－0.30，p＜0.001）、公众利用网络获取当地环境信息的程度（r＝－0.25，p＜0.001）、公众利用网络了解异地环境冲突的程度（r＝－0.15，p＜0.05）均与公众对政府的信任度负相关。这意味着公众的网络媒介暴露水平越高，对政府越不信任。

我们采用多元回归分析进一步检验公众信任度的区域差异以及网络暴露水平的中介作用（见表5-5）。首先，让三个人口学变量（年龄、性别、学历）作为控制变量进入回归方程，然后让城乡区域差异变量（城市＝1，农村＝0）进入方程，最后让网络媒介暴露水平的三个指标进入方程。结果发现，在控制住人口学变量之后，区域变量对公众信任度有较为显著的预测效应，然而在引入网络暴露水平变量之后，区域变量对公众信任度的预测效应不再显著。这表明，网络暴露水平在区域变量和公众信任度之间起完全中介作用，即公众信任度的城乡差异主要可以用网络暴露水平的城乡差异来解释。但在网络暴露水平的三个指标中，仅有网络使用率对公众信任度有较为显著的预测效应，即网络使用率越高，公众信任度越低，接受H2。而无论是公众利用网络获取当地环境风险信息还是了解异地环境冲突事件的程度对公众信任均无预测效应，因此拒绝H3。

表 5-5　　　网络暴露水平对公众信任的多元回归分析

	方程一 β	方程一 T	方程二 β	方程二 T	方程三 β	方程三 T
年　龄	0.08	1.08	0.07	0.90	−0.01	−0.16
性　别	−0.04	−0.51	−0.06	−0.84	−0.06	−0.81
学　历	−0.20	−2.70**	−0.09	−1.13	−0.06	−0.68
城乡分布			−0.21	−2.71**	−0.11	−1.23
网络使用率					−0.20	−2.41*
利用网络获取当地环境信息					−0.07	−0.82
利用网络了解异地环境冲突					−0.01	−0.08
ΔR^2	0.06**		0.03**		0.03	

注：$*p<0.05$，$**p<0.01$

在 223 名受调者中，不接受风险的人数为 141 人（63.23%），有条件接受风险的人数为 82 人（36.77%）。我们使用 Logistic 回归分析进一步测试公众信任是否影响上杭居民水污染风险接受度（不接受＝0，有条件接受＝1）的唯一因素（见表 5-6）。我们先让社会心理测量的"未知""恐惧""利益"与"公平"因素作为解释变量进入回归方程，发现仅有"利益"因素对水污染风险的可接受性有着显著的预测效应，即公众察觉到在风险项目中得益越多就越能接受风险，因此接受 H5。

表 5-6　公众信任对风险可接受性的 Logistic 回归分析

	方程一		方程二		方程三	
	β	Wald	β	Wald	β	Wald
未　知	0.01	0.01	−0.08	0.21	−0.08	0.20
恐　惧	0.02	0.01	0.02	0.01	0.04	0.06
利　益	0.45	11.56***	0.47	11.50***	0.47	11.53***
公　平	−0.17	1.89	−0.12	0.78	−0.13	0.98
网络使用率			−0.25	0.50	−0.13	0.13
利用网络获取当地环境状况			−0.87	5.27*	−0.81	4.51*
利用网络了解异地环境冲突			1.13	15.98***	1.16	16.40***
公众信任					0.48	2.61
Cox & Snell R2	0.06		0.14		0.15	

注：*$p<0.05$，***$p<0.001$

然后我们将网络媒介暴露水平的三个指标：网络使用率、利用网络获取当地环境信息的程度、利用网络了解异地环境冲突的程度。进入回归方程，结果发现"利益"变量的预测效应基本没有发生衰减，说明公众的利益感知往往基于自己的日常经验，媒介建构的"拟态环境"并不改变他们对自身利益的认知。结果还发现在网络媒介暴露水平的三个指标中，网络使用率即通过网络获取普通信息的程度并不影响公众是否接受风险。相反，公众利用网络获取当地环境信息的程度对他们的风险可接受性有着较为显著的预测性，即越频繁使用网络了解当地环境状况，越倾向于不接受环境风险。有意思的是，公众通过网络了解异地环境冲突的程度虽然对他们的风险可接受性也有显著的预测效应，然而数据显示公众越了解来自异地的负面环境信息,却越倾向于有条件地接受自己身边的水污染风险。

最后我们将公众对政府的信任度引入回归方程,发现公众信任对其是否接受水污染风险无显著预测效应,因而拒绝 H4。

四 讨论与结论

网络使用率对公众的政府信任度有预测效应,然而利用网络获取特定环境信息的程度对公众信任没有预测效应。这说明在水污染风险议题上,公众信任的流失更可能与网络作为综合的负面信息集散地的特性有关。一方面网络拓宽了网民的视野,提高了他们的权利意识与对政府表现的期待,但期待难以满足的情形也必然相应增多。另一方面,政府定调并通过传统媒体传播的信息流通模式总体上偏好精英观点。无论是恩特曼(Entman,2004)关于政治传播的"瀑状网络激活模式",费斯曼的(Fishman,1980)的"知情人地图",还是贝克(Becker,1967)的"可信度等级"理论,都强调传统媒体对处在社会等级高端的技术精英与官僚机构的信源依赖,可信度与被倾听权利沿着社会等级被不平等分配。然而互联网颠覆了精英对平民的议程与框架设置模式,同时随着网络论坛与微博的兴起,官员腐败与社会不公频繁曝光削弱了政府权威与公众信任。

城乡之间的"数字鸿沟"与城乡居民在政府信任度上的差异有较为显著的相关性,农村网络普及率低但公众信任度相对较高,这意味着数字鸿沟的永恒化对农村的环境风险管理比较有利:依赖自上而下的单向信息传播模式说服农村居民比说服城市居民更加有效。然而随着城镇化的发展,农村的网络普及率提高将不以人的意志为转移,对地方政府权威的挑战将是无法回避的趋势。正因为公众信任的流失无法避免且修复成本过高,尽管它使风险传播变得相对容易,但地方政府不应将改善公众信任作为水污染风险管理与传播战略的目标。这不仅因为公众信任不足以促使当地居民接受水污染风险,而且既然公众信任的流失是一个广泛的、基本的社会现象,那么它的重建是误导性的,必须认识到公众信任的修复在多数风险传播的时间框架内不可能实现(Kasperson,Golding & Tuler,1992)。有学者(Trettin & Musham,2000)更是认为信任本身不一定完全理性,因此过高评价信任的价值在公共生活中是危险的,公众不应该盲目信任,而是要基于事实做出理性判断;政府无需增加信任,而是提供居民理性评估的透明信息,这才是负责任的表现。因此无论在城市还是在农村,地方政府都应当在加强污染治理的基础上对饮用水源、农用水源与地下水源进行监测并通过城乡居民偏好的媒体定期提供监测信息,对重要监测指标与关键数据的意义进行适当解释,并加强反馈与互动,让公众在理性评估的基础上减轻疑虑。为促使政府信息公开,美国在1986年出台《应急规划与社区知情权法案》,要求各地环保署指令相关产业定期收集排放到空气与水中的所有毒性物质数据,并通过一个方便查询的信息报告工具(即毒性物质排放清单)向公众公开(Cox,2010:89),这一保障公民环境知情权的做法值得我国借鉴。

  公众利用网络获取特定环境信息的程度虽然对公众的政府信任度没有显现预测效应,但对公众是否接受水污染风险有着一定程度的影响。越频繁使用网络主动获悉本地污染信息的公众,越倾向于不接受风险。这可能因为积极的环境信息寻求者从现实或网络上察觉了负面的环境与健康信号,却无法进一步从新闻媒体或政府网站上获取充分的信息打消自己的焦虑或恐惧。环境污染所导致的健康风险是滞后的，然而新闻媒体在报道2010年紫金矿业铜湿法厂渗漏事件后对汀江污染的影响缺乏持续的关注，后续报道的缺失凸显了以突发事件为中心的环境新闻报道模式的缺陷。比如：新闻报道pH值偏酸性的饮用水容易引发某些疾病，一些受访者对亲友邻里中间癌症患者增多的迹象也有所听闻，但他们却无从确认当地水与土壤的现状对健康究竟有何影响以及如何采取相应的安全饮食方式。地方政府对水与土壤都有常态化的监测，然而在信息公开上面临两难选择：控制敏感环境信息有利于风险管理，但短期社会稳定可能换来的是未来疾病的集中爆发。因此，假如政府部门认为某些环境数据过于敏感实在不宜即时发布，较为现实的政府传播策略是在尽快采取有效环境治理措施的前提下，至少先对当地居民进行健康风险传播，说服他们改变存在健康隐患的饮食方式。

公众通过网络对异地环境冲突事件的了解越深入，越倾向于在一定经济补偿的条件下接受当地的水污染风险。这一结果挑战我们的常规思维，也挑战卡斯普森等人（Kasperson et al., 1988）的观点：一起近期发生的风险事件会引发负面影响的"涟漪效应"，对相关风险的抵制会从一个企业传导到整个产业，从一个地区蔓延到全国各地。产生这个结果最可能的理由：一是汀江污染事故已经逐步从公众记忆中淡出，同时政府引入了新的自来水水源，实质性地减轻了部分上杭居民对水污染的恐惧；二是这些异地环境冲突事件都是由于待建项目引发公众恐慌，试图通过群体抵制活动迫使它停建所致。而汀江上杭段的水污染风险多年前就已是既成事实，当公众觉察到当地的社会文化条件不足以支持类似的激进行为，并且紫金山金铜矿限产后虽然对上杭县 GDP 的贡献已从 60% 降到 40% 左右，但公众再怎么抵制都无法关闭这一地方政府的主要财源，那么现实的做法就是在一定经济补偿下接受风险。基于以上分析，我们就不难理解"利益"因素对风险的可接受性有相当高的预测效应，即从风险项目中获利越多越倾向于接受风险。因此，地方政府的风险传播策略既应当与急迫的污染治理行动相配合，又应当对深受污染影响的居民实施风险补偿，这样减轻公众风险感知的做法才是伦理的、有效的。

总之，随着我国城乡互联网普及程度的提高，政府环境传播模式的转移将不可避免。以往地方政府过多依赖政府权威与公众信任对污染风险压力下的居民进行说服，以减轻他们的风险判断。但随着公众信任的流失与公民自主意识的增强，地方政府的环境传播应当着力于有序信息公开、辅助公众参与环境风险评估，并实施减少风险暴露的健康知识传播。

第六章

社交媒体、政治效能与风险介入

公众参与是指被政府决策所影响的公众有权介入决策过程的理念、实践与制度保障。美国环境传播学者罗伯特·考克斯（Cox, 2010: 84）将公众环境参与定义为个人或群体通过接近相关信息、公开评论、法律诉讼等方式影响环境决策的能力。随着我国公众环境权力意识的提高以及环境群体事件的频发，公众参与作为一种制度安排被广泛建议用来处理权益相关人之间的冲突。我国分别于2003年、2006年施行《环境影响评价法》与《环境影响评价公众参与暂行办法》，赋予了公民在环境决策中的法律地位。尽管如此，时有新闻报道披露项目环评中的公众参与造假、先决策后参与、问卷调查非随机抽样、调查摸底对象缺乏代表性等问题，使得公众参与流于形式，而非实质性的公众介入。西方国家同样存在对公众参与效果的质疑，如某些听证会实际上遵循的是"告知、邀请、忽视"

(inform, invite, ignore) 的路径 (Daniels & Walker, 2001: 9)。然而在企业与政府备受指责的同时，问题的另一面却常常受到忽视：即便有了实质性的公众参与路径，公众也感知到某种程度的风险，然而他们是否有动力介入风险传播与治理？比如说，公众是否有能力与持续的热情去关注、理解、讨论风险，以及通过各种方式向风险管理者表达利益诉求？尤其是在互联网成为信息获取与社会互动的重要平台后，公众对环境风险是否有更加频繁与更高层次的介入呢？

传播学经典研究表明，在受众认知与行为之间存在效果鸿沟，近年来关于网络使用是否促进政治参与的研究也表明两者之间存在中介变量。特别是政治效能（political efficacy）的概念开始被用来解释网络使用与政治参与之间的复杂关系。政治效能是指个体相信他们能够影响政治系统的程度（Burns, Schlozman & Verba, 2001）。作为政治学中受到广泛关注的概念（Abramson, 1983），多年的研究持续显示它与参与行为正相关（delli Carpini, 2004）。这一概念提出半个世纪后，它又被细分为：内部效能（internal efficacy）、集体效能（collective efficacy）与外部效能（external efficacy），分别指向公众对个体或所属群体是否有能力改变现状，以及政府是否回应公众诉求的信仰。由于我国的核电建设与风险管理牵涉地方政府决策，本章将公众参与环境风险治理视为介入政治过程，基于两次田野调查，考察漳州核电站周边居民的政治效能对其通过网络介入环境风险的影响。对这一个案的研究有助于理解为何公众感知环境风险较高，在特定的社会文化语境下却表现出环境参与上的消极与回避。政治效能在社会转型中特别值得关注，它的发展可能影响转型的过程与结果（Lee，2005）。当前我国面临环境风险治理模式的转型，公众的效能感将影响其在未来环境治理体系中所扮演的角色。

一 文献综述

（一）内部效能、外部效能与公众参与

政治参与的重要性在于介入民主体系的程度会对体系的平等产生结果（Rosenstone & Hansen，1993）。政治效能是政治行为的决定要素，如果感觉不到自身的行为有能力影响结果，个体就很少会有动力去参与政治（Abramson & Aldrich，1982）。效能研究有两个传统：政治学与社会心理学。1977年，社会学习理论的创始人阿尔伯特·班杜拉（Albert Bandura）在论文《自我效能：导向行为改变的统一理论》中指出，无论何种形式的心理过程都会改变自我效能的水平，对自我效能的预期会决定应对行为是否启动、付出多大努力，以及遇到障碍时会持续多久。然而早在20世纪50年代的政治学文献中，就已经出现了另一个与自我效能高度相关但比自我效能内涵更丰富的术语：政治效能。1954年，在《投票者决定》一书中，密歇根大学调查研究中心的坎贝儿等人（Campbell, Gurin & Miller，1954：187）将政治效能定义为公民感觉政治与社会的改变是可能的，并且感觉个体公民在带来这一变化上能够发挥作用。政治效能多被用来分析西方国家的选举投票行为，社会运动与协商民主研究也使用这一概念。尽管如此，它在权威主义语境下对政治参与的影响研究还相当有限（Ergenc，2014）。

起初政治效能被构想为一维概念，但无法区分个体相信政治系统能够被改变是基于对自身能力还是对政府回应的评估。因此，一维概念常常因缺乏研究信度与效度而受到批判。为了克服这一缺点，后来它被划分为两个独立但又相互联系的亚领域：内部效能与外部效能。内部效能是指公民对其自身有能力理解与有效参与政治的信心，而外部效能是指对政治机构与行为者对公民需求回应程度的想象与经历（Concerse，1972；Balch，1974；Niemi，Craig & Mattei，1991）。显然政治效能的二维划分将政治参与视为个体与政治系统联合作用的产物，这为本章重新审视环境参与中的公民与政府责任带来启示。

政治效能的研究长期聚焦它对民主国家选举投票行为的影响，一般认为内部效能与外部效能对投票参与都有正向影响，如美国选举投票率下降被归因为美国公民外部效能的下降（Teixeira，1992；Wattenberg，2002）。在1952—1980年间，艾布拉姆森（Abramson，1983）跟踪调查了一个全国范围内的专门小组，发现成员的内部效能保持稳定，但外部效能从1960年后稳步下降，后者与投票率及政治信任的稳步下降相呼应。效能与参与是双向建构的过程，过去的研究认为政治效能高的人会积极参与政治，而近来的文献认为政治参与过程加强政治效能（Finkel，1987；Morell，2005）。比如有研究者（Ergenc，2014）指出2000年以来，中国地方政府提供了更多公开听证的机会，尽管它并不赋予公众决策权力，但这种参与提高了公众的政治效能，政治网络与公民战略的发展有助于制约地方官员权力。

（二）集体效能与公众参与

社会认知理论认为，人们往往通过合作以达成个体所无法获得的结果，因而将人类能动性的概念扩展到集体能动性，提出了集体效能或群体效能的概念（Bandura，1982）。一些学者在研究转型社会中的公众参与时，引入了政治效能的第三个维度，即集体效能。对集体效能有不同的理解，如有学者（Yeich & Levine，1994：260）将它定义为"感知到系统对集体要求改变的回应度"，显然这一定义中集体效能衍生于外部效能。但学界普遍采纳的是班杜拉（1997：477）的定义，它被视为群体成员分享对群体组织、执行某种行为并获得特定成就的能力的信仰，从这一视角看集体效能是内部效能的延伸。

弗朗西斯·李（Francis L. F. Lee，2005）认为，集体效能对研究政治转型期公众行为的动力学尤其重要，因为只有公民的集体行动而非个体行动才能保证政治转型达到符合公众愿望的未来。然而分析集体效能与政治行为关系的研究还不多见，一个例外是塞列格森（Seligson，1980）的实证研究发现哥斯达黎加农民的集体效能与参与土地入侵有正相关性。李发现中国香港地区居民的内部效能对支持与参与民主的意愿仅有弱预测效应，而集体效能对此却有显著的正向预测效应，外部效能呈现显著的负向预测效应。他认为这与1968年加姆森（William A. Gamson）提出的假设非常一致，即当内部效能处在高水平同时外部效能处在低水平时，政治动员最有可能成功。由于香港被视为集体主义社会，集体效能在集体主义文化中扮演的角色类似于内部效能在个人主义文化中扮演的角色（Klassen, 2004; Chen & Schaubroeck, 2002)。政治效能的模式能够预测政治参与及社会行动的形式：相信通过公民行动能够获得想要的改变（高集体效能），并且认为政府系统可信、回应度高（高外部效能）的人，表现出对传统政治行动模式的高度介入（Craig, 1979; Finkel, 1985; Pollock, 1983; Zimmerman & Rappaport, 1988）。相反，相信可以通过锲而不舍的集体行动能够产生政治改变（高集体效能），但是将政府系统与领导人视为不可信、回应度低（低外部效能）的人，偏好在传统渠道外采取对抗性策略（Bandura, 1999）。两者都低的人会产生政治冷漠（Bandura, 1997）。由于我国当下具有转型社会与集体主义文化的双重特征，集体效能概念对考察中国语境下的公众风险应对行为至关重要。

（三）网络使用、政治效能与公众参与

网络接触在多大程度上以及如何影响政治行为已经成为一个重要议题。但许多研究并不将政治效能作为网络接触影响公众参与的中介变量加以考察，而是将政治效能与公众参与都视为因变量。总体而言，关于网络使用对政治效能与政治参与的影响颇有争议。理论与实证研究都显示这种影响是复杂的，因语境而异的。网络怀疑论者认为，网络政治信息超载，可能导致网民在是否有能力理解政治上的低度自信，对教育程度低者尤其如此（Kenski & Stroud, 2006）。网络接触加剧行动主义者与他人的分化，接近网络政治信息的可能是那些早就对政治感兴趣的人（Norris, 2001），或者说网络可能只复制现有的知识沟（delli Carpini & Keeter, 2003），因此未必增加政治介入。一些实证研究同样发现网络使用对政治知识、政治效能与政治参与的效果有限。内斯比特与肖费勒（Nisbet & Scheufele, 2004）研究了网民接触竞选活动信息对政治效能、政治知识与参与选举的影响，发现网络的推动作用最多是中度的。在对政治感兴趣的网络用户样本中，并未发现每周上网寻找政治信息的时间与外部效能存在关联（Johnson & Kaye, 2003）。以寻求娱乐为目的的网民不太可能感到他们会在民主过程中扮演积极角色（Scheufele & Nisbet, 2002：69）。网络使用并不减少人们的政治犬儒主义（Kaid, 2003），由于后者与外部效能相关（Niemi, Craig & Mattei, 1991），这一发现否认了外部效能与网络使用之间存在正相关。

与网络怀疑主义相对的是技术乐观主义。从理论上说，网络可能提高外部效能，因为它能促进公民与政府官员互动，使后者保持责任心；网络也能够使公民更方便接近政治信息，从而提高内部效能（Kenski & Stroud, 2006）。网络可能提高内部效能还在于匿名性能舒缓公众在其参与能力上的尴尬（Cornfield, 2003），以及降低参与成本（Kenski & Stroud, 2006）。在中国，传统媒体是受到官方控制的公共空间，而网络尤其微博是各类传播主体创造替代性话语的空间（Chan & Zhou, 2011），两种现实的差异引发公民质疑政府在争议性政治社会议题上的回应性，因此网络接触可能提高内部效能而降低外部效能。

从实证研究看，内部效能与媒介使用的正相关在报纸与电视接触（McLeod et al., 1996）、脱口秀广播接触（Newhagen, 1994）以及在线新闻接触（Lee, 2006）的研究中均得到证实。当受教育水平与政治犬儒主义的变量得到控制后，积极的媒体使用对外部效能有显著预测效应（Pinkleton，Austin & Fortman，1998）。凯恩与约翰逊（Kaye & Johnson，2002）检验了上网动机与政治态度（包括政府信任、政治兴趣、投票意愿、政党归属以及自我效能）之间的联系，发现政治态度与信息寻求、监视及引导动机比起娱乐动机有更强的联系。肯斯基与斯特罗德（Kenski & Stroud，2006）使用全国性调查数据，发现网络接触总统选举信息与政治效能、政治知识以及政治参与有显著联系，后者被认为是民主发挥功能的主要指标。吉那罗与杜顿（di Gennaro & Dutton，2006）基于2005年牛津互联网调查，得出了更加乐观的假设：网络吸引那些认为政府不会回应公民关注的人，后者认为网络会帮助他们的声音被倾听并影响政治过程。李冠民（Lee，2006）分别检验了美国大学生不同类型的网络使用（信息、娱乐与互动）与政治效能的关系，发现信息（在线新闻接触）与互动（发送或张贴政治信息）类型的网络使用对内部效能具有预测效应。作者还发现访问公共机构网站对大学生的外部效能有负向影响，意味着这些网站的质量低于学生的期待，导致访问者的政治犬儒主义倾向。我国台湾学者（Wang，2007）同样将政治效能、政治兴趣、政府信任视为政治态度的构成，基于2004年"台湾社会变迁调查"，发现网络政治表达对所有形式的政治态度都有促进作用。迈克·陈等人（Chan et al.，2012）调查了中国微博用户，发现微博使用强度与政治观点的表达意愿、参与政治能力的感知（内部效能），以及感觉政府不回应公民需求（外部效能）具有相关性，且受到微博使用动机的调节，即信息动机强化了上述关系而娱乐动机弱化了上述关系。

上述实证研究，一是普遍将政治效能视为政治态度的构成并作为因变量加以检验，进一步的研究往往将网络接触动机作为调节变量加以考察；二是得出的结论多是网络使用与政治效能是否具有相关性，并不纠结于谁影响谁的问题；三是之所以结论莫衷一是，在于被试的特性、政治社会语境、关键变量的操作性定义（特别是具体的网络行为与参与行为）、调节变量的使用都有所区别。此外，上述研究并没有探索在网络使用与政治参与的关系之间，政治效能扮演了什么角色。在为数不多的相关研究中，陈与郭（Chan & Guo, 2013）以美国与中国香港为例，比较了民主社会与转型社会的年轻成人中，政治效能在脸书使用与参与行为中所扮演的角色。他们发现对低度政治效能的人来说，脸书使用对其政治参与具有更强的预测效应。这说明对那些理解及参与政治事件能力有限的人来说，社会化媒介的使用有助于促进公民介入。沈飞等人（Shen et al., 2009）提出了网络效能的概念（即人们是否感到网络带来政治赋权或在政治上受益），检验了网络效能在上网行为与公民在线表达之间的中介作用。他们使用三个题目测量网络效能：网络能够帮助人们发表政治意见；网络能够帮助人们更好知晓政治事务；网络能够帮助政府官员更好获悉公共舆论。显然网络效能涵盖了内部效能与外部效能，结果显示网络使用与在线表达之间呈正相关，但频繁的网络使用者并不一定具有更高的网络效能。

上述研究都没有涉及政治效能在公众的风险认知与介入风险行为之间所扮演的角色。吉姆·维特（1992）的"延伸的平行处理模式"解释了为何健康风险唤起了公众恐惧，但个体可能采取消极回避而不是积极介入风险控制，原因在于应对效能（个体相信相关措施能够应对风险的程度）与自我效能（个体相信自己有能力采取上述措施的程度）的中介作用。受此启发，本章探索在云霄公众的核电风险感知与其使用网络介入风险议题之间，政治效能所扮演的角色。

二 研究方法与过程

本次研究基于 2015 年 10 月以及 2016 年 1 月对漳州核电站所在的云霄县列屿镇四个自然村（离核电站由近及远分别为南山、油车、后岱、人家）以及云霄县城进行的两次田野调查。列屿镇人口 2.4 万，辖 12 个行政村，它位于云霄县东面沿海，东山湾西岸。受调的四个村坐落于同一个海湾，互相毗连，新建成的沿海大通道穿村而过。在东山湾的东岸与南岸，分别是漳浦县古雷镇以及东山县铜陵镇。云霄核电站在 2015 年 10 月开始基建工作，加上几年前开始运作的古雷 PX 与旗滨玻璃厂等企业，东山湾沿岸形成了横跨漳浦县、云霄县与东山县的跨区域环境风险。2008 年厦门 PX 项目在受到市民抗议后搬迁至古雷镇，听到传闻的东山县铜陵镇居民在当年二月爆发了环境群体事件。事件并未改变政府决策，但很可能影响了周边居民对集体效能与外部效能的感知。古雷 PX 于 2013 年 7 月与 2015 年 4 月发生过两次爆炸事故，迄今仍处在停产整顿状态。特别是后一次爆炸，对隔海相望的铜陵镇与列屿镇均有不同程度的波及（如玻璃震碎），当地居民目睹了对岸的大火，作为象征监管失职的"高信号值事件"可能影响到云霄居民对漳州核电站的风险判断。

云霄县城离核电站 19 公里（如图 6-1 所示），辖云陵、莆美两镇，人口约 14 万。云霄县属于福建省的贫困县，产业结构以农业为

图6-1 云霄核电站地理位置示意图

主,海洋捕捞与水产养殖业为辅。20世纪90年代,假烟产业在云霄兴起,使之成为全国闻名的假烟生产基地。这一产业的高利润、高工资吸引了资金与劳动力,挤压了合法产业的发展空间。经过政府多次打击,假烟产业转入地下并呈萎缩趋势,但对部分居民的生活方式与价值观产生了深刻影响,也影响了公众对核电风险的认知、态度与行为。

田野调查内容包括当地的地理环境、产业结构、基础设施、历史文化、精神信仰等,两次调查结合立意抽样与方便抽样,共对57名城乡居民进行了深度访谈,其中县城39名,农村18名,性别、年龄结构见表6-1。受访者包括律师、记者、教师、医生、风水师、保险业务员、出租车司机、公务员、商人、家庭妇女、农民、养殖户等各类从业者。尤其是前九类从业者属于社会传播节点，他们的见解对理解当地人的风险反应尤其重要。由于沿海四村的部分青壮年男性合伙打造了大铁船在广东、广西、海南一带从事捕捞作业，留守的部分年轻女性在养殖场打工，农村深度访谈难度较大。由于养殖与远海捕捞是当地的主要收入来源，养殖地附近要建与核电配套的码头，近海网箱养殖也可能受到水温升高的影响，因此部分农村居民最担心的还是今后的生计问题。随着外来人口的增多，未来住房、淡水、治安、环境与健康问题也将纳入关注议程。

表 6-1　　　　　　　　深度访谈样本的人口学特征

	类别	数量(人)	比例(%)
性别	男	34	59.6
	女	23	40.4
区域	县城	39	68.4
	农村	18	31.6
年龄(岁)	18—29	14	24.6
	30—39	9	15.8
	40—49	18	31.6
	50—59	10	17.5
	60 岁及以上	6	10.5

访谈采用半结构问卷，从媒介接触、风险事件、心理直觉、获益感知、公众信任、环境正义等方面理解影响当地公众风险感知、态度与行为倾向的因素。访谈提纲围绕三个关键问题而设计：(1) 云霄公众的核电风险感知是高还是低？(2) 影响当地公众风险反应的因素有哪些？(3) 公众对地方政府的风险传播有何期待？访

谈人根据对方的职业、身份提出具体问题，如对方是社区医生或风水师，就会询问他们是否会在工作中遇到顾客反映对核电风险的担忧，他们又是如何回应，由此考察他们本身的风险反应，以及他们作为当地社会网络的重要节点在风险传播中可能扮演的角色。同时，访谈人鼓励受访者通过个人化叙事对其相关经历进行具体描述，如律师结合办案经历剖析当地为何没有发生群体性的反核事件。

根据录音整理成的文本，结合访谈语境对文本进行阐释性主题分析（interpretive thematic analysis），通过审阅文本、主题提炼、操作性定义、编码等环节回答上述研究问题。在文本审阅过程中，我们发现政治效能虽然没有在访谈时作为考察视角，但相当比例的受访者在解释为什么不关注、不讨论、不向政府反映想法时，均表达了自己的无能为力、政府的无法改变以及对集体力量的失望。意识到这些话语跟政治效能有关后，进一步的文本审读确认了这一概念对公众风险应对行为的解释力。然后，我们结合以往政治效能研究以及本研究的具体语境对内部效能、外部效能、集体效能进行操作性定义，在此基础上进行编码。我们还使用批判性话语分析，结合受访者的身份、经历及语境对他们的具体话语进行社会语言学分析，进一步揭示是什么原因导致了低度政治效能话语的生产。

三 公众核电风险感知

根据受访者的描述，我们将公众对核电风险的直觉判断分为七个类型，按照高低顺序分别为"风险较高""有风险但不确定程度""风险较小""不确定是否有风险""没天灾就没风险""安全无风险"，以及"不关心或不知情"（见表 6-2）。六成受访者认为核电站会有不同程度的安全、环境与健康风险,三分之一的受访者认为风险较高。高估核电风险的受访者在听到问题后一般会敏捷、直率地做出回应,显然在受访前已经思考过这一问题,因此不再需要预热过程,相反会迅速联想到核辐射、核泄漏、核爆炸等灾难事故,而且在描述风险时强调的是事故强度,不会提及事故发生的概率。尽管如此,他们为高风险感知提供了不同的理由。

表6-2　　　　　　　　受访样本人群的核电风险感知

风险判断	男性	女性	总数	比例(%)
有风险,且风险较高	12	9	21	36.8
有风险,但程度不确定	6	5	11	19.3
有风险,但风险较小	2	1	3	5.3
不确定有没有风险	5	2	7	12.3
没地震等天灾就没风险	2	2	4	7.0
安全无风险	6	0	6	10.5
不关心或不知情	3	2	5	8.8
合　计	36	21	57	100

我在想有没有其他方法代替核电,觉得核电弊大于利,比如影响下一代和环境污染。中国排污处理技术还没跟上就这么大规模建,是不是?政府能力并不能驾驭核电站,比如核废料排放问题政府并不能解决。(钢琴教师,女)

念书时天天看到福岛的新闻,害怕。政府多给点钱我们跑到新疆去。去县城买房子也不安全,搬到厦门去也没有用,一有辐射,厦门也会受到影响。(油车村村民,女)

> 我是担心的，老一辈说这边是地震带，前面还有几个之前地震留下的大水坑，预言130年后会有大地震。特别是日本福岛以后会很担心，也包括对面的［古雷PX］化工厂，感觉这种工程是在喝下一代的血。（手机店店主，男）

> 我去过古雷那边，我和那边的同学一起去参观那个化工企业……污水没处理干净就直接排海了，水还是蓝绿色的，有味道的，说明政府没有监管。我去化工厂亲自经历过监督缺失，更何况核电站。化工厂爆炸了还能跑，核辐射没能及时处理看都看不见，致癌率高，看不见的影响才可怕。（保险公司业务员，男）

上述话语反映了公众放大核电风险的部分原因：2011年日本福岛核事故与1986年切尔诺贝利核事故，作为"高信号值事件"（high-signal event）引发公众对云霄所处地理位置脆弱性（地震带、海平面低）以及温泉、水坑等地震遗迹的联想。风险传播学者卡斯帕森等人（Kasperson et al.，1988；Kasperson & Kasperson，1996）考察过"高信号值事件"对公众风险认知的影响，指的是那些通过媒介广泛传播，被公众阐释为人类还不能完全理解、控制相关技术，因而预示着未来可能发生更大灾难的事故。福岛核事故使公众感到即便是日本这样管理严谨的国家，在天灾面前也难以控制事故的发生与持续的危害。另一起引发云霄公众担忧的"高信号值事件"是2015年古雷PX的爆炸，公众将它解读为地方政府监管的缺失以及技术专家风险控制能力的有限。受访者认为核辐射的影响是看不见的，如果政府疏于监管、隐瞒风险或处理不当，公众无法得到预警而及时规避风险，因此这种看不见的风险才是令人恐惧的。这种话语可能挑战斯洛维克（Slovic, 1987）在公众风险感知的心理测量中将"难以观察的"风险归类为"未知"因素而非"恐惧"因素。

风险感知较高的受访者有这样一些特点：一是没有公务员，正如对当地宣传部门的访谈了解到公务员的思想比较统一，而且核电税收有望稳定地方政府的财政收入；二是渔村受访者强调核电风险的影响范围不仅限于邻近区域，而且还会波及县城甚至厦门，隐含一种不想被外界"异化"为"环境难民"的心理；三是有一些健谈的受访者甚至更具体地联想到核电事故一旦发生对当地生态、经济、生活方式的可能影响，表达对环境与健康的忧虑，核电站被视为对其引以为豪但又十分脆弱的生态环境与生活方式的挑战。

> 像红树林［生长在］这边漳江的出海口，古雷在左侧，列屿在右侧。漳江出海口是淡水，云霄很出名的海产，［如］泥蛤、红蟹，全国最好吃的，那边水是半淡半咸的，营养价值非常的高，两侧这边是化工厂这边是核电站，以后漳江口肯定遭殃，甚至以后我们都不敢吃那边的海产品……闽南地区本来是气候宜人居住的好地方，［现在］人心惶惶的。（私立教育机构负责人，男）

认为有没有风险很难说的受访者占12.3%，对他们的风险判断影响较大的是核电集团与县政府组织村民外出参观已经运作的秦山、大亚湾、三门、徐大堡等核电站。参访者一般为当地干部、企事业单位负责人、民间意见领袖等，他们亲身体验了居民区与已建核电站的距离以及周边社区的生活状态，回来后经由他们的传播对安定舆论起到了关键作用，说明了参访是核电风险传播的重要经验。尽管如此，基于社会信任的现状，免不了有一些居民会将信将疑。另外，云霄核电站的基建刚刚起步，一些受访者认为风险在核电运作时才会有，现在讨论风险还为时尚早。而离核电站最近的南山村村民则将山地赔偿以及处理基建爆破造成的房屋受损视为头等大事，认为"以后如果有风险，该移民就移民"，必须"一步一步来，一下子解决也不可能"，说明在应对战略安排上他们优先着眼于现实问题。

现在还没有核电，等核电工作之后谁知道呢。其实你说，他们也让我们四村村民，那时候大概抽了80名村民代表去秦山核电站参观过，就是参观他们周边生活是怎样的那种。他们那些人就是民意代表，去参观完回来也没说什么，就说他们是这么建的。那是因为他们那边没发生什么事故，以后发生事故，谁知道？（人家村村民，女）

［你会主动了解核电吗？］这些现在暂时没有。我上网很少，我看电视。以后如果有风险，那该移就移是不是？但现在我们村［关注］公山、公海、水田、炸山啦，就是这些，其他也没什么。［担心对孩子的影响吗？］哎呀，现在管不了那么多啦，一步一步来。现在核电站还在建，以后再说。但是你现在把地都挖光了，人家怎么生存？（南山村村民，女）

表示没有地震就没有风险或者完全没有风险的受访者占17.5%，他们多为技术乐观主义者，强调福岛核事故是地震引发的，普遍表达了对国内核电技术水平以及核电站平稳运作的信任。他们认为与古雷PX的监管缺失不同，核电建设的主体是专业水准与责任心较高的国企。经济发展在云霄"泡沫经济"（当地居民对假烟产业的戏称）破灭的背景下，对部分受访者具有诱惑力：对事业单位员工与公务员来说意味着工资收入有保障，对个体工商户来说外来人口增加将带来消费增长，对普遍居民来说是配套企业的就业机会。令人印象深刻的是一位手机店店主拒绝回答"每月补偿多少您能够接受核电风险"这一问题，他解释说现在实体经济受到电子商务挤压，资源分配不公，理智上说每月有一定补偿是能够接受风险的，但从情感上说无法接受。认为风险较小或无风险的受访者有以下特性：一是政府官员以及生意较大、有社会地位的商人，他们的观点与理由跟大众传媒的正面报道框架非常一致；二是对核电的获益感知较高的生意人；三是参观过核电站或在工作生活中接触过核电工作人员，他们受自身经历或者专业人士所影响，对核电及其工作人员经历了"去他者化"的过程。

日本福岛地震也没办法。大部分群众是理解，既然是地震，天灾没有办法。没有这种情况是安全的。我有一个同乡在宁德核电站，我的叔伯兄弟，[××]电力学院毕业的，说以后找个关系调到云霄来工作，工资很高，有七八千，对云霄人来说，经济收入相当可观的。（社区医生，男）

以前一个在宁德核电站修路的工人常来这边，我问他[那边要不要搬迁]，他说没有啊，哪里有搬迁，什么危险，不会啊。我问过他，我就非常安心了。还有一个以前那个工程师搞测量的，经常来店铺买东西。（油车村村民，男）

安全肯定安全，因为我们有组团去秦山核电站参观。一部分员工携家带口也住在当地，孩子在当地上学、生活。你想想那个都30年了，客观说来如果核电站真的有风险，他不可能带自己的

家人去那边,这是强有力的证明,人都是自私的。(电视台记者,男)

最近好像有发现云霄外来人口多了,工程师、设计师都入住云霄。来二三万人很好啊,可以促进经济发展,对我们生意也有帮助,我是觉得经济比较重要,经济利益是短期内可以看到的。(小吃店老板,男)

核电站这个项目,应该说国家的,它派下来的工作人员啊,级别是比较高的,从技术上还是责任心,我个人是比较认同的。我觉得不会有风险,如果按照国家的参数去做不会有问题。(贸易商,女)

上述争议说明当地居民选择核电议题所包含的不同事实做了各自的阐释,放大或者减轻了核电风险,导致了风险感知差异。各种有关核电的新闻报道或资料信息包含无数的事实,人们根据自身的知识、经验、利益、立场、视角、价值观选择不同的框架对事实进行选择、过滤与阐释。比如关于公众信任,有人信任国企的专业技术水平与责任心,但也有人质疑地方政府在风险监管上是否有足够的能力与诚意。从古雷 PX 爆炸中,有些人得出结论认为政府监管缺失普遍存在,但也有人认为地方政府会从这一事故中吸取教训,因而对云霄反而是好事。从经济上看,支持者认为财政收入增加会改善基础设施、提高公共福利,但也有人担心它对滩涂与近海养殖业的伤害。一些人担心海啸、地震等自然灾害,以及台海、南海冲突威胁核电安全,但也有人认为核电建设肯定会考虑天灾因素,而且攻击核电站就意味着宣战,因此反而是安全的。虽然受访者中有六成认为有不同程度的风险,不能简单地说他们是理性或非理性的，因为他们按照自己的依据评估风险，而不仅仅依赖专家、媒体或政府话语做出判断。有效风险沟通的前提是充分理解不同人群的风险感知及其影响因素，而不是使用科学话语去压制民众话语。

四 网络使用与公众介入风险治理

尽管上述分析显示有相当比例的受访者认为核电将带来不同程度的风险，但是无论在县城还是农村，受访者并没有积极地介入核电风险议题，表现出低度的关注、信息寻求、公开讨论与意见表达，并且很少通过网络、信访等方式向政府反映环境、健康与安全诉求。尽管互联网、智能手机以及社交网络平台在沿海地区已被广泛应用，然而在农村数字分化与网络媒介素养是制约公众关注外部世界的主要障碍，而在县城人们虽然使用手机客户端收看新闻，同时微信这一理论上可以成为朋友圈讨论敏感议题甚至集体动员的在线工具也被广泛使用，然而公众参与的实践并非由媒介技术所决定。

田野调查的四个渔村普遍生活较为小康，一个典型的家庭以客厅为娱乐、信息与社交中心，尺寸巨大的背投电视负责将外部世界导入私人空间。中年受访者将电视作为重要信息渠道，但是除了零星的福岛核事故后续影响，电视新闻很少出现有关核电的报道。云霄有一个县级电视台，但负责核电报道的记者表示只有受到核电企业邀请时才会配合报道，独立行动容易陷入被动。因此，关于漳州核电站的信息在中老年村民之间一般经由口口相传。在渔村，代际存在较大的数字鸿沟。年轻人多使用智能手机上网，少数也通过电脑上网（如淘宝店店主），他们表示看到有关核电的新闻会点开阅读但不会主动搜索。在油车村、后岱村与人家村，一些村民正在翻造新房，受访者认为南山村离得太近应当搬迁，而核电建设会给其他村庄带来发展机会，至少可以向外来人口出租住房。在南山村，目前村民与政府、企业交涉的重点是山地赔偿与爆破导致房屋裂缝问题，且已经组织过抗议活动；由于核电基建刚刚启动，因此移民等风险应对议题还没有受到特别关注，更没有进入集体行动的讨论议程。

听人家讲会有辐射，像现在还没有试验到，像这样农村人都会讲，传来传去的。［会看新闻吗？］也有看啦，但是农村人都是看这种［电视］，核电建设、辐射的新闻也很少。我不会上网。［微信呢？］不会，也不上网，小孩会我不会。都看［电视］新闻啦，看中央新闻。（南山村村民，男）

上次漳浦那边［古雷PX］爆炸，漳浦就在我们对面你知道吗？它那边爆炸我们这里的房子玻璃有的都震碎了，你们知道吗？现在因为核爆炸这个东西很难说。这个项目其实已经从很多地方挪来挪去，挪了N多遍了，到最后为什么落在这里？其实是这里的村民不会像大城市的那种反抗意识，利用网络来宣传的，没有。（人家村村民，女）

尽管极少数有些见识的村民意识到网络在传递异议甚至集体动员上的潜力，但她又认为这种情况在农村不太可能发生。在县城的受访者中，总体上说积极主动地通过网络了解核电技术与关注核电议题的较少，平时上网看到相关新闻能够点击阅读已经算是关注度挺高的人群。凤凰网、腾讯网是最多被提及的网站，官方或者主流化的网站在受访者中的信任度并不高，说明云霄县城并不缺乏批判思维的公众。但是批判思维并不意味着公众在行动上会使用网络深度介入核电议题。在受访者中，只有一位卖保险的大学毕业生说他会经常性地搜索核电以及其他环境新闻，甚至会参与网络投票，否决那些被披露未经公众参与就开工的项目，希望通过这种方式逐步改善公众意见被边缘化的局面。但像这样的理想主义者在受访者中并不多见。

［我］自己上网易新闻、凤凰网、贴吧。贴吧也有新闻，一般媒体不敢披露的新闻贴吧就有人贴上去。微博不太用，广告太烦人。使用微信，但不讨论核电，现在聊得最多的年底的忌讳，讲了［核电］也很少人回应……居民虽然无能为力，但像我还是会进行网上投票，比如贴吧、网易新闻有化工企业未经［公众参与就建设的］的帖子，自己也会投票反对。虽然无关，但是还是会投票，虽然暂时没效果，但慢慢会改进。（保险公司业务员，男）

很少［关注核电］，我们论坛也都很少在说这个事情。我们上论坛不是为了卖东西就是为了招聘去的，没有人会去关注这些东西的，就不会去知道。我稍微有听说过，但是完全没有去关注，离我们很远。［你关注什么？］赚钱啊，哈哈，业绩才是最重要的，其他你也没什么必要去关注，因为你根本没力量去关注，个人力量是有限的，去关注也没用。（电脑店老板，男）

［你平时上网会关注什么？］新闻是要看的，偶尔关心下国家大事，你生存在国家制度里，你不得不去看看这个国家的变化，或许这些事情和我们没有多大关联。不会主动搜索核电信

息。微信在用啊,我们朋友圈面很宽,我们有《周易》交流群,平时互相探讨知识。理论其实也是在现实生活中提炼的东西,没有实例你怎么提炼理论对不对。(风水师,男)

上述话语典型说明县城的受访者虽然广泛使用微信、论坛等社交媒体,但仅用来满足社交、娱乐、信息需求,而非一个用来讨论核电议题甚至社会动员的公共领域。这里面有一些文化与心理上的因素。微信朋友圈与日常生活中的朋友圈重合度较高,人们根据经验与印象判断圈内是否对核电感兴趣以决定是否抛出这一话题。一位女性受访者解释自己低度讨论核电是因为根据她的观察,比起她自己,朋友圈更加不会理解与关注这一议题。这意味着在对自己与他人风险反应的判断上存在与"第三人效应"相反的"第一人效应"[①],即人们认为自己对核电的关注要大于他人的关注,并且通过主动避免讨论对这种感知差异做出进一步的反应,尽管这种感觉差异可能是一种偏见或错觉。"面子"文化也制约着圈内对核电的讨论,即当人们在微信朋友圈抛出一个话题,遇到没人接茬或者被讥笑"杞人忧天"时,会感到尴尬与沮丧,而核电议题是否在圈内会受到这种冷遇具有高度不确定性。此外,两次田野调查一次是在国庆节期间,另一次临近春节,节日里讨论令人不悦的议题在中国文化中是一种禁忌。看起来,这些文化与心理的因素限制了人们在微

[①] 第三人效果假说是指当个体评估来自大众传媒的负面信息时,往往会产生感知偏见,认为信息对他人态度与行为的影响要高于对自己的影响,进而根据感知偏见做出行为反应,第一人效果正好相反。参见 Davison, W.P. (1983). "The third-person effect in communication". Public Opinion Quarterly, 47 (1), pp. 1—13; Golan, G. J. & Day, A.G. (2008). "The first-person effect and its behavioral consequences: A new trend in the twenty-five year history of third-person effect". Mass Communication & Society, 11 (4), pp. 539—556.

信上讨论严肃的公共议题，相反，生意、家庭、隐私、兴趣爱好等构成了微信圈的主要话题。

微信朋友圈基本是聊私生活，我们这边很少去关注这个［核电风险］问题，［聊］朋友之间的事，其他东西很少聊，朋友圈也没人发表这些。去过［列屿］那边旅游的［可能］会发［施工照片］。本地人以茶待客，坐下来讨论经济方面，很少讨论这个。平时看腾讯新闻，很少关心国家大事，电脑基本不玩。用手机上网，主要使用微信。（烟酒批发店老板，男）

我［毕业后］刚回云霄半年左右，同事之间偶尔会聊核安全方面的问题，大家普遍持担忧态度，担心核辐射、安全问题，有些靠海的人还担心家里生计问题。我们只会在私底下谈论核电，也没有向上反映的意愿。［平时看新闻吗？］看，整点新闻、电视新闻。新闻出现了这类事件就会去［网上］搜索。微博、微信都在用，QQ 已经不怎么用了，没有新闻客户端。微信朋友圈，同学朋友之间聊到话题就是就业、上班上课，不会去讨论很严肃、公共类的话题。（小学教师，女）

尽管多数受访者表示在日常生活中会回避这一敏感话题，但还是有四名受访者表达了他们愿意与朋友或同事讨论这一议题。他们是积极的信息寻求者，对核电议题有长期的关注。有一位受访者甚至亲自去核电企业设在县城的办事处询问项目进展，另一位女性受访者罕见地提到了核废料处理的风险。但他们也表示在网络论坛或微信圈发起或维持一个公共议题并非易事，因为讨论至少牵涉到两名积极的参与者。公共议题的讨论只有当朋友圈都感受到了外部威胁的刺激才会发生，如古雷 PX 爆炸激发了云霄公众在微信圈或网络论坛上对核电风险的讨论，但讨论并没有持续多久，呈现了一个短促的公众议题关注周期。

> 我只看凤凰网，觉得国内媒体不可信，凤凰网可信度高一点。PX 爆炸后会跟［微信］朋友圈讨论云霄核电站，普遍觉得有风险，但一两天过后就没事了。自己不会主动搜索［核电信息或知识］，但是遇到核电有关的新闻，会特别留意。（手机店店主，男）

> ［我在］网上获取［核电信息］多些，中央［媒体］太官方了，其实要多听听百姓的声音和多方声音。微信加公众号、地方论坛，上次古雷爆炸之后就［有］很多［议论］，大家讨论古雷的时候就会连带谈云霄的核电站。可是不是发生在自己身上的［事件］，就不会太有感觉。我觉得［PX 爆炸］这是个警示，要注意。（钢琴教师，女）

以上案例直观地呈现当地居民如何使用传统媒体与新媒体、在多大程度上介入核电风险议题。总体而言，电视基于技术上的线性传播特点以及政府控制，不太可能发挥充分告知的功能。新闻客户端与网络搜索功能在充分告知上具有优势，但它的民主潜能在于数字鸿沟有多大，以及网民是否积极地用它来寻求相关信息、更好地理解公共议题。网络社交媒体有连接社会资本、展开公共讨论甚至社会动员的潜能，然后文化、经济与心理上因素制约了人们的积极介入。但这些限制因素并非无法克服的决定性因素，它们在某种意义上是受访者对自身消极风险反应进行合理化的托词，而不是解释高风险感知与低度公众介入之间存在鸿沟的关键影响机制。更值得关注的是受访者普遍认为即便有广泛深入的公众讨论，它的最终结果仍然是令人悲观的。"关心也没有用""感到无能为力""听天由命、顺其自然""去抗议也没有用""要抗议我也不会去""除了列屿有这种可能性外，其他乡镇谁会去抗议"等话语指向了公众介入风险议题最为重要的动力机制，即政治效能。

五 政治效能与公众环境介入

当地公众风险感知与风险传播应对之间的鸿沟促使我们探索其中的原因。在进行阐释性主题分析时，政治效能的解释力进入我们的视野。表 6-3 显示分别有 47.4％、33.3％与 35.1％的受访者从内部效能、外部效能与集体效能的角度解释了他们为何不愿积极介入理解、讨论、反映与应对核电风险的行动上去。

表 6-3　　　　　　　　　受访样本的政治效能

政治效能	男性	女性	总体	百分比(％)
内部效能	17	10	27	47.4
外部效能	12	7	19	33.3
集体效能	13	7	20	35.1

（一）内部效能与风险介入

内部效能在这里是指公众对自己有能力理解核电技术特性、运作原理及其环境与健康风险，有能力获取有关核电建设进展以及环境监测信息，有能力利用媒介评价核电风险，以及有能力影响政府在核电选址、建设、拆迁、补偿、监管、信息公开、应急响应等方面决策的信任程度。从统计数据看，59位受访者中有25人表达了理解核电议题与影响政府决策上的低度内部效能，仅有2人对自己的上述能力表达了较为乐观的评价。在51处表达内部效能的话语中，有11处是对核电属性、运作原理与影响的不理解，如"根本不懂""不了解具体的影响""认识比较肤浅""没有依据""知识层次低""了解一些皮毛"。尽管文化程度较低的受访者认为，"读一点书的"人才能理解核电，事实上教育程度较高的受访者也表示理解核电技术超越了他们的能力范围。

　　像我们老百姓对这种项目是不一定了解的，但那些专业人士在这一方面会比较擅长……像我嘛，我觉得完全没用嘛，我完全不知道。那种行业技术那么高，叫我去参与干吗。我觉得我不懂，去了有什么意义？七嘴八舌的，你说你不懂发表意见有用嘛？（贸易商，女）

　　［这个项目有没有公众参与环评?］有，评估程序都有，公众参与也有……它这种评估说实在的我们也清楚，它具体怎么操作我不知道，但有时它就是……你说现在公众对于核知识的了解也不多，它要［通］过，你跟群众讲什么他们也不懂。［所以就是一个程序？］讲实在的有可能这样。（政府官员，男）

上述两段话语典型反映了精英大声疾呼环境参与而公众却漠然回应的窘状背后的原因：即便长年在外地闯荡、颇有见识的企业家也认为作为非专业人士自己的参与是无意义的；地方政府同样持这种观点，这位地方环保官员坦率透露了公众参与环评可能只是一种合法程序而没有实质性意义。这两段话的立论基础都是公众的"无知",多少隐含"技术理性"与"精英主义"的色彩,与之相关的现代性观念认为世界可以被划分为不同的专业领域,每一个领域都应该由技术官僚负责管理。"技术理性"的观念深入社会各个阶层,即便社会地位较低的受访者在解释自身不关注、不理解、不讨论核电时,将消极的行为反应与自身的社会身份联系起来,强调自己是"农民""乡下人""女人"或"小老百姓",因而不可能也没有必要介入风险议题。

> 从来没听邻居、朋友讲过,也没听说过[有谁]欢迎核电站的,大家从来没讲起。我们最关注的话题是今天生意怎么样,其他没什么的。现在人好像都关心自己,其他好像跟我们都没什么关系,大家不会想那么多。想着一家人怎么样去生活,怎么把这个家搞好,把孩子培养好。站在我们角度来讲,我们是农民嘛,又不是什么……云霄经济也不大好,什么生意都不好做。(面馆老板,女)

> 我们没有力量去关心要不要的问题。老百姓觉得那个肯定不好的,但是我们有什么用?[它为什么不好?]核辐射嘛,我们又不懂。反正我们没有起作用啦,我们乡下人不起作用。我们又不懂,反正就是看嘛,像那个日本核电站。反正访问我们有什么用,要调查你还是去村里啊,政府。[平时会讨论这个吗?]平时没有,平时我们只顾三餐,只顾赚钱,肚子要顾饱,其他现在还没有,顾不着。都是大人物管的,我们这种乡下人。(茶叶店老板,男)

> [担心是]因为不了解,万一像日本那样。包括对古雷PX

都有这种担心,为什么不建在山区那边,而要建在鱼米之乡这种地方,最好是人烟稀少的地方。其实我们也不会去关心这些,也只是说说,听听而已。我们只关注一日三餐。我这个人把什么事看得很开,我不会太纠结某件事。关心这种事应该是男性嘛,男人不关心我们关心什么?(诊所医生,女)

面馆老板娘由于招待过核电建设者,因此知道有这个项目,但她承认几乎没有去注意它。这里有生计的原因:云霄地处闽粤边界,又是省贫困县,人口外流较多,生意不好做,关店后又要关注孩子的教育。但她也强调自己的农民身份为自己的漠视风险辩护。茶叶店老板同样出身附近的乡镇,他认为核电存在较大风险,但他同时强调自己没有能力改变政府决策。他使用了一个更加自我贬低的词语"乡下人"来为自己不理解核电以及无法影响政府辩护,话语中既有对内部效能的不自信,又包含对外部效能低下的无能为力。助听器诊所的女医生承认福岛核事故后续报道与古雷 PX 爆炸会唤起自己对核电的忧虑,但强调不会太纠结,除了个性乐观外,另一个原因是自己是女性,而核电这种公共话题应当由男性去关注,强调了一种女主内男主外的性别角色规范。城乡二元结构与当代中国社会的性别关系已经内化为农民与女性的自我认同,但或许在别的场合,他们会挑战有关阶级或性别的主流话语,只不过在这里他们将主流的阶级与性别观作为低度内部效能合理化的话语策略。

更多的受访者称自己为"小民""小老百姓""平民百姓",同样有一种自我矮化的意味。他们表示在"国家大局""政府决定的事""国家工程""政府行为"面前没有话语权、无力改变或者毫无疑问就应该"政府"或"国家"说了算,即便"闹也没用"。而有可能改变决策的是那些"当官的""说话有力量的""大人物"。所以最终"决策者想怎样就怎样",老百姓只能"听天由命,顺其自然""当成无所谓""自己发点牢骚""要死大家一起死"。甚至有三位受访者认为"有办法就把全家都带走",言下之意是如果自己没有力量外迁,那就只能听之任之,话语间充满了宿命论与政治犬儒主义的味道。

我们管不了,反正决策者该怎么样[就]怎么样吧。谁有办法?政府决定的事情我们这些小老百姓奈何不了。[顾客会聊这个吗?]偶尔有,有些时候他们会有点困惑。生存在那个地方的人,也是考虑到万一以后核电站发生事故那边待不住了。[向你咨询要不要迁走?]还没到咨询这些事情,还没到这种程度。民众大部分看着眼前,没有想到很远。[你如何给他们解答?]顺其自然。每一个人的命运都有一个大体的规律,天要下雨,娘要嫁人,有些事情你想改变它也不是那么容易。(风水师,男)

环境与生活健康息息相关肯定会关心。关心你一个老百姓又不能去改变,关心太多你心情越糟糕,因为你不能去改变,还不如就当成无所谓。大家都这样,要死大家一起死。你没有办法改变环境也没有办法搬走。大家都这样,反正比我们更近的还有。(私立机构负责人,男)

从认知心理学视角看,上述话语隐含当公众面临认知失调,即一方面感受到风险压力,另一方面又意识到无力改变时,他们试图从天人合一的中国哲学中寻找智慧去修正认知,恢复认知和谐,这种智慧就是风水师所谓的"顺其自然",尽管用人与自然关系去套用公众与政府关系具有误导性。另一个帮助公众舒缓恐惧情绪的是集体主义价值观。个人主义将自我视为独立于他人,而集体主义则将自我定义为群体的一部分且与他人相互依赖(Triandis & Gelfand, 1998),因此当风险被视为施加在所有群体成员而非某些个体身上时,成员会更加宽容这种风险而不是自己站出来直面风险,可以"要死大家一起死"。第三种心理因素来自"社会距离"假设,即个体在评估风险时偏好向下比较(downward comparison),即通过与比自己更不幸的人比较来增加自己的主观福利(Chapin, 2000)。以上分析揭示了个体对自己影响风险决策的能力不自信时控制恐惧的心理机制。除此之外,还有一种路径被少数人用来控制风险同时避免与政府发生冲突,尽管这同样是一种低度内部效能的表现。

> 我自己房子已经买走了,买到别的地方去。[去哪里?]漳州。[就是为了核电吗?]恩,对啦……[政府]它在说你在听,反正你懂不懂也没用呀,它必须要这样做,你能怎样?你有办法就把全家都带走。没有什么可以拿来证明它有没有危害。就是它说没危害,你就听它了。国家这么大,你一人算什么?你在说我在听,没有办法,假如说有平等的发言权的话,肯定不是这么回事。(出租车司机,男)

司机认为当前公众只有听的权利,而没有说的权利,话语权的不对等是公众沉默的根源。在他眼里,甚至将全家带走的效能都要比介入风险议题的效能要来得高。然而司机也仅有权利观念而无争取话语权的意识。在受访者中,仅有一位大学毕业不久的保险推销员通过网络实践对风险项目的评论权,并且表达了对核电风险监测拥有知情权与监督权的渴望。

> 引进一个危险大的项目,必须先征求意见。居民虽然无能为力,但像我还是会进行网上投票,比如贴吧、网易新闻有化工企业未经［公众参与就建设］的帖子,自己也会投票反对。虽然无关,但是还是会投票,虽然暂时没效果,但慢慢会改进。最大的期待是核电厂建好后,能够定时参观,给民众安全感……心里有底,哪怕一年一次也好。［你能看懂吗?］有些人能看得出来,安心,还有辐射的监测数据［公开］。(保险公司业务员,男)

尽管如此,他承认自己没有胆量出面去跟政府直接交涉。网络投票的匿名性给了他一定的安全感,同时又是一种对自己懦弱行为的心理补偿,尽管难以确认在现实中网络投票是否能够影响政府行为。他还提出了公众实现对核电风险的知情权与监督权的现实路径,认为公众参与的实现并不需要每个人都理解核电数据或者运营原理,只要有个别公众能够读懂数据就可以了。这为核电站运作后的公众参与提供了思路:公众参与不一定需要公众的亲身参与,可以有独立的机构或中介能够帮助他们解读数据,比如委托公民咨询小组(citizen advisory panel)或者独立专家来帮助公民更好地履行知情权与监督权,这需要公民介入环境风险治理机制的地方创新。

(二)外部效能与风险介入

本研究中的外部效能是指当地居民在多大程度上相信地方政府会通过各种传播渠道真诚、公开、充分地回应公众对核电安全、环境与健康影响的关切与诉求，它多是基于经验对政府回应性的预想与评价。网络流行语"你无法唤醒一个装睡的人"，虽然表达的也是无力感，但在归因上它更强调对方的不回应而非自身的不作为，因而是表达低度外部效能的典型话语。两次田野调查中，共有19位受访者在解释为何对不关心核电时，归因为地方政府不会回应或者会以激烈的方式回应。这种预想一方面是来自于自身生活经验，比如：一位电器店女店主抱怨地方部门对计划生育政策的执行力最强，不按对方要求严格执行就会在其他事务上碰壁；一位管电脑店的青年指着街对面的煤气店，说能够在居民区开这种店的人应该是有来头的，投诉了不仅没人理会而且影响邻里关系，还不如不管。经历各不相同，但最终的结论都是"讨论也没用""闹也没用""什么都没用"。

［你生活中最关注什么？］赚钱啊，哈哈，业绩才是最重要的，其他你也没什么必要去关注，因为你根本没力量去关注，个人力量是有限的，去关注也没用……像上次有人在我门口乱停车，我报交警，交警说你不要打来了，外面有没有停车线都不要紧，那你还能怎样，就这样啦。大家社会都处久了，很多无奈的东西我们都不会去说，说了也没用。大地方像厦门那边或许还有人管，小地方根本没人管，管了还受苦受累，根本没必要。［所以你是失望的？］我都快40了，怎么会去理这些东西，是不是没事干？云霄现在生意都很不景气，原因多着呢，像网上淘宝啊对我们打击大，而且大家都穷啊，大家都在工作啊，蛋糕就那么一点点，分起来就少啦。（电脑店店员，男）

但是讨论还是没用的,像之前在隔壁村要建一个信号台,闹了最后也是没结果啊……村子离那个二三十米,村里不让它建,最后还是建起来了,反抗也没有用。村民也跟政府闹啊,出动警察武警啊,反正项目一落实,政府一支持,什么都没用,闹也没有用。(茶叶店店员,男)

以上事例说明日常生活中管理者冷漠回应公众诉求的累积效应会导致公众的政治犬儒主义。而有时是地方政府强制力的施加而非调停或商议导致了可信度的流失,尽管公众担心电磁波辐射而反对信号塔建设有明显的"邻避"倾向。与内部效能的表述不同,这里受访者仍然表达了与政府交涉不起作用,然而前者是公众把这一结果归因为自身"不懂""不了解",或者联系到自己"乡下人""农民"或"女性"身份,是在自己身上找原因;而外部效能明确指向政府不回应、回应而不作为、回应不当或者回应过度等外部因素而导致公众难以相信他们能够有效介入风险决策与监管,是在当地的政治系统上找原因。外部效能的低水平不仅来自日常生活中非抗争性交涉受挫的经验,也有对其他地方抗争失败的经验总结。对云霄公众来说,2008年厦门PX项目转移到古雷半岛,无论是东山县铜陵镇的环境群体事件还是古雷镇杏仔村村民的堵路行为,虽然都未受到媒体关注,但通过人际传播使隔海相望的云霄公众感受到了地方政府在回应公众诉求上的表现。

漳浦人反对,但PX还是建起来了,所以我们反对也没有用。(牙医,男)

古雷要建化工厂,东山岛很多居民在海里养殖,有些都投资好几百万,所以东山人是最早反对的,因为古雷和东山一个海域,你建在那边海产品肯定没有办法养殖对不对?你看投资了那么多,所以东山就起来游行……百姓怎么和政府斗?云霄有些居民跑到东山那边去支援,但是有什么用?(私立教育机构负责人,男)

环境群体事件往往是公众不满体制内的回应而采取的一种制度安排之外的行动,正如2014年在对东山县铜陵镇进行田野调查时一位当地警官对群体事件动机的分析:"我闹了,政府会来找我;我不闹,你会不听。"厦门PX事件中地方政府的积极回应可能增强了东山公众的外部效能与集体效能,甚至后来宁波、昆明、成都等地居民发起反PX事件都有可能是从厦门事件民意的胜利中提高了对地方政府回应的信心。相反,由于种种原因,东山PX事件却并没有带来当地公众想要的结果,间接导致了毗邻的云霄公众外部效能的下降。在东山群体事件尚在酝酿之时,当地电视台在技术安全框架下对公众进行了说服教育。2015年年初漳州核电项目确定建设日程后,当地电视台配合核电企业同样启动了正面宣传,但基建动工后却没有后续报道。地方政府控制的新闻机构是回应公众风险关切的重要渠道,但"说服"式的回应与"沟通"式的回应还是有质的区别,在风险传播上有些资深记者也更习惯于单向说服模式。

村这种都是村民自治制,村委会会开会以多数人来表决少数人,所以,就是非常少部分的人不支持,大部分的人支持,非常小部分的人就不去理他们,大部分人支持就好啦……我们县城这边我都没听说过不支持。因为这个不算很热门的话题，它都还没开始，土地平整是所有项目都必须要搞的，土地不平整怎么去搭建？预计还要五六年之后的事情啦。我要他们来邀请才会去报道，目前我了解到的就是那边在进行土地平整。（电视台记者，男）

我觉得媒体报道肯定报道正面的，像负面的肯定很少报道。作为本人来说还是很担心的，我就希望我的家乡青山绿水，科技不先进也没关系，有蓝天有干净的空气，这是我个人的想法。（电视台记者，女）

负责核电报道的男性记者强调只会在核电集团邀请时才会跟进报道，贸然自行报道把握不准导向会陷入被动。工作多年、阅历丰富的他跟团参访了辽宁徐大堡、浙江秦山与三门核电站，回来后从经济增长、技术安全、节能减排、民生改善、群众支持等框架编发了四五篇报道，显然是一种自上而下的单向说服模式。他有意无意地回避了南山村村民当下的诉求以及县城居民的不同声音，而刚毕业不久的女同事恰恰用自己的感受说明了县城居民对核电风险存在另一种声音，而且记者的个人倾向与组织的传播使命可能存在内在矛盾。农村居民接触外部信息主要依赖电视，县城居民重要的信息来源是网络，但网络论坛的审查同样会降低他们的外部效能。

自己想反映问题，但没有渠道，网上发帖也会被删掉，自己确实也不敢站出来起这个头。（保险公司业务员，男）

政府论坛我们就是正常的正面去宣传，但是民间论坛比较多，最主要的重点就是放在民间论坛。民间论坛我们和核电那边配合得很好，第一时间我们就可以知道有没有议论到核电，只要有疑问出来，我们就会主动和［帖］主沟通……我们有这种舆论的监控、监督，信息一出来我们就会知道。我们和中核配合得很好……只要有这样的帖子我们主动和他个人沟通，你提出的问题究竟是怎样的，我们会和他解释。所以说，网络基本上议论漳州核电的这一块，尤其是本地论坛基本上没有，不是我们去控制，不是我们单一的去删帖，我们没有这么做。（政府官员，男）

这位官员透露网络论坛删帖可能不是由网管部门直接所为，而是基于一种软性控制下的"自愿"行为，即基于网管部门与帖主的私下沟通、解释与说服，甚至帖主会受邀到已经建成运作的核电站一起参访，将网络异议者纳入制度化轨道。虽然有帖主在沟通后改变了既有的观点与态度，但也不能否认在失去匿名性保护后他们受到的心理压力。此外，宣传部门也通过培训网络宣传员，通过输入"正能量"的声音来冲抵网络异议的影响。这种软性的网络审查反映了政府风险传播从"堵"到"疏"的转变过程。然而普遍网民看到的只是删帖的结果，他们并不了解内情，很可能仍然将删帖视为网管部门所为或者是一种强制的结果。此外，网络异议如果反映了一部分公众的诉求，那么通过柔性管理使发帖者"自愿"删帖仍然不是一种真正意义上的公众与政府基于平等商议之上的双向风险沟通模式，帖主被纳入制度化轨道并不意味着网帖所反映的公众诉求得到了回应。因此对普通网民来说，不管后台的网络管控机制发生了什么变化，删帖留给网民的印象依然是地方政府的低度回应，由此导致风险介入上的犬儒主义。

(三) 集体效能与环境介入

本研究的集体效能是指当地公众对集体合力能够影响政府关于核电安全、环境与健康影响决策的相信程度。集体效能是内部效能的延伸，它对推动公众通过集体合力介入风险议题上比内部效能更为重要。对集体效能的信仰影响人们寻求获得的未来类型，他们在群体行动中投入多大努力，当集体努力遇到挫折时他们的韧性如何 (Bandura, 1999)。在田野调查中，20 位受访者使用不同话语直接、间接地表达对通过集体合力介入环境风险缺乏信心，并且透露出集体效能低下的差异化原因。有些受访者强调了自己所属群体的特点，比如认为自己"年纪大了"，这一群体已经到了颐养天年的年龄，不再适合介入公共事务。有些受访者从区域人口构成的角度出发，认为当地人力资源的外流，特别是青壮年人口的外流（包括渔村壮劳动力到外省捕鱼、文化程度较高的县城年轻人到大城市工作）使集体行动缺乏有生力量。有的受访者评价当地民众对不公平的容忍度较高，正义感不强，公众介入程度跟"百姓的观念有一定关系，我们这边不会动不动就举报投诉"。还有受访者用他自己总结的国民性为集体效能低下做出注解，认为"民众奴性而善良"。一位平时相对比较关注核电新闻并经常与爷爷讨论的女性受访者认为：

说实在的，要我去抗议我也不会去，我们这一代人[服从]国家、政府[大局]的观念还是有的，从小在这个环境中长大的，全国十几亿人口，不是每个人都能照顾得到的。如果不是

你们提起，压根就不会想起这个事，关心也没用。（电器店店主，女）

上述话语体谅政府不能照顾到每个人的意愿，将集体抗争视为对国家与政府的反叛。公众的隐忍与从小接受忠诚教育不无关系，伴随着社会化过程，它逐渐内化为同一代人的普遍习性，意味着低度的集体效能是文化的产物。然而另一位身份为兼职钢琴教师的女性却提供了影响集体效能的另一种因素。她判断核电风险较高，原因是核废料处理技术还没跟上大规模的核电建设，显然对核电比他人有更深入的关注与理解。她进一步表示云霄之所以没有出现集体抗争是因为知识分子行动上的保守，以及没有利益受到威胁的产业的动员；相反，房地产业、水产加工业、近海捕捞业等受到古雷PX潜在威胁的产业的动员是2008年东山群体事件爆发的重要原因。

比如拆迁，知识分子不服会扣工资的，实际上他们是最先被控制的一批。东山的发展对海洋依赖比较大，云霄外流人口太多，富贵的跑厦门，留下来的就比较弱，所以力量不够不会发生群体事件。而且云霄没有特别大的企业和利益相关者去动员。（钢琴教师，女）

[我们那边]基本上赞成比较多，但是肯定也有反对，有些利益受到影响就会反对，比如上次东山游行示威。但是大家比较少谈到，没有受到影响大家都相安无事，利益受到影响反应就比较激烈了。（中学教师，男）

第二部分 公众

以上话语说明获益感知不仅是利益集团也是公众放大或减轻风险的重要因素。但获益感知不一致可能导致集体效能以及通过集体行动介入风险可能性的下降。东山铜陵镇之所以会发生群体事件,部分原因在于东山是海岛县,海洋相关产业(包括养殖、近海捕捞与水产加工业)是民生的支柱,古雷PX的迁入使当地公众普遍感受到了经济与生活方式的脆弱性。而相比之下,云霄仅是东面临海,海岸线相对较短,与农业相比海洋相关产业在经济结构中比重不大。离核电较近的南山村村民目前较为关注的是山地补偿,而对其他乡镇与县城居民来说,利益并没有被根本触动,正如有受访者说:"除了列屿[可能]要抗议,山里马铺那边谁去抗议?"另一位受访者强调利益受损的阈值,认为群体事件的前提是"几百万[养殖投入]都没了、就[要]家破人亡,要到这种程度才会这样"。即便有较为一致的风险与获益感知,受访者也并不看好农村会有团结一致的行动,因为政府会采取策略瓦解公众的利益联盟。

[你感到害怕吗?]怕也没有办法啊。[政府要怎么做,你们才会安心?]政府应该是不会有什么改变,要是村民有个统一的声音去跟政府说,不然也是没有办法啦。[就是要村民联合起来?]对啊,但是这不可能。因为他们[政府]吃准村民一人一把香,不会联合起来,这种是不会统一的啊。(油车村村民,女)

我们村有个女的带头,他们家新房子炸[山时受损]了……我们村干部带着红包带着礼物去她家说服她,然后目标就达成了,然后她第二天就叫其他村民不要山上闹了,[说]没

用的。现在我们村里每个人都骂她，她自己利益达到了就不管他人死活了。(南山村村民，女)

上面第一位受访者认为村民的利益诉求是不一致的，因此不可能联合起来统一行动；第二位受访者的叙事隐含政府会采取各个击破的方式瓦解村民的临时联盟。两个案例都说明了集体效能的形成与变化有赖于公众对社会资本的感知，后者与社会网络规模、互信、归属感与群体认同存在紧密联系。一个社会完整的社会资本包含三个层次：绑定（binding）、桥接（bridging）与链接（linking）的社会资本，分别对应着社群内部、社群之间，以及个人与权威人物之间的社会联结（Gittell & Vidal, 1998；Woolcock, 1999）。网络社交媒体的使用被期待扩张个人的社会网络，并且在匿名制的保护下，通过观点表达与讨论理解他人意图、确认共同目标、建立互信、动员集体行为。然而微信与网络论坛的使用，在帮助形成社会资本上都存在一定的欠缺。微信朋友圈熟人之间的互动，仅有增加绑定的社会资本的潜力，无法进一步联结陌生人社会中的其他社群。全国性的网络论坛所联结的社会资本不一定支持区域行动，而地方制网络论坛囿于行政管辖权的控制。获得社会资本的重要路径是日常生活中各个阶层、社群内外的居民之间的良性互动以及彼此之间的认同。然而这种互信与认同在云霄的社会环境下颇为不易。田野调查期间至少有七位受访者表达了他们称为"泡沫经济"的假烟产业给当地人的价值观、生活观带来的负面影响，抱怨由于假烟产业相对容易赚钱而使部分年轻人浮躁、不思进取、耽于安逸享乐，导致娱乐场所、夜排档生意红火，造就了县城居民独特的夜生活习惯。

以前读书人很少,像我这个年纪初中没毕业的很多。十年前［从事假烟产业］十几岁［年轻人］一个月三四千、五六千,干吗要读书,没读书的一大堆。我是89年生的,这个年纪［同龄人］看新闻的很少,我跟我爷爷经常会聊到新闻,所以关心一点,但也没有反抗意识。现在经济差,想到下一代的很少。夜场爆场,KTV订都订不到……我同学刚开始比较勤奋,后来每天都泡茶,这一片年轻人四分之三在打麻将,谁要去反抗这个,没有这个意识,像我有这种意识,也不会去反抗,一个人力量有限,有钱赚最实在。(电器店老板,女)

［我们］不讨论核电站……现在讨论麻将、六合彩。环境也不担心了,我们云霄环境还是可以的。根本不懂,也没有去了解过,除非有读过一点书的。云霄人睡太阳玩月亮。习惯始于20世纪90年［代］,造假烟赚了一批钱,做老板的更不用说。2000—2003年政府打掉一批,2005年又赚一批。钱这么容易赚,就花了嘛,晚上就出来花。(茶叶店老板,男)

两位受访者的主观感受也许带有个人偏见或者过度概括,但至少从受访者的视角看到了社群内部与社群之间信任与认同度的缺乏。这种现状,假烟产业难辞其咎。地下产业的存在影响了部分当地人的价值观,而且在一个相对封闭的地区使得传统道德观与享乐主义之间的冲突更加显著。同时由于它更容易吸引私人投资与人力资源,因此改变了合法产业的生态,招致合法从业者的怨尤,形成了社群之间的社会隔阂。正如一位受访者所言,她认为当地人对社会不公正相对宽容,就是因为假烟产业需要这样的氛围。当受访者对伴随着假烟产业发展而成长起来的、现在又处在血气方刚年龄的那一代人的总体评价是负面的,并且在假烟产业受到打击后,云霄经济的不景气也使受访者相信他人会更专注于生计而漠视环境与健康问题,那么在影响核电决策上的低度集体效能就不难理解了。

六 讨论与结论

本章首先试图探索我国公众核电风险认知与行为反应之间的"认知—行为"鸿沟。传播学者认为,由于缺乏影响政府的正式渠道,出于成本、方便以及匿名性等方面的考虑,网络是我国公众表达政治观点的少数出口之一,并且有理由期待微博等社交媒体的使用强度与在线表达正相关(Chan et al.,2012)。然而云霄核电的公众风险反应却意味着微信等社交网络工具的普及事实上仅仅提供了一种政治参与的可能性,公众不仅很少主动搜索关于核电的信息与知识,而且除非受风险事件的激发,否则很少使用网络社交媒体讨论风险应对等公共事务。即便由风险事件引发的讨论也仅呈现出相当短促的公众议题关注周期。但这并不意味着公众最大程度地减轻了核电风险感知,而是风险议题在以回避讨论为特征的"恐惧控制"中隐伏下来。其次,本研究从政治效能的视角解释公众核电风险认知与应对行为之间看似不合逻辑的关系,并为我国缺乏实证证据的网络使用与政治效能关系研究(Shen et al.,2009)提供范例。在没有受到任何引导的前提下,受访者对低度介入风险应对的解释话语包含了对个体能力、政府回应,以及集体行动严重缺乏信心,折射出公众参与的内部效能、外部效能与集体效能处在低水平状态。可以得出结论:政治效能作为中介变量,是云霄公众风险认知与行为反应不相匹配的根本性的动力机制。最后,通过将受访者的效能话语与他们所处的地方、全国乃至全球语境相结合,本研究进一步考察这三种政治效能的形成机制,并试图从这一角度回答环境参与中公民与政府各自所应承担的责任这一现实问题。

关于政治效能的形成机制有三种解释方式:文化决定论、结构决定论与多元主义(Buehler,1975)。文化决定论认为,政治效能源于社会化过程,这种过程是在一个特定的社会群体中进行的,如果这个群体的成员拥有选举权却相信他们不能影响政府,那么他们的政治效能是低的。结构决定论强调当下的社会经济地位对政治效能的决定作用,地位低的人可能拥有低政治效能,因为他们意识到其在社会系统中的位置阻止他们达成政治目标。多元主义认为,政治效能是自身政治参与的产物,当个体感到自身的政治行为影响了政府,那么其政治效能就会提高,反之亦然。

从以上解释考察导致云霄公众内部效能低下的机制,文化决定论与结构决定论提供了有用的视角。强调自身是农民、女性、小老百姓身份的受访者不相信自己有能力知晓、理解与评论核电相关的环境与健康议题,甚至改变政府的核电决策,影响政府的核电监管方式。在纵向集体主义文化里,个体将自己视为群体的一部分,同时又承认社会权威与等级(Triandis & Gelfand,1998),而在城乡二元结构以及性别社会分工同样遵循二元结构的社会里,农民与女性长期所处的社会地位,以及媒体这两个群体的符号表征,在社会化过程中潜移默化地培养了群体成员自我矮化、敬畏权威的倾向。流行语"如果一个人不按他想的方式活,总有一天他会按他活的方式想",说明了社会等级与规范内化为习性,又反过来为他人设置社会规训的过程。茶叶店老板一句"我就劝年轻人不要和政府赌气",形象地反映了习性作为"结构化的结构发挥结构性的结构的功能"(Bourdieu, 1990: 53)。结构决定论表现在一些受访者流露的物质主义价值观倾向,他们当前最迫切的关注是生计,而非环境与健康议题,意味着内部效能作为意识形态受到经济基础的制约。此外,个别受访者清楚地意识到在政民关系中自己只是单向传播的"听众",认识到这种不平等传播关系改变的艰难。从多元主义的角度看,公众对无力改变政府行为的判断也来自日常生活中与管理部门直接或间接打交道的经验。网络的普及给云霄公众内部效能所带来的变化是矛盾的。信息的全球流通促进了公众的权利意识,但网络技术与数字分化、媒介素养等结构性因素交织在一起加剧了公民之间的知识沟,加深了底层民众在理解与介入公共事务上的不自信。而对那些具有基本网络媒介素养的公众来说,尽管网络的匿名性、微信的封闭性为意见表达与讨论提供了一定的自由度,但主动使用网络搜索核电知识,讨论核电议题,表达风险应对诉求的仍然凤毛麟角,说明这部分公众介入风险应对的能动性较低。因而从内部效能的形成机制看,公众本身也应该对环境参与程度较低的现状承担一定责任。

政治行为的成功经验正向预测外部效能(Lee, 2006),云霄公众对外部效能的评价首先来自自身或他人在与行政机构互动过程中所察觉的政府回应性。无疑,多元主义是解释外部效能的关键视角。低度的外部效能源自行政机构面对公众投诉的不作为或者权威受到挑战时使用强制力,或者说以往政治事件或参与所受到的挫折(Abramson, 1983; Mendelsohn & Cutler, 2000),它反过来影响未来的公民介入的积极性。假如以上种种属于普遍现象,那么行政体制这种结构性的影响机制对外部效能的作用就应该得以审视。低度外部效能还来自间接的经验以及"高信号值"事件的影响,如古雷PX爆炸以及东山群体事件没有取得预期结果。前者象征着监管不力,后者意味着强力回应,两个极端都影响公众参与的外部效能。如果上述与政府打交道的际遇既是个人化的又是结构性的,那么地方政府通过媒体回应公众的安全、环境、健康与公平诉求对所有居民都是一种普遍的经验。基于所有权与控制对媒介表现的影响,地方电视台旨在宣传说服而非充分告知与沟通的核电报道对低度外部效能与公众参与的影响又是一种结构决定论的解释。删除网络评论同样是一种借助媒介体制而限制讨论敏感议题的强力手段,无论是出于自愿还是软性约束下的半自愿。网络提供了参与的便捷渠道,这是网络对政治效能产生巨大影响的最基本理由,但它也使公众认识到政府并不像期待的那样进行回应(Lee,2006)。总体而言,低度外部效能的形成机制既是多元的也是结构性的,提高公众的外部效能与风险介入的积极性有赖于政府风险传播机制与行政管理体制的双重变革。

集体效能对抗争性的公众参与的重要性毋庸置疑。在云霄案例中,低度集体效能首先是社会化的产物,公众从小受到服从权威的教育,因此有受访者认为她这一代人不可能参与环境抗争。多元主义是另一种解释低度集体效能的机制,近年来环境群体事件在我国不同的地方语境中出现了多元结果,如东山PX事件受挫,厦门、宁波、昆明、成都、茂名等地却屡获成功,大连PX虽然承诺搬迁,但一直未有实质性动作,公民行动受挫或成功影响当地居民集体效能的水平，同时伴随涟漪效应扩散到其他地区。缺乏对集体行动的信心也可用结构决定论解释：那些有能力、有意愿利用媒介、知识以及传播技能去动员行动的知识分子在社会系统中受到限制；而另一部分知识分子可能更加犬儒主义，在对苏联（Karklins，1986）与我国（Zhong & Chen，2002）的研究中都能发现受教育水平高的人更不可能参与集体行动。特定区域的经济结构决定了是否有利益集团来动员集体行动，但在云霄影响集体效能最为显著的结构性因素可能就是社会资本。社会资本的下降既有现实主义也有建构主义因素：一方面泡沫经济滋生了逐利与享乐主义价值观；另一方面，基于对同辈群体或年轻一代的浮躁、不踏实的负面印象，人们很难相信他人可以被信任、被组织去追求集体目标。农村同样如此，村民虽然彼此熟识甚至有血缘关系，但利益的不同以及政府的逐个击破战术可能成为联合的障碍。在线网络的规模被证明是网络使用与意见表达的中介变量（Shen et al.，2009），然而在线社会资本同样受到传播体制的制约，如网络言论控制或者官方"水军"的使用。传播媒介的技术特点与用户的使用与满足动机也影响集体效能。微信朋友圈的互动更多的是满足日常的娱乐或信息性需求，并且可能更加疏远外群体。然而2016年4月浙江海盐居民通过微信加群方式动员反垃圾发电厂事件，说明了集体效能的提高以及公众介入风险应对的程度同样依赖于自身的意愿与决心。

　　总体而言，云霄公众的政治效能是多重因素联合作用的结果。使用单一视角解释政治效能是不够的，应通过文化、结构与多元互动三重视角的互相补充解释政治效能的产生机制（Buehler，1975）。但三重视角具有时代局限性，从上述分析中可以看到互联网的广泛应用作为一种技术因素对不同类型的政治效能都产生了深刻的影响。但在讨论技术的民主潜力时，必须同时看到传播结构、传播关系、社交媒体的特性以及公众本身的能动性作为中介因素，使得网络技术应用与政治效能之间的关系呈现复杂性。本研究同时表明，媒介使用与政治效能之间的关系不是单向的，而是相互建构与影响的，人类互动越来越以人类发明的传播媒介为中介，无论是文化因素、结构因素还是多元互动，都不可避免地与媒介的使用交织在一起影响人们的政治效能，后者又反过来影响公众对媒介的使用动机、方式与程度，包括使用网络介入风险应对。互联网、智能手机与社会媒体平台的广泛应用赋予了公众挑战文化与结构性因素制约政治效能的潜力，同时也意味着不能再一味地将环境参与质量不高的责任推给制度性与结构性因素，而应该反思公众自我风险介入的能动性。

以上讨论了云霄公众三种类型政治效能的生产机制，这里进一步讨论不同类型、不同水平的政治效能组合对公众风险介入的影响。基于威廉·加姆森（William A. Gamson）的理论，克雷格（Craig，1980）认为，高内部效能与低外部效能的组合是促使政治抗议的最理想模式。弗朗西斯·李（Lee，2005）对香港社会的研究也发现外部效能对公众参与有负向预测效应，说明在转型社会或民主社会里，对政府回应性的感觉越糟糕，公众更愿意投票及参与民主。云霄案例则说明在权威主义社会里，公众的外部效能越低，越不倾向于介入风险议题，而低度的内部效能与集体效能可能加剧了参与上的消极。李的研究还表明内部效能对政治参与意愿的弱影响以及集体效能对后者的强影响，这可能因为香港是转型社会，人们意识到集体合力比个体力量对社会的整体改变更为重要。集体效能在集体主义文化的角色也比在个人主义文化中更为关键（Chen & Schaubroeck，2002；Klassen，2004）。此外，当人们相信通过集体行动可以导致政治改变，同时又认为政治系统是不回应或不可信的，那么人们偏好在制度化的参与渠道之外采取对抗性战略（Bandura，1999）。我国被视为典型的集体主义文化，同时随着公众生态意识的兴起，我国的环境公众参与机制处在转型之中，多地群体环境抗争的成功说明了集体效能在影响政府环境决策中所扮演的关键角色。当前，虽然云霄公众的三类政治效能都处在低度水平，然而一旦集体效能发生突变，比如外地发生核电事故或者反核群体事件，就有激发本地环境群体事件发生的可能性。因此，使公众通过制度化渠道参与核电风险应对，提高政府对公众诉求的回应性应当成为核电风险传播与治理的重要任务。

第三部分

政 府

第三編

第七章

环境评估模式变革与传播治理

　　德国社会学家贝克（Beck，1994）警示人类已经迈入了工业化的环境代价超过社会利益的"风险社会"。他召唤崇尚环境责任的新理性的浮现，这种理性享有要求社会走上生态启蒙路径的政治权力（Beck，1999）。与"风险社会"概念相呼应，20世纪后半叶以环境运动为重要构成的"新社会运动"横扫了西方工业化社会（Scott，1990）。以网络传播为重要载体，近年来我国频发的环境冲突吸引了广泛的舆论关注。去年发生在什邡、启东与镇海的环境事件都折射出基于科学与技术的官方风险评估与基于文化与经验的公众风险感知之间的强烈反差。一些技术专家认为可接受的环境风险却引发公众的强烈抵制。抵制行为导致的对某些化工产品的污名化，业已成为其他地方公众为其"邻避"行为辩护的修辞。此起彼伏的厦门、大连、镇海等地的反PX事件显示风险影响的"涟漪效应"（ripple effect)已从单个项目传染到整个产业,从局部区域扩散到全国各地。

技术专家与受影响的公众谁更有资格定义环境风险?西方社会的环境风险评估模式在20世纪末逐渐从崇尚技术理性过渡到兼顾文化理性,公共机构也相应调整了环境传播战略。本章采用"风险的社会放大框架"(social amplification of risk framework),以"天涯论坛"上有关厦门PX事件的网帖为分析文本,试图揭示这起典型环境事件中公众的风险感知与技术评估之间的显著差异,分析异地媒体与网络论坛作为环境风险传播的"社会放大站"(socialamplification stations)如何以独特方式处理风险信号从而放大环境风险[1],在此基础上对地方政府的环境传播战略调整提出建议。

一 理解公众风险感知的路径整合

就谁有资格定义风险,西方公共机构的观念在上世纪末发生了转折。1983年英国"皇家学会"将风险定义为"一个特定的不利事件在给定时间内发生的概率",暗示科学方法可以帮助区分"客观的"风险与普通公众"感知的"风险(Adams,1995:8)。然而十年后它在报告中承认上述观念已不占主流:"风险评估无论是基于个人态度、广泛的文化信仰,还是数学模型,必须依赖于人类判断"

---

[1] 美国国家科学院院士罗杰·卡斯帕森认为,风险信号传递过程中,个人与社会放大站会过滤、强化或弱化关于风险属性的信号,这些放大站包括科学家、风险管理机构、新闻媒体、社会行动组织、群体中的意见领袖、个人的同伴或参照群体网络、公共机构等。详见 Kasperson et al. (1988). "The social amplification of risk: A conceptual framework". Risk Analysis, 8 (2), pp. 177—187.

(Royal Society，1992：89—90)。美国环保署自从1984年新署长提议通过风险评估去证明环境决策的合理性后，戏剧性地加强了对环境风险的技术分析，专业修辞成了它为环境决策辩护的首选话语（Andrews，2006：266)。然而实践中这一模式深陷困境：一些评估机构受到产业资助难以保证公正性；机构间评估路径的差异导致结果大相径庭；认定污染源与公众健康因果关系的困难等等。相应地，风险传播常常仅限于技术领域而排除那些最受影响的公众。20世纪80年代末风险传播学者开始反思技术评估路径，之后一些公共机构在判断什么是可接受风险时开始考虑受影响社区公众的经验，开创了风险评估的"文化—经验模式"（Cox，2010：197）。

尽管公共机构在环境决策时接纳民间智慧与经验的做法还方兴未艾，社会科学领域早已在确认公众风险感知的决定因素上形成了多重研究范式。最为常用的心理测量（psychometrics）范式将风险感知视为个体的认知过程，解释人们如何按照直觉来判断风险的严重性（Lain，2001）。美国核能专家斯塔（Starr，1969）对这一范式影响巨大，他认为是否自愿暴露在风险之中是人们衡量技术的社会成本—收益比的关键决定因素。当代心理测量范式的代表人物斯洛维克（Slovic，1987）全面归纳了影响公众判断风险可接受性的诸多变量，包括风险的可控性、风险影响是否被公平施予、个人是否从风险项目中受益、对政府的信任度等，认为这一范式最重要的贡献就是承认公众的判断有智慧的一面也有谬误的一面，但他们的关注却常常被技术评估所忽视。

心理测量路径较少考察受调者所属文化群体的特征与个人风险判断的持续关系（Brenot，Bonnefous & Marris，1998），风险研究的文化理论（cultural theory of risk）则将风险理解为被社会机构、文化价值与生活方式所建构。维达斯基与戴克（Wildavsky & Dake，1990）最早将风险感知与人类学家玛丽·道格拉斯（Mary Douglas）所确认的社会群体的文化偏见相联系，声称两者之间存在统计学上的相关性。耶鲁法学院关于"风险与文化"的全国性调查也发现文化世界观比性别、种族、教育等任何一种个人特性更能预测风险感知：如平等主义与集体主义导向的个人更关心环境风险，而等级主义与个人主义导向的更关心过度的环境管制对经济的伤害（Kahan，2007：3—6）。公众根据价值观来形成风险感知，这被凯恩等人（Kahan，Jenkins-Smith & Braman，2011）用来解释为何公众常常不赞同专家们的科学共识，并探讨了这一动力对科学传播与公共政策的影响。

　　由于上述模式均无法全面反映风险感知的复杂性，美国国家科学院院士卡斯帕森等人（Kasperson et al.，1988）认为，有必要将不同范式整合成一个包含风险感知的文化、社会与个人反应结构的理论框架。这就是1988年克拉克大学的"决策研究"智库在香农—韦弗的传播模式基础上提出的"风险的社会放大框架"（如图7-1所示）。风险放大指的是某些在专家看来有一定风险的危害变成社会关注焦点或社会政治行为的过程（Lewis & Tyshenk，2009）。这一分析框架认为风险既有生物物理属性又有社会维度，公众不仅基于对自然与生命健康的日常体验来衡量风险，还从他们所处的社会结构与认同的价值观出发阐释风险。因此风险研究必须对风险发生的社会背景保持敏感，认识到社会互动可能放大社会传播中的风险信号。

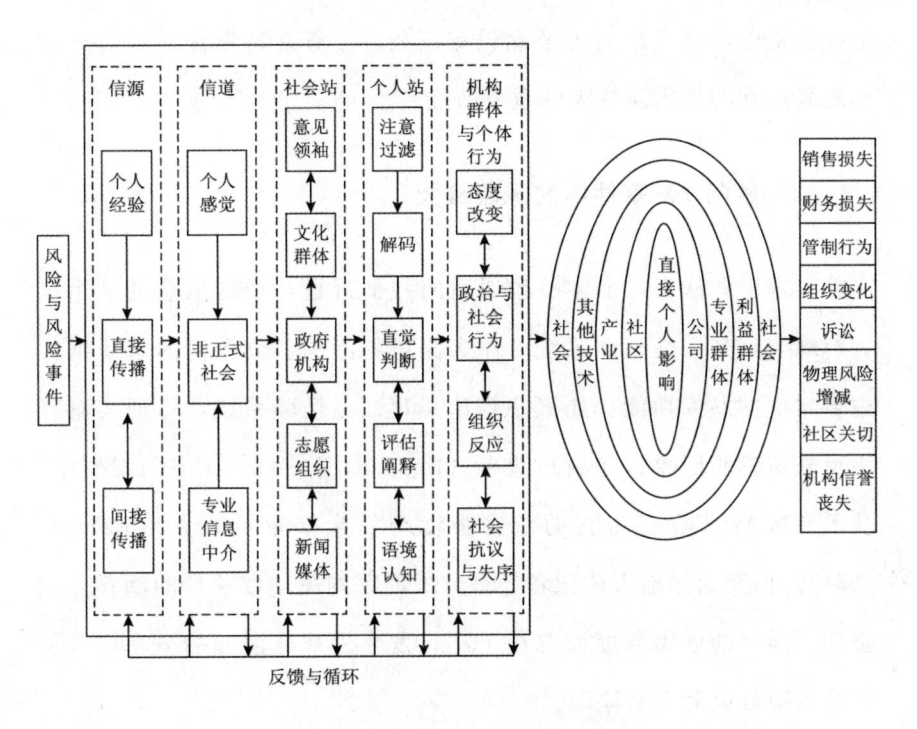

图 7-1　风险的社会放大与减轻框架

卡斯帕森等人（Kasperson et al.，1988；Kasperson & Kasperson，1996）认为，风险的社会放大发生在多个层次。在信源上他们特别注意到大众传播的影响，由于当代社会人们更多通过信息系统而非直接经验获悉风险信号，因此大众传媒是风险放大或减轻的重要信源。媒体介入程度、信息量、阐释风险的框架以及用来描述风险的符号、修辞与话语对群体或个体的风险观影响巨大。信道的特性也影响风险感知，正式或非正式传播渠道以及亲朋邻居的人际网络以不同的方式验证感知或对风险进行语境化。政府、科研院校、评估机构、非政府组织与意见领袖等社会机构与个人在处理风险上扮演重要角色。这些"社会站"有不同的目标、承诺与运作方式，它们决定选择什么信号表征何种意义、以何种方式将风险传播给其他社会机构,以及如何为公众设置议程。不管是冲突还是合作,它们之间的互动是风险放大的重要节点。

二 厦门 PX 事件中的风险放大

心理学者认为,个体一般通过两种平行且互动的信息处理系统理解现实:其一是理性系统,作为深思熟虑的、分析性的系统依靠逻辑与证据发挥功能,如概率理论;其二是经验系统,将现实阐释为承载情感的形象、隐喻与叙事(Epstein,1994)。在厦门案例中,技术专家将风险视为它的危害强度与发生概率的乘积(Rowan,1991)。但无论异地媒体记者还是"天涯"网民均以独特的阐释方式强调了项目的危害强度而忽视了项目发生爆炸或泄漏的概率,成了环境风险放大的重要原因。

厦门 PX 事件始于 2007 年 3 月《中国经营报》的报道。该报道援引厦门大学中科院院士的迁址呼吁,披露在建的海沧 PX 项目不仅产品本身属"危险化学品和高致癌物,对胎儿有极高的致畸率",而且项目与市中心的安全距离远远低于国际标准。随后《第一财经日报》《瞭望东方周刊》《凤凰周刊》等媒体做了跟进报道(如图 7-2 所示)。但这些平面媒体针对的是较为高端的受众市场,真正引起厦门市民广泛关注的是流传于 5 月中旬的一条匿名手机短信以及随即引发的网络舆论。网民们采用重度警示的劝服方法,使用"原子弹""白血病""畸形儿"等刺激信号,动员市民扩散信息并采取抵制行动。面对汹涌而来的舆论,市政府以"双向不对称"的传播战略应对:收缴《凤凰周刊》,关闭当地的"小鱼论坛",并在《厦门晚报》刊登市环保局答记者问,强调项目"按国家法定程序批准在建"。然而就在网民相约6月1日上街"散步"之际,厦门市政府抢先于5月30日宣布缓建PX项目并着手区域规划环评。

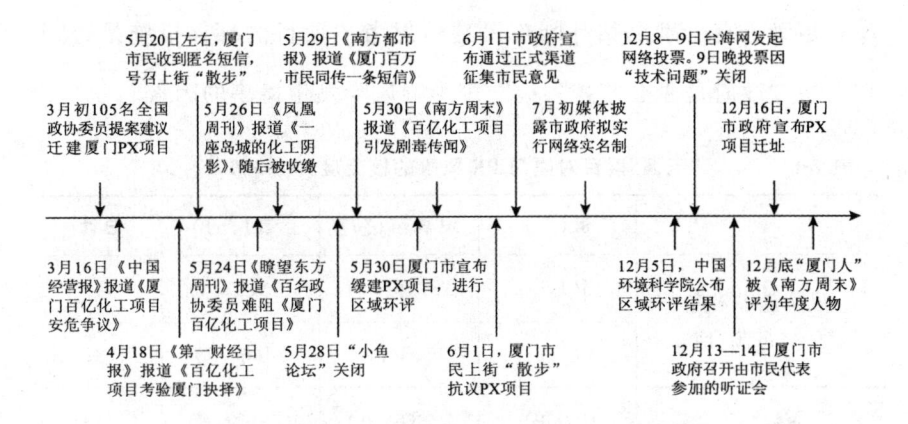

图7-2 厦门PX事件大事记(2007年3—12月)

时间轴(上方):
- 3月初105名全国政协委员提案建议迁建厦门PX项目
- 5月20日左右,厦门市民收到匿名短信,号召上街"散步"
- 5月26日《凤凰周刊》报道《一座岛城的化工阴影》,随后被收缴
- 5月29日《南方都市报》报道《厦门百万市民同传一条短信》
- 5月30日《南方周末》报道《百亿化工项目引发剧毒传闻》
- 6月1日市政府宣布通过正式渠道征集市民意见
- 7月初媒体披露市政府拟实行网络实名制
- 12月8—9日台海网发起网络投票。9日晚投票因"技术问题"关闭
- 12月16日,厦门市政府宣布PX项目迁址

时间轴(下方):
- 3月16日《中国经营报》报道《厦门百亿化工项目安危争议》
- 4月18日《第一财经日报》报道《百亿化工项目考验厦门抉择》
- 5月24日《瞭望东方周刊》报道《百名政协委员难阻〈厦门百亿化工项目〉》
- 5月28日"小鱼论坛"关闭
- 5月30日厦门市宣布缓建PX项目,进行区域环评
- 6月1日,厦门市民上街"散步"抗议PX项目
- 12月5日,中国环境科学院公布区域环评结果
- 12月13—14日厦门市政府召开由市民代表参加的听证会
- 12月底"厦门人"被《南方周末》评为年度人物

由于"小鱼论坛"一度关闭,本章对评论记录保留比较完整的"天涯论坛"上有关厦门PX事件的全部340个网帖进行编码与分析,发现整个事件过程中有62.6%的网帖直接或间接表示不能接受风险,在厦门市民6月1日上街"散步"之前更有高达78.8%的网帖直接或间接表明了这一态度(见表7-1)。从网民对危害强度的判断来看,42.1%的网帖用"重度污染化学物""剧毒化工品""高致癌性""白血病""畸形儿""原子弹""毒气弹"或"一旦发生事故后果不堪设想"等强意词表征PX对环境、健康与安全的高度威胁,同类网帖在厦门市民上街"散步"之前占全部137篇网帖的65.7%。从网民对风险发生概率的判断来看,整个事件中仅有9.1%的网帖用"随时爆炸""定时炸弹"或"必须紧急叫停"等强意词表征风险发生的高概率,同类网帖在"散步"之前的比例也仅为17.5%。网民对风险危害强度的判断与不能接受风险之间的相关系数($r=0.43$,$p<0.005$)要高于网民对风险发生概率的判断与不能接受风险之间

的相关系数（r＝0.31，p＜0.005）。这表明天涯网民在对风险信号的过滤与阐释过程中更关注风险的危害强度但容易忽视它的发生概率，尽管也有个别网帖呼吁市民理性思考"项目的环保措施是否到位"与"政府是否会监控到位"等影响风险发生概率的因素。

表7-1　　　"天涯"网民对厦门PX风险的接受度（N＝340）

	低(%)	没表态(%)	高(%)	总计
风险危害强度 （6.1"散步"前）	5(1.5)	192(56.5)	143(42.1)	340
	0(0.0)	47(34.3)	90(65.7)	137
风险危害健康强度 （6.1"散步"前）	3(0.9)	228(67.1)	109(32.1)	340
	0(0.0)	61(44.5)	76(55.5)	137
风险发生概率 （6.1"散步"前）	1(0.3)	308(90.6)	31(9.1)	340
	0(0.0)	113(82.5)	24(17.5)	137
风险可接受度 （6.1"散步"前）	213(62.6)	112(32.9)	15(4.4)	340
	108(78.8)	24(17.5)	5(3.6)	137

2007年12月5日，中国环境科学院公布了对海沧化工园区的环评结果，指出PX存在一定的毒性，属于Ⅱ类中度危险品；包括PX在内的化工项目在发生有毒物质泄漏且处于不利气象条件下，可能影响海沧北部与厦门本岛，但影响程度与持续时间有限，且发生此类事故的概率为10^{-7}量级，属于可接受范围。[①] 比较技术模式与文化—经验模式的风险评估，"天涯"网民在风险危害强度上放大了环

---

① 参见《厦门市重点区域（海沧南部地区）功能定位与空间布局环境影响评价（简本）》，2007年12月，中国环境科学院（http：//www.xmnn.cn/xmhp/index4.html）。

境风险，从而在可接受性上得出了与评估机构大相径庭的结论。在此过程中，严格的风险管理与监控措施对降低环境风险发生概率的意义却没有被政府传播战略所重视，在"沉默的螺旋"机制作用下一个阐释框架的放弃助长了另一个阐释框架的放大。

　　风险危害涵盖了风险对环境、健康与安全所构成的威胁。"天涯"网民尤其担心风险对健康的危害，在所有对风险危害做出高评估的网帖中，76.2%的网帖也认为风险严重危害健康，与不能接受风险的相关系数为 $r=0.38$（$p<0.005$）。环境传播学者考克斯（Cox，2010：192）指出，美国环保署等机构的环境风险评估发生在由毒理学家、流行病学家等不同学科专家组成的技术领域，遵循"四部曲"来评估风险：危害确认、暴露评估、剂量—反应评估、风险描述。即首先通过回顾以往研究，确认化学物会引发哪些潜在的健康问题；其次确定受这一化学物影响的人口数量、暴露方式与持续时间；其后确认在上述暴露条件下人们接触化学物的剂量与有害反应；最后预测每年受此影响而死亡或伤害的人数进而判断风险是否可以接受。而在厦门案例中，无论媒体报道、专业机构评估还是地方政府声明都没有毒理学家、流行病学家的声音。从政府传播战略角度看，地方政府在项目论证阶段就应该组织环境、疾控、毒理等专家围绕风险的健康危害与风险发生概率进行综合评估，在此基础上实事求是地将企业的环保投入、政府的环境监管、机构的卫生与健康监测对防止风险发生的影响告知民众，而不是在公众舆论压力下再去做环评，此时民众已经形成的选择性理解将极大地抵消传播效果。

三 作为"社会站"的异地媒体与网络论坛

传播理论认为,信号从信源经由传感器到接收者的过程中被不断过滤、强化或弱化,每个传感器都通过解码与再编码改变了原初的信号(DeFleur,2010)。"风险的社会放大框架"将传感器称为社会或个体的"放大站"。在厦门案例中,异地媒体与网络论坛是两个重要的"社会放大站",它们分别在信息传递与社会反馈阶段以不同的方式阐释某些风险信号,作为社会、机构与文化的产物作用于公众对环境风险的直觉判断。

在信息传递阶段,信号的四种属性可能放大风险:重复报道、争议程度、戏剧化以及象征性含义(Kasperson et al.,1988)。从信号的重复性看,被网民反复转发或引用的几篇国内著名媒体的深度报道均含有PX是"危险化学品""高致癌物""对胎儿有极高致畸率"或"一旦发生事故后果不堪设想"等刺激性信号。虽然传播理论认为一个事实性的陈述被多家媒体重复后会强化信息的准确性,但传播理论也认为信源与信号并非独立的实体,受众常常将它们视为一个整体而得出两者关系的推论(Kasperson et al.,1988)。传播学者还认为,惊吓受众比安抚他们更加容易(Weinberg,1977)。因此,更准确地说是信号的重复、信源的可信度以及信号本身的属性联合作用于厦门PX事件中民众的风险感知。从信息的争议性看,异地媒体之间并没有形成实质性的互相挑战。相反它们在描述PX的属性以及项目的位置与距离时大多使用厦门大学学者作为单一信源,罕有异地媒体寻求与之地位对等的专家信源去平衡立场。仅有《南方周末》5月30日的报道引用了一位要求匿名的中科院化学专家的观点：

"对二甲苯就物质本身而言属于低毒，在化学专业人士看来，和一般化学物品概念无二，其危害性应该可以控制。至于毒性，可能在其燃烧不充分的时候产生。"他对传闻中所说的PX易导致畸形儿一说予以否认，"这有点言过其实了，它是对神经系统有刺激作用，但一般是短暂的"。(《厦门化工项目引发剧毒传闻》)

然而记者的客观报道却为他招徕了网络骂名。造成多数异地媒体提供的关键信息缺少充分争论的原因：一方面在于记者在敏感时期要求采访地方政府却难以获得及时回应。拒绝与异地媒体互动等于放弃了在重要的大众传媒公共领域的话语权。厦门市政府虽然在《厦门晚报》为项目做了辩解，然而地方政府控制的媒体往往因为缺乏公信力而难有说服效果。当地政府与媒体没有作为"社会站"在减弱环境风险上有所作为，如此媒体应对也容易让人产生理亏、缺乏自信、信息控制等象征性含义；另一方面，职业主义的"自治"维度要求新闻报道独立于流行的社会思潮，然而商业化媒体在实施异地监督时多少还有一定程度的民粹倾向。此外，我国新闻业在舆论监督上还存在一个困境："打草惊蛇"后的政府公关往往导致记者的采访前功尽弃。虽然争议会使公众怀疑风险是否真的被专家们所理解 (Mazur, 1981：10—33)，但在厦门案例中并非信息的争议性引发了人们对未知危险的恐惧，而是高可信度专家单方面的言之凿凿没有受到实质性的挑战。

从信号的戏剧性来看，卡方检验显示异地媒体是刺激性信号传播的最主要来源（见表 7-2）。在表征 PX 对环境、健康与安全的危害强度时，异地媒体形容它为"重度污染物"（$\chi^2=51.40$，$p<0.005$）、"高致癌物"（$\chi^2=35.91$，$p<0.005$）、"存在泄漏或爆炸隐患"（$\chi^2=24.01$，$p<0.005$），并提及 2005 年"吉林双苯厂爆炸"（$\chi^2=16.36$，$p<0.005$）污染松花江事件以证明含苯化学物的危害强度，尽管引发吉化爆炸的苯胺在物理性状上与 PX（对二甲苯）存在实质上的差异。在表征项目安全性上，异地媒体描述它离市中心与鼓浪屿仅 7 公里，离最近的学校仅 4 公里或远低于 100 公里的国际标准（$\chi^2=62.94$，$p<0.005$）以说明迁址的必要性。在表征风险应对的难度上，异地媒体指出一旦发生极端事故，居民"不知要花多少时间从四车道的厦门大桥撤离"（$\chi^2=29.58$，$p<0.005$），从厦门本岛特殊的地理条件与基础设施来说明环境风险后果的严重性。

表 7-2　信源与刺激性信号的相关性分析（N=340）

	网民原创		异地媒体		本地媒体		名人博客		
	f	χ^2	f	χ^2	f	χ^2	f	χ^2	n
安全距离低于国际标准	13	38.01***	68	62.94***	0	9.16**	8	0.47	89
全国政协委员联名提案	11	43.34***	66	57.18***	1	6.35*	10	2.80	88
高致癌性、白血病、畸形儿	12	20.42***	49	35.91***	0	5.07*	6	0.09	67
危险、重污染、剧毒化学品	2	41.30***	47	51.40***	1	1.96	5	0.05	55
上街、游行、"散步"	21	0.12	20	0.06	3	0.00	3	0.00	47
原子弹、炸弹、爆炸隐患	9	11.31***	34	24.01***	1	1.17	2	0.29	46

续表

	网民原创		异地媒体		本地媒体		名人博客		n
	f	χ^2	f	χ^2	f	χ^2	f	χ^2	
海沧区域环境已有问题	13	1.80	23	5.18*	1	0.76	3	0.00	40
2005年吉林双苯厂爆炸	3	19.09***	26	16.36***	1	0.51	6	3.71	36
市政府言论管制	3	13.30***	26	31.20***	0	1.38	0	1.48	29
厦门大桥四车道难以撤离	2	15.49***	25	29.58***	0	1.29	1	0.18	28

注：*$p<0.05$，**$p<0.01$，***$p<0.005$。

以上信号都属于事实性或推论性信息，没有太多与文化价值观相关的象征性含义。然而异地媒体报道的"105名政协委员齐声呼吁"或"全国政协头号提案"难阻百亿工程（$\chi^2=57.18$，$p<0.005$），以及当地"关闭小鱼论坛""拟实施严格的网络实名制""关闭市民投票网页"等言论管制行为（$\chi^2=31.21$，$p<0.005$）却象征着地方政府在决策民主、信息透明上的不足，从而将环境诉求上升为公民争取程序正义、知情权与决策参与权的政治诉求。在整个过程中，"天涯"网民对政府决策缺乏民主、透明的指责（如图7-3所示）（n=149，43.8%）远远高于对政府的不信任（n=50，14.7%）与对其风险管理能力的质疑（n=6，1.8%）。正是由于市民强烈的民主参与诉求，在中国环境科学院报告PX环境风险概率极低的情况下，厦门市政府却没有决定续建，而是在12月13—14日召开了公众听证会，并最终于12月16日决定迁建。

在社会反馈阶段，异地媒体发出的风险信号被"天涯"网民在其所处的具体社会、历史、文化语境中得到再次阐释，赋予信号以

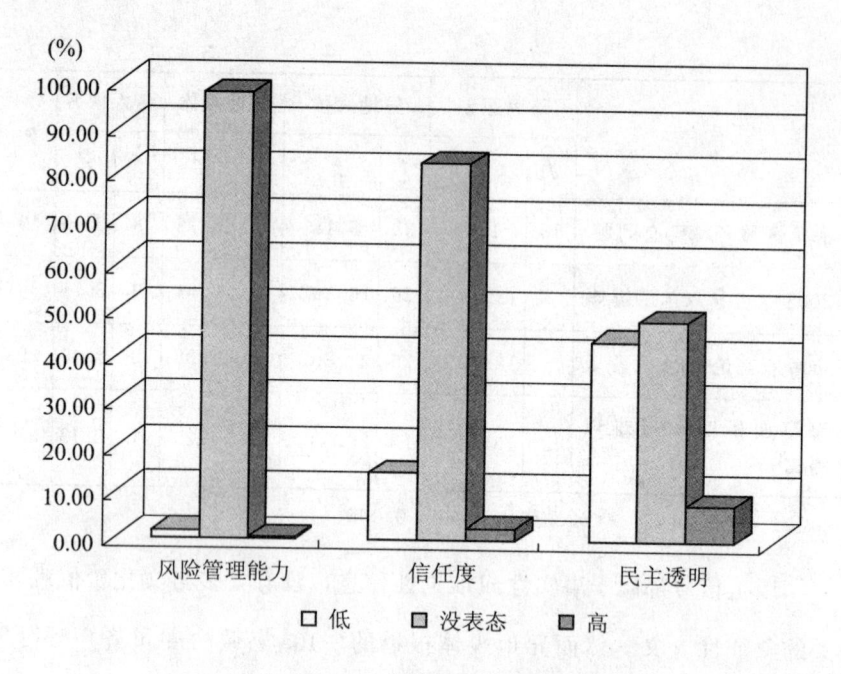

图 7-3　厦门 PX 事件中"天涯"网民的政府评价

新的意义与价值。网民主要通过"污名化"与"语境化"两种方式对来自异地媒体的刺激性信号进行再放大。"污名"是与厌恶的人或事相联系的负面形象（Goffman，1963：3），环境事件中的"污名化"常常是将化工产品、项目或支持者隐喻为更熟悉、更易理解的事物从而赋予它们负面意义，并在共享的文化群体中获得广泛传播与认同。媒体描述 PX "存在泄漏或爆炸隐患"，网民称在他们身边埋下了"原子弹""定时炸弹""重磅炸弹""巨型炸弹""每晚将抱着一颗随时可能爆炸的毒气弹入眠"；媒体称 PX 为"高致癌物"，网民阐释为"厦门人民从此生活在白血病、畸形儿之中"。这类环境修辞可归为"末日修辞"，即通过描绘世界末日来批判人定胜天的进步理念（Killingsworth & Palmer，1996）。媒体披露 PX 项目的老板在台湾欠下巨额债务，网民贬称他为"台湾通缉犯""欠债大王"，以此质疑企业是否真的会兑现环保投入承诺。网民还戏称 PX 项目为"国际弃儿""世界级的宝贝"来嘲笑地方政府发展观的落后。这类修辞试图突出行为者的荒诞性以营造"环境情景剧",是环保主义者赋予环境冲突以道德价值的话语方式(Schwarze,2006)。

某些"污名"的成立离不开厦门作为国防前哨的历史与地理语境。"如果两岸爆发战争,台湾不需要用到导弹,只需用炮弹就可以毁灭厦门"或"它就是送给对手及恐怖分子的礼物"等网络话语说明了当地的历史、地理是形成公众心理定式、影响公众风险感知的重要因素。"语境化"还表现在网民将 PX 项目置于公众对环境污染的共同记忆与知识背景下予以评论,通过比照厦门电化厂氯气泄漏、无锡太湖污染、沪杭磁悬浮叫停等环境事件来劝服受众抵制 PX。自然或人为灾难作为警示信号对公众风险感知的影响已被实证研究所证明,如 2009 年的一次调查发现长三角居民认为地震比洪水、核辐射、吸烟等风险更高,其中一个原因是 2008 年汶川地震对人们的心理影响(Ge et al.,2001)。修辞学家肯尼斯·伯克(Kenneth Burke,1996:45)指出,即便不带情感色彩的话语也具有说服效果,因而修辞即是行动。异地媒体与网络论坛建构的风险话语最终推动了厦门政府向市民开放环境决策过程,但 PX "污名"的传播也导致了各地民众的"邻避"行为,风险放大产生的"涟漪效应"最终给整个化工产业蒙上了阴影。

四 风险评估模式变革与环境传播战略调整

厦门案例中异地媒体与网络论坛的风险放大机制折射了影响公众环境风险判断高度复杂的政治、社会、文化、历史与地理因素,说明风险感知并不是非理性的心理过程。虽然多数风险研究意在弥合民众感知与专家评估之间的割裂，为公共舆论注入更多专业知识（Lain，2001），同样重要的是政府作为环境决策者必须改变环境评估的技术模式是理性的而文化—经验模式是非理性的观念。环境传播学者沙曼（Sandman，1987）曾经定义风险为专家眼中的"危险"与公众"愤怒"的总和，隐含公众反应是非理性的。这样的理解可能使政府更有兴趣投入公关行为去管理民众情绪而不是关注他们感受到的真实危险。20世纪80年代后期，技术模式的风险传播在美国的公共机构中盛行，将关于环境与健康风险的技术数据翻译成公众能理解的方式传递给公众。作为一种单向的"精英对无知者"模式，它的目标通常是向公众保证安全性（Krimsky & Plough，1988：6），或者通过专业知识的传播使公众可以更加理性地评估有毒废弃物等风险或者更加尊重专业决策者的专业知识（Williams & Matheny，1995：167）。

但除非风险传播与公众的风险感知是一个双向过程，否则通过传播影响风险感知的努力注定要失败（Slovic，1987）。近年来美国的一些公共机构开始实践对文化、经验更加敏感的风险传播。文化—经验模式作为一种替代性的风险传播路径既依赖风险评估的实验室模式又依赖受影响社区的经验，既承认技术理性又包容文化理性，即将个人经验、家庭关切、社区传统、民间智慧、群体意见作为知识类型纳入风险评估过程（Plough & Krimsky，1987），通过技术专家、公众与公共机构之间的充分沟通去判断风险与权衡风险（见表7-3）。1996年美国国家研究委员会的报告《理解风险：融入民主社会的决策》是定义这一模式的重要里程碑，它承认技术模式不足以应对公众对环境的关注，倡导在风险管理中更多应用地方知识，引入公众参与，充分理解受影响方对特定情境中什么是风险的判断（National Research Council，1996：2）。

表 7-3　　　　　　　　两种环境风险传播模式比较

	技术模式	文化模式
知识来源	科学/技术	科学＋地方知识、文化、经验
传播方式	单向传播（专家对平民）	协作（公民—专家—公共机构）
传播目标	翻译、告知 改变冒险行为 向相关群体保证安全	理解社会语境基础上的告知 改变冒险行为以符合受影响群体的利益 受影响群体参与判断风险是否可接受

我国2003年施行的《环境影响评价法》与2006年颁布的《环境影响评价公众参与暂行办法》赋予了公众参与在环境决策中的法律地位，意味着我国已经在法律上确立环境风险评估过程对文化—经验模式的包容。环境评估模式的变革要求地方政府的环境传播战略做出相应调整。厦门、大连与镇海等地发生的反PX群体行动已经证明单向下行的环境传播战略无法让民主意识深入人心的公众接受他们所不情愿的风险。事实上厦门PX事件的后期已经尝试了新的环境传播战略：12月5日中国环境科学院完成区域环评后以报告简本的形式告知公众，随即在12月13—14日召开由市民代表、记者、专家与官员组成的听证会。但由于此时公众的刻板印象已经形成，两次听证会不可能轻易逆转公众对环境风险的抵制态度。厦门案例的经验昭示如果在项目论证之初就引入技术与文化—经验模式并举的环境评估与传播战略，可能结果已大相径庭。通过建构多种

公共领域促进"社会站"互动，地方政府自身本可以担任减轻风险的"社会站"角色。

首先，促成技术公共领域的形成，为不同路径、不同领域专家之间的沟通搭建平台。技术专家之间由于研究路径的不同在风险强度与概率上存在不同结论。在厦门案例中，厦门大学学者的观点由于异地媒体的集中报道得到了放大，而对PX的物理特性、泄漏或爆炸概率、风险的可接受性等持保留看法的专家意见却没有得到充分反映。PX对健康的影响更是缺少疾控与免疫领域的专家在科学实验后做出严谨、权威的表述。地方政府应当在项目论证之初就主动建构座谈会、听证会、研讨会等技术公共领域，让不同路径、不同领域的专家通过充分辩论与互相说服修正各自偏颇的结论，让科学共识得以最大程度的浮现并以易懂、无歧义的方式传播给公众，以程序的科学性与信源的可信度减少公众通过其他渠道接触刺激性信号所引起的误解或恐慌。

其次，地方政府应积极介入在大众传媒公共领域的观点竞争。考姆斯与斯洛维克（Combs & Slovic, 1979）发现就风险事故的死亡率而言，新闻报道与公众判断之间的相关度比报道与真实数据之间的相关度更高。风险发生的概率、范围、不确定性、紧迫性等帮助公众理解风险的重要概念，在许多媒体报道中没有得到充分解释（Lundgren & McMakin, 2004）。研究还发现媒体倾向于接受在争议中积极的主导机构的框架（Singer & Endreny, 1987）。厦门案例中异地媒体成为报道事件进展、提供各方观点的最令公众信任与依赖的公共领域。地方政府应在问题定性、原因诊断以及解决路径上以异地媒体为公共论坛与其他"社会站"竞争对事件的阐释框架，而不是以沉默应对舆论发酵。然而地方政府常见的传播战略却是控制地方媒体做一边倒的倾向性报道、拒绝回应异地媒体的采访要求，从而主动放弃了将媒体报道与公众讨论引向政府风险管理能力与决心是否能有效预防风险发生的框架。

最后，同时也是最重要的政府传播战略是促进公众、技术专家与公共机构互相"倾听与理解"的公共领域。专家假设的环境风险常常游离于受影响者的经验（Fischer，2000：124—142）。公众的直觉判断与技术分析不一样的地方在于：公众关注低概率但高影响的事件；在风险的社会管理中寻求普遍共识与控制；将风险判断与对社会机构的判断联系在一起，即风险的可接受性也有赖于公众对研究、管理或监督机构的信任（Fiorino，1989）。加拿大媒体 2003 年的疯牛病报道并没有唤起民众的恐惧，导致风险减弱的一个重要因素就是国民对政府机构履行公共职责意识与能力的信任（Lewis & Tyshenko，2009）。组织听证会、商议会等由社区代表、技术专家与政府官员组成的公共领域，目的在于倾听公众对环境与健康问题的日常感受作为专家技术评估的依据，理解影响公众风险感知的因素与他们的利益诉求作为政府环境决策的重要考量，让公众在充分听取技术评估结论与官方对风险—收益比的权衡后一起判断风险是否可以接受，并在信息流动"双向对称"的人际传播中建立公众对公共机构的信任。风险评估中公众意见的输入提高了风险决策的质量，同样重要的是它提高了决策的合法性（Cox，2010：205）。输入公众意见体现了程序正义，也是生态发展观引领下政府与公众关系的重建。

第八章

环境群体事件的组织传播机制

厦门 PX 项目在受到当地公众抵制后迁入漳州古雷半岛，2008年年初在毗邻古雷的东山县铜陵镇触发了环境群体事件，这一系列"涟漪效应"反映了我国当下面临的两大环境议题：一是从发达地区到欠发达地区大规模产业转移背后的环境风险转移，二是流域海域污染、城市群雾霾等跨区域环境风险的治理。基于风险—收益分配上的不公正、对风险监管者的不信任、区域间信息公开机制缺失等因素，跨区域环境风险更容易被受影响地（而非风险源属地）的公众所放大（Kasperson & Kasperson, 2001: 222—226）。"风险的社会放大"是指信息加工、制度结构、组织行为以及个人反应影响风险的社会经验，最终导致某种风险后果的现象（Kasperson et al., 1988）。然而自这一研究框架诞生以来，学术界对社会组织在风险放大或减轻中所扮演角色的关注还相当有限（Kasperson et al.,

2003)。本章探索在东山环境群体事件演进中,各类基层组织作为过滤、阐释与传播风险信号的"社会站",是如何与公众互动并作用于风险后果的,并揭示组织成员作为环境风险的潜在影响者如何与组织使命发生冲突最终削弱风险减轻机制的。

一 文献综述

全球跨区域环境风险自 1986 年切尔诺贝利核事故后开始显现,然而风险传播学界对这类风险的研究甚为薄弱,多数文献出现在公共政策、环境管理、国际法等领域。如韩(Han,2013)考察了怒江水电开发中非政府组织的角色,认为要理解当代中国水电决策的演进必须关注非政府组织的偏好与传播战略。易志斌、马晓明(2009)指出,淮河流域虽然存在多个监测网络,但由于监测同步性差、监测机构隶属关系不清导致数据不能共享。施祖麟、毕亮亮(2007)以江浙边界水污染为例,认为流域管理与行政区划的矛盾是我国流域污染治理的主要障碍,建议设立流域管理局作为府际沟通的重要机制。上述研究提及的公众参与、信息共享、府际沟通等概念虽然与风险传播有关,但研究本身并不考察风险治理主体的具体传播行为。

卡斯帕森夫妇(Kasperson & Kasperson,2001:209)认为,"风险的社会放大"框架同样适用于考察跨区域风险与受影响地政治、社会与心理过程的互动。他们指出,跨区域风险的一个属性是风险源与暴露区域之间的空间划分会增加受影响地公众的脆弱性:由于风险源属地的应急传播机制不顾及受影响地公众,导致后者对风险不加设防。跨区域风险的另一个属性是风险放大或减轻的潜能:

一方面，受影响地公众基于对风险监管者的不信任、媒体报道的影响，以及对风险—收益不公正分配的不满，很可能放大风险；另一方面，风险源属地往往享受收益而又无须承担风险，当地的风险管理者没有动力将风险控制到最低程度，当地公众也因事不关己而忽视风险。因而风险放大与减轻可能同步发生，出现"镜像"效果，即风险源属地的社会减轻、受影响地的社会放大。

环境公正（environmental equity）的缺失被视为公众放大跨区域风险的重要因素，它是指防止环境恶化对不同人群与地方施加不成比例的影响（Cutter，2006：263）。与环境公正密切相关的是环境正义（environmental justice）概念：前者倡导平等分享风险负担与收益，而不强调风险负担本身的减少（Lavelle，1994）；后者则倡导采取措施，阻止强加给特定人群的环境危害的发生（Bullard et al.，2007：7），保障受威胁群体的信息权、听证权与补偿权（Capek，1993）。公众放大跨区域风险的另一个因素是对风险管理者的不信任。随着复杂技术时代的到来，个人的风险控制被机构的风险管理所取代，公众更加依赖机构可信度来判断风险；信任能够补偿负面的风险感知，不信任则导致公众抵制风险（Renn，2010：222）。

由于社会组织越来越频繁地为风险的社会建构设置语境，考察风险放大的动力与机制还要求洞察风险决策如何受到纷纭的组织内与组织间关系的影响（Short，1992：3—26）。在分析"挑战者"号爆炸的原因时，温瑟（Winsor，1988）认为尽管工程师预见了事故发生的可能性，但坏消息并未在公司内部引起重视，原因在于管理者从不同视角阐释风险信号，并且坏消息在向公司上层与公司外部传递时遇到了传播障碍。亨德森等人（Henderson，Cheney & Weaver，2015）考察了两家新西兰出口公司在管理转基因风险议题时，忽视了组织成员会基于自身价值观对转基因技术缺乏认同，从而给组织的战略传播带来不可预见性。基于我国政治、社会语境下，地方媒体、学校、居委会被赋予了社会风险管控功能，考察这些基层组织以减轻公众风险感知为目标的传播行为，为理解我国环境群体事件演进的动力与机制提供了新的视角。

二 研究方法

在经历厦门市民街头"散步"、重启区域环境评估、召开市民代表座谈会后，2007年12月福建省政府决定迁建厦门PX项目，预选地为漳州市漳浦县的古雷半岛。① 然而与古雷镇的相对平静相比，与之隔水相望的东山县铜陵镇（如图8-1所示）在2008年2月29日发生了居民群集、堵路、警民冲突等行为。2014年7月，通过立意抽样，36名铜陵居民接受了深度访谈，受访者包括学生、教师、警察、记者、社区医生、政府官员以及社区、企业与公用事业的管理者。部分约访者婉拒了访谈，包括环保部门、公共卫生服务机构、网络意见领袖、养殖业主、房地产商等，可见即便事隔多年，这起事件在当地仍属敏感话题。一名受访官员表示，对这一省重点项目县政府肯定要公开支持，"即使（官员内心）是反对的，也不愿提及这个事"，意味着一些官员回避访谈的主要顾虑来自组织规范的制约。

---

① 《厦门PX化工厂项目将迁建漳州》，2007年12月20日，《南方日报》（http://epaper.southcn.com/nfdaily/html/2007-12/20/content_3180518.htm）。

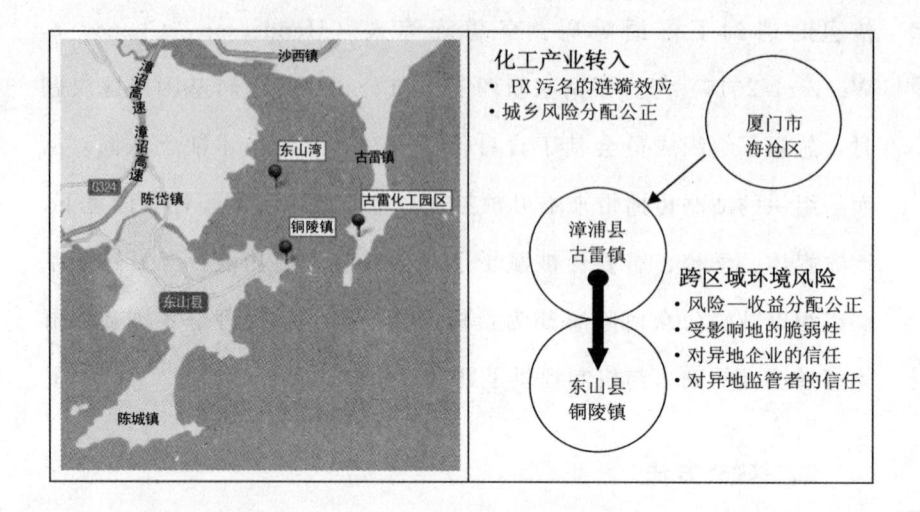

图 8-1　古雷—东山跨区域风险示意图

访谈围绕两个主题进行：(1) 在 2008 年年初，古雷 PX 的环境风险为何在铜陵被放大并演化为群集行为；(2) 事隔 6 年之后，铜陵居民的风险感知是否发生变化，什么因素支持了这种变或不变。必须承认访谈是受访者倾诉的冲动与自我审查权衡的结果，无论访谈发生在何处，都有一种无形的影响力渗透使对话空间变成权力关系作用的地点，而且公众往往基于自身经验、期待、情感、社会关系与价值观对事件做出阐释。本书尊重受访者通过差异化的视角呈现风险感知与传播的复杂性，但更寻求通过不同叙事话语的互相印证，得出解释这起群体事件动力与机制的最大公约数。

需要指出的是，尽管本章使用"风险的社会放大"研究框架，这里的"放大"不等于贬义的"夸大"。雷纳（Rayner，1988）曾经批评"放大"意味着有一个基准的风险以某种方式被社会过程所歪曲。卡斯帕森等人（Kasperson et al.，2003）否认存在客观的基准风险，强调"放大"是指评估风险的动力在社会中循环，使风险信号被阐释时发生变形。另有学者认为"放大"在语义上是指信号增强,因此这一框架的命名含有语义偏见(Rip,1988)。卡斯帕森等人(Kasperson et al.,2003)的回应强调个人或组织对风险的"过度反应"与"轻描淡写"同样值得注意。因此,本章虽然多次出现"风险放大"与"风险减轻"字眼,但均不含价值判断,它们是指在个体或组织在加工风险信号时,稳定、平等、正义、信任等价值观会渗透到这一过程,导致某些风险信号发生增强或衰减。

三 作为传播"社会站"的利益集团

东山素有"一渔兴九商"之说,即渔业是相关产业的基础,2012年全县海洋产业增加值占GDP比重为55.3%。东山的水产加工业在全省份额较大,产值上亿的水产加工企业28家,七成产值来自出口创汇。不少水产企业获得了欧盟认证,后者需要提供原产地的环境与水质证明,因而渔场环境对产业存亡至关重要。东山又是全国最大的鲍鱼繁殖基地以及闻名的海岛旅游县。经济方式对自然资源与环境的严重依赖所导致的生计脆弱性是影响公众风险感知的重要因素,铜陵镇家家户户在堂屋设关帝像祈求保佑正是基于对人类有限能力的感知与对自然力量的敬畏。这种社会建构的脆弱性源自历史、文化、社会与经济过程阻碍了个体或社会应对灾难的能力(Cutter,2006:75)。无疑2007年年底厦门PX要迁往古雷的传闻牵动了铜陵相关产业的神经。受访者普遍反映相关产业派员工去游说当地居民,给予"散步"群众一定报酬,还现场提供饭、水、烟、棉衣等。然而就哪些产业动员了2008年年初的群集行为,从水产企业、码头商贩、养殖户到房地产商,受访者提供了各种版本。

> 据说在码头渔港做生意的，说 PX 对渔业影响很大，"小管"[即沙滩边捕捞的鱿鱼]会灭迹，生意人发起["散步"]。老百姓认为对子孙后代有影响，他们就响应。（旅游部门官员）

> 据我了解，是有几个人在牵头……一个水产企业的老板，他派出员工去做大家的思想工作，说这个东西关系到大家的身家性命，作为铜陵人肯定要表达我们的意见，定于几月几日，大家要到黄道周公园集会。然后到了那天，连组织者都没想到会搞到那么大的声势。大部分人是被裹挟的……那个时候说真的看热闹的心态比争取权利的心态还高：某某人，你怎么不走，这是东山的事，你肯定要出一份力，这随便一两句，你不去都不好意思。（事业单位经理）

上述话语说明环境群体事件的动员者往往是在风险威胁下最能感受到自身脆弱性的机构或个人，他们说服与资助核心行动者，通过现场群体情绪的传染带动临时追随者与围观者。与厦门 PX 事件的动员主要通过社交网络不同，铜陵镇是一个常住人口仅为 5.1 万的熟人社会，私下劝说、亲友影响、电话邀请、手机短信、纸条传递成为当时放大风险、传递情绪、约定行动的主要渠道。传播渠道分散造成的监控困难是地方政府低估风险放大的重要原因。熟人之间的邀约意味着群体压力将有效发挥传播效果：担心不参与群集行为可能会被邻居、同事小觑或孤立，成为部分参与者受到"裹挟"的心理机制。

然而，群体事件的成功动员必须契合当地公众基本一致的心理定式。铜陵人走上街头首先在于面对潜在化工威胁所感受到的地理与文化脆弱性。从地理层面看,铜陵与古雷的陆地最近距离仅为4.8公里,迄今古雷的物资补给仍会取道铜陵走海路运输。古雷在铜陵的东北面,冬季东北风从古雷吹向铜陵,潮汐起落也会快速将海洋污染扩散到对方海域。从文化层面看,除了生计对海洋的依赖,铜陵人的饮食与休闲方式也深受海洋环境影响。近海捕捞的海鲜甜度高,一位受访者说:"我们最离不开的就是这个渔场",另一位受访者将东山比作"不足与外人道"的"世外桃源",可见他们对当地环境与生活方式的强烈认同,地理与文化脆弱性构成了铜陵人放大风险的空间语境。

说服铜陵公众放大风险的另一个因素是风险与收益的不成比例,即环境公正问题。多名受访者在分析为何是在铜陵而不是古雷触发群体事件时,认为古雷人获得了拆迁补偿,而铜陵人承担了高风险却没有任何补偿。一位受访者说:"现在老百姓也在议论,说当时漳浦不动声色,(如果一起行动)说不定就成功了。"另一位受访者说既然东山承担了风险,"不如把 PX 搬到东山来"。这说明在风险社会里,虽然"分配财富"的社会冲突叠加了"降低风险"的社会冲突(Beck,1992:20),但通过经济补偿达到风险与收益分配上的均衡,能够在一定程度上减轻公众对风险的抵制。

铜陵人感知的环境不公正不仅是跨区域风险分配所致,而且是化工产业从发达地区向欠发达地区转移而在程序上又忽视公众参与环境决策的产物。换句话说,铜陵人的风险感知既涉及风险源属地与受影响地之间的风险分配,又涉及中心城市与海岛渔村的风险分配,既涉及社会公正,又涉及程序公正。多位受访者在谈到群集行为最终没能改变现状时透露出无力感:"我们这边没有权威,最后政府想怎样就怎样""厦门大城市,大家一响应,媒介(舆论)压力大""厦门举足轻重,东山只是一个小岛,力量太小,只有一个镇在反对""厦门没成,化学院士出面做这个事情"。这些话语反映了铜陵居民认为小城镇能量小、缺少话语权、没有专业权威与媒介权力支持,因而被强加了大城市所驱逐的风险的不忿。然而当居民向政府官员提出环境正义诉求时,后者却没有能力回应这一诉求。

> 我们也跟老百姓去座谈:全世界有同样的项目,从历史看那里多少年了都没事。[老百姓说]对东山人来说没受益,也不是没有道理的,这些问题我们就解释不了……[另外]为什么厦门海沧不行古雷就行?这个问题很尖锐,回答不了,难道厦门人比较宝贝?(地方官员)

> 我们想,厦门人,这些高素质、文化程度比较高的人反对,那肯定是有道理的,肯定是伤害挺大的,放着那么高的经济利益不要。所以东山老百姓都是基于这个认识,至于PX究竟是何种危害、危害到什么程度,那是绝对不懂的。(事业单位经理)

"为何厦门不行古雷就行"的第一层潜台词是公众对产业转移的不满,它的另一层含义是:见多识广的厦门人驱逐PX说明它肯定有问题。甚至文化水平较高的受访者也表示自己很少细究过PX的性状,他们的判断同样依赖上述简单却有力的逻辑。PX在厦门群体事件中被污名化,事件平息后污名的"涟漪效应"在全国范围内持续,同样基于这一逻辑悖论。但事实上,这一逻辑悖论并非不可破解,原因在于福建省在2007年年底宣布迁建厦门PX项目,是以它与海沧区的城市规划相悖为由，2007年5月启动的二次环评并非针对PX的性状，而是对海沧区域环境容量的评估。显然从环境容量看，选址古雷半岛是科学的决策。但它忽视了公众参与程序，包括受影响地公众的环境决策参与，使得受影响地政府最终仍须直面当地居民对环境公正的关切。同时，受影响地政府没能理解公众话语背后的逻辑依据，未能从区域环境容量角度去解释PX落户古雷的合理性，使舆论引导权旁落到了利益集团。

四 作为传播"社会站"的地方媒体

东山没有本地报纸，广播的影响也不大。相比之下，电视新闻栏目《东山新闻》在当地有较高知名度与美誉度。作为地方政府喉舌，电视台当前关注的环境议题是水产加工企业的污水排放，但主要配合执法部门检查，而非揭露式曝光，受访者坦承县级台的"舆论能量"与"宣传自由度"都"不会那么大"。在报道古雷PX风险上，记者的个人观点与媒介组织的政治属性存在张力。一位记者私下认为"私营企业可控性差"，另一位对古雷能否避免类似黄岛的安全事故持怀疑态度。然而在得知PX要建在古雷后，电视台开始做正面引导，"找一些化学专家、环保专家，（告诉公众）建了以后怎样排污水排烟、影响不是很大、安全性比较高、国家项目要支持等"。在群体事件露出苗头后，电视新闻还播出了县宣传部门领导的讲话，但舆论引导同样没有破解"为何厦门不行古雷就行"这一支持公众风险判断的逻辑悖论。

他的讲话反而激发了群众，"我是学化学的，我［曾］是化学老师，我认为没事情"。当时群众在铜陵镇的出口有零星的活动。他的讲话不应过分强调个人主观的东西，应该强调［公众］诉求，去管理诉求。他强调我是专家，你得听我的，群众认为你两三年就［调］走了。（媒体管理者）

在电视上说 PX 怎么好，稍微有点知识的人都知道，怎么好为什么跑到厦门去，厦门又跑到古雷来，那么好的东西人家一般都会要。［电视演讲效果好吗？］反作用。本来还没那么激烈，他演讲一下，老百姓气愤的程度被调［动］起来了。（中学教师）

宣传官员试图用个人的专业知识与可信度来应对环境不公正这一价值层面的议题。基于知识分类模式（Funtowicz & Ravetz，1985），德国风险传播学者雷恩（Renn，2010：244）总结了风险争议从低到高包含的三个层次：事实证据与概率；机构表现、专业技术与经验；世界观与价值体系的冲突。第一层次的争议涉及危险发生的概率与潜在的伤害强度；第二层次是公众对风险管理机构的可信度与风险应对能力的争议；第三层次是关于社会价值观的争议。风险冲突的解决方式应该按照风险争议的层次而有所不同；只要价值观议题没有解决，即使拥有最好的专业知识或最强大的机构能力都不能克服社会、文化与政治价值冲突（Renn & Klinke，2001：248）。然而风险管理的一个误区是将高层次争议当作低层次争议处理，特别是使用技术证据去应对公众的价值观诉求。当宣传官员借助技术话语与个人可信度去说服公众时，本身隐含政府是理性的而公众是非理性的，更何况他的言论没有回应公众的环境正义诉求，因而容易引发公众反感。相形之下，诉诸情感在特定情境下不失为更好的说服策略,在群体事件发生的当晚,电视台播出了县委书记的讲话。

> 县委书记讲话,我觉得有作用,发自肺腑的……近八点播,当天晚上播的,播了[群众]就散了。主要表示无奈,不是建在我们县里,建在隔壁,作为县委书记无能为力。主要是感慨,承诺反映民意,他其实也不希望这样,10分钟左右,要尽量自己去发展自己的……书记对东山做贡献很大,老百姓认可他。
> (记者)

雷恩与莱文(Renn & Levine,1991)按复杂性与抽象度将信任分为五个层次:对信息的信任、对传播者的信任、基于信源感知对机构的信任、基于机构表现对机构的信任、信任的社会政治气候。他们认为,低层次信任的持续流失最终导致高层次的不信任,同样高层次信任也对低层次信任的维护有调节作用。上述话语说明传播者本身的可信度可在一定程度上弥补他所代表机构的可信度缺失。同时在危机传播中,地方政府罕见地表现出弱势而不是强势,承认在跨区域风险分配中,在现行的行政决策与管理体制下心有余而力不足,但县政府并不会因为自身弱势而对环境正义诉求置之不理,相反会向上级政府反映民意。这样的应对策略最终引起公众的情感共鸣,说明当风险演化为危机时,表达对公众诉求的理解,在公众的情绪框架内选择话语策略,可能比诉诸理性更加有效。这与"温州7·23动车事故"的危机传播非常相似:铁道部发言人面对记者诘问为何匆忙掩埋损毁车厢时,竭力证明铁道部的做法合理,而且以个人信用担保,引起记者与网民反感;

相反，当时的温家宝总理在面对死难者家属的投诉时，表达的是同情、理解、歉意、安慰，并承诺彻查事故原因，有效安抚了家属的激动情绪。

2013年10月古雷PX开始运行后，一些受访者表示偶尔在铜陵关帝庙附近闻到过异味，因而认为未来风险将持续而非减弱，一旦发生事故，群集行为的可能性依然存在。然而就地方媒体在环境信息公开上所应扮演的角色，记者的观点与政府部门的意图之间存在张力。一个例子是县环保局刚刚修建了大气观测点，但监测数据"通过自动站传到省站，全省联网，有问题异常由省里发布，一般不会向公众发布"。电视台原计划播出观测点运作的消息，让技术员介绍它的功能，但由于环保局"有不同意见"，最终消息改成简讯播出。地方环保部门的传统思维与异地监督的困难影响了电视台在满足公众环境知情权上的积极性。

> 这个项目属于敏感项目，可能领导层面认为不要刺激老百姓……堵疏结合，我们现在更多的是堵，疏比较少。（媒体管理者）

> 我们现在少播［PX新闻］了，要播就市里［播］，［企业］不在我们的地域也采访不到，所以我们基本不碰，如企业如何排污的，因为它不接受采访。（记者）

五 作为传播"社会站"的地方学校

铜陵镇有四所中学，2008年年初部分中学生也卷入了环境群体事件。一位受访的大学生称，当时自己还在念初中，"看到这么多人上街,问怎么回事,听后很激动就加入了队伍;老师还去现场,打电话给家长让家长领我们回去"。另外几名学生反映有人给他们发传单,宣传 PX 对身体与生育的危害。学生卷入群体事件同样需要心理铺垫:首先,当时东山流传"PX 闻了就死"(PX 读音接近闽南语"闻了死"),学生正义感较强,并有较高的政治自我效能感,相信参与行为能够改变现状;其次是相关产业害怕违法,因而借助学生表达诉求;其三,学生没有社会阅历,成年人需要观望,而学生一般没有顾忌。还有一些学生参与群体事件掺杂了厌学与从众心理。

  同学间很轰动,一直说 PX 项目会破坏我们东山的环境,而我们的家长基本都是靠海吃饭的,就很愤怒。然后同学之间互传小字条,约好一起去参加"散步"。我觉得我有责任保护自己的家园和家人的安全。(当年的学生 W)

  [我们]一是不想上课,图个热闹;二是看到传单上的内容,也十分气愤,希望能够出力改变局势。而且身边的人都去了,从众心理也有吧。(当年的学生 C)

  家里孩子很小,也不会去参加。但我孩子的同学他们好多也都参加了。那是小孩子跟着大人走的,最主要的是看热闹的心态。(事业单位经理)

  当时我还在读高中,我们老师护送我们去上课,开着摩托车,前面一个、中间一个、后面一个,不去上学要父母签字。(鱿鱼加工场老板娘)

学生与教师受访者都反映有些学校对学生管控较严，但也有少数教师默许学生"随波逐流"。学校作为风险传播的"社会站"，其减轻学生风险感知的能力取决于作为"个人站"的教师对风险的判断、阐释以及对组织使命的执行程度，然而教师首先也是跨区域环境风险的潜在影响者。一位中学教师表示听到PX要落户古雷时并不觉得恐惧，认为有影响也要在多年以后，那时候孩子已经到外地求学或工作。但同时他对健康与饮食的潜在威胁表示不满，强调鱼是餐桌上的主要食物。这种矛盾说明居民不仅根据共享的地理与文化脆弱性，而且根据自身能力是否能够克服这种脆弱性即自我效能来判断风险。心理学家班杜拉（Bandura，1986）将自我效能视为相信自己有能力控制影响自身福利的事件。对这位教师来说，风险对下一代的影响是可控的，但风险对自身健康与饮食的影响是不可控的。因此，当他们被要求到堵路现场去劝阻学生时，一些教师的态度反映了个体能动性与组织规范之间的张力。

　　学生能不能［行］动，跟老师的引导关系也很大，因为他毕竟平时跟老师在一起。跟他讲［道理］，不能保证100%，30%—50%不去还是有的。但老师好像只做了应付式的工作，上面布置下来，没有真正做到劝到越少人去越好。［这种态度当时是否主流？］主流……安排下来说一定要制止学生什么的，校方比较重视，我们普通老师不重视。（中学教师）

　　当时几乎东山人都收到一条写有时间地点的号召"散步"的短信，前一天晚上班主任打电话给每个家长说看好孩子，不过还是有相当一部分同学去了。"散步"那天我们有上课，有的

老师让我们不要去凑热闹，有的老师有点默许我们放学了去喷油漆、贴纸条，不过让我们注意安全。(当年的学生 C)

六 作为传播"社会站"的居委会

铜陵镇有 11 个社区，与全国各地一样，居委会要承担维稳功能。社区实施网格化管理，即按照街巷将社区划分为多个网格，每位社区管理者负责一个网格的信息收集与群众工作，包括计生、维稳、调解纠纷等，每周两次收集信息。每个网格配两名小组长，由热心社区工作的老年居民担任，这些人"威信较高、与群众关系较好，更重要的是对居委会忠诚"。在群体事件发生前，社区成为劝阻群集行为的"前沿阵地"，然而即便这样看起来缜密的信息收集与面对面劝服机制，群体事件的触发与规模也出乎社区管理者的预料。

每家每户入户宣传，把 PX 跟我们生活息息相关的东西跟他们说一下，比较有苗头的群众多走动……上街之前没有预料到会有这么大的动作，因为有时候社区工作人员群众会避着你。就像你当老师的话，学生不会在你面前说你怎么样。(T 社区管理者)

这些宣传有没有功效不知道……全铜陵五万人口，工作人员有限，一天只能走几户人家。我们那时入户的对象，最担心的人优先入户，主要是从事渔业生产有关的人。(社区管理者)

上述话语道出了居委会在风险沟通时所遇到的障碍：(1) 在信息输入上，居民之间的议论与邀约绕开了社区信息收集者；(2) 面对面劝服工作量巨大，超越居委会的能力；（3）尽管居委会选择重点人群进行说服，但后者表面的沉默或允诺并不意味着内心认同。此外，虽然居委会承诺向上传递居民诉求，但居民并不信任正式渠道的组织传播效力，正如一位当地警官分析居民为何选择群集行为表达诉求时说："我闹了，政府会来找我；我不闹，你会不听。"然而社区管理者本身也是当地居民以及环境风险的潜在影响者，她们对居民的动向不会真的一无所知。一位坦率的社区管理者流露出个人倾向与组织规范的冲突："2008年时，我个人很不满，但行为与思想背道而驰"，"沟通方面，一级压一级，你们也懂的"。在群体事件发生前几天，群众情绪激昂，社区管理者不敢在白天上门劝阻，怕被群众视为"反对派"而受到孤立甚至引发冲突。

> 我们下半夜发传单，每天传单的内容不一样，有时听到动静，女孩子会很怕，狗叫声令人毛骨悚然。那时候跟做贼一样，不能有正面冲突，正面反而会激发情绪。（T社区管理者）

> 我们还半夜去发传单，公安局也跟我们出去。白天不敢去，因为当时居民虽然也不反动，可能心理也有一些波动。（W社区管理者）

社区管理者面对说服对象的挑战，自身也缺乏底气。一位受访者坦承当时自己拿着宣传单，跟居民说PX无害，并已通过环评，遇到居民反驳时，自己也"半信半疑，但是作为职业身份又不好跟他们说"。她们最擅长的是了解说服对象的社会关系，利用社会关系去做思想工作："找到这些人的性格、人脉关系，旁敲侧击，有时不一定听亲戚的，却听朋友的话。"但她们从未意识到要从区域环境容量着手去劝服公众，更没有权力回应公众的环境正义诉求，风险传播的困难远远超越了她们的工作经验、专业知识、社会权威与权力边界。

七　结语

从宏观的社会语境看，铜陵公众从放大环境风险到诉诸群集行为表达环境诉求，是化工产业转移与跨区域风险分配联合作用的产物。产业转移意味着风险转入地政府想为"污名化"的项目正名，却难以破解有关项目安全性的逻辑悖论（既然是安全的，为何要转移），它同时还牵涉到发达地区与欠发达地区在承担高风险项目上的公正分配议题。跨区域环境风险涉及受影响地地理与文化上的脆弱性、风险源属地与受影响地在风险—收益上的公正分配，以及公众对企业与监管者的信任。可以说，地理与文化脆弱性、技术安全缺乏科学共识、风险分配的不公正，以及公众信任的缺失是铜陵群体事件演进的前提条件，回应或解决这些议题本身超越了基层组织的能力与职权范围。

从中观的风险传播视角看，各类基层组织的传播行为在环境群体事件的演进中扮演了重要角色，但其作用机制各不相同。由于地方利益集团的生产方式脆弱性与当地公众的生计脆弱性高度关联，前者的社会动员有效强化了公众既有的高风险感知，成为推动群体事件演进的关键力量。地方政府期待当地媒体、学校与居委会等基层组织通过新闻报道、教师管控、入户宣传等方式减轻公众的风险感知，劝阻公众参与群体事件，然而效果有限。电视台与居委会的宣传强调技术安全性，却未能破解产业转移与项目安全性的逻辑悖论，更无力应对公众的环境正义诉求。说明在公众参与程序与风险补偿措施缺失的情况下,崇尚技术理性、自上而下、以单向说服为目标的风险传播模式难以扭转公众对风险的"选择性理解"。

从微观的个体行为动机看,除了感受到的脆弱性,当地公众的政治自我效能也是事件演进的动力,这在未经世事的中学生身上特别明显,而且厦门市民成功抵制该项目的先例增强了铜陵公众对政治自我效能的信心。本章同时关注既受到职业规范约束又受到能动性召唤的组织成员在这起事件中的表现,以及这种身份冲突如何影响基层组织的社会风险控制力。记者、教师与社区管理者作为组织成员承担了劝阻群体事件发生的任务,但他们本身又是跨区域风险的潜在影响者与环境正义的追求者,这种个人价值观与组织规范的冲突削弱了部分成员对组织传播使命的认同与执行力,"应付"危机更胜于"应对"危机,弱化了组织传播的效力,提醒风险管理者应充分考虑到特定语境中组织传播的局限性,转变"重堵轻疏"的危机管理理念。

古雷 PX 属于典型的"点源"(point-source)跨区域风险,即风险源能够被清晰确认,受影响地的公众知晓威胁具体来自何处(Kasperson & Kasperson,2001:214)。这类风险虽然容易被放大,但由于源头清楚、受益者与风险承担者泾渭分明,因此也是最容易治理的跨区域风险类型。东山环境群体事件虽然已经过去多年,但当地居民的环境正义诉求并未退却,他们对企业自控与风险监管者的不信任更是随着古雷 PX 风险事故的频频发生而日益凸显。保证环境监测与信息公开的常态化,建立政府间风险沟通与跨区域应急响应机制,授权地方媒体在舆论监督中扮演重要角色,应成为当下风险治理的重要目标。

第九章

环境正义与跨区域风险的治理

基于能源结构调整、劳动力成本上升、公众环保意识增强等因素,高风险产业从发达地区向欠发达地区转移在我国正迈入高增长期。然而产业转入地居民基于种种原因可能放大由此带来的环境风险,产生抵触情绪,甚至演化为环境群体事件。以福建省漳浦县古雷化工园区为例,那里是包括厦门 PX 项目在内的众多化工企业的转入地。前期研究发现在 2014 年 6 月之前,在古雷镇没有出现环境诉求导向的群体事件(即便 2013 年 7 月 PX 项目发生"闪燃"事故),表现出风险的社会减轻迹象。然而与之一水相隔的东山县铜陵镇却在 2008 年年初发生了环境群体事件,表现出风险的社会放大迹象。两镇居民迥异的反应意味着风险感知影响因素的复杂性。

古雷 PX 项目属于产业转移带来的"点源跨区域风险",即风险源在古雷，但由于潮流与风向的影响，一旦发生重大环境事故，其影响可能扩散到东山县铜陵镇。风险传播学者卡斯帕森夫妇（Kasperson & Kasperson，2001：222—226）认为，公众放大此类环境风险有两个重要因素：公众信任与环境公正（environmental equity）。环境公正（environmental equity）与环境正义（environmental justice）是两个相近的概念，前者倡导平等分享风险负担与收益，并不强调风险负担本身的减轻（Lavelle，1994），后者则倡导采取措施阻止强加给特定人群的环境危害发生（Bullard et al.，2007：7），保证受威胁群体的信息权、听证权与补偿权（Capek，1993）。本次研究基于2014年7—8月对东山县铜陵镇居民的深度访谈与问卷调查，探索环境正义诉求在当地居民风险反应中所扮演的角色，从公众风险阐释框架与政府传播应对框架的错位解释环境群体事件演进的动力，进而从风险传播的视角寻求破解高风险产业转移过程中一建就闹、一闹就停的"什邡困局"。

一 文献回顾与研究假设

"环境正义"一词发端于20世纪80年代初开始的美国环境正义运动，后者抗议地方性的环境与健康风险被不成比例地施加在经济落后或少数族裔社区。1983年，美国审计总署（General Accounting Office）提供了显示风险分配与社会经济地位相关性的首份政府数据，引发了多个聚焦环境不正义的实证研究。较为著名的是1987年美国联合基督教会种族正义委员会（United Church of Christ Commission for Racial Justice）的报告，它显示种族是有毒废弃物设施的最显著变量，证实了环境歧视的存在。美国环境正义运动之父罗伯特·布拉德（Robert Bullard，1990：21—36）也发现技术危险更多地位于少数族裔社区且得不到适当补救。他发明的"牺牲区域"与本杰明·查维斯（Benjamin Chavis）发明的"环境种族主义"等话语成为推动公民运动的重要力量（Cox，2010：268）。1993年美国环保署成立环境正义顾问委员会，以及1994年克林顿政府通过行政命令要求联邦机构减少对少数族裔与低收入人口施加环境影响，标志着环境正义的制度化。

尽管如此，有一种声音认为有害设施并非有意选址在贫困与少数族裔社区，并且有些社区是由于富裕人口迁出而形成了风险分配的不公正（Cutter，2006：264）。一些实证研究也挑战环境不正义存在的结论，如刘（Liu，1996）研究了纽约与费城臭氧污染下风带的人口分布，发现高收入家庭与白人的比例比风险源区域更大，也没发现富人"用脚投票"的证据。科特（Cutter，2006：263—368）审视了这些实证研究结论不一致的原因：有毒设施的地理位置、特定的环境威胁、分析人口的地理范围、亚人群的选择、社区人口变化的时间框架等，量化研究在统计上述变量上的不一致会得出截然相反的结论。

近年来，我国学者也开始考察国民的环境风险负担与社会经济地位之间的关系。龚文娟（2014）以北京、重庆与厦门为例，确认了低社会经济地位者居住在距离大型垃圾处理设施3公里范围内的可能性和遭受的环境风险，高于高社会经济地位者。除风险的身份性转移外，风险的地域性转移同样引发社会关注：如长期呼吁慎重开发怒江梯级水电的中央人民广播电台记者汪永晨转述过一位当地农民的愤慨:"你们北京有了霾要清洁能源就让我们金沙江的农民埋单。"① 城市按照"方便原则"将未经处理的固体废弃物堆放在田野,或按照"最小抵抗原则"将高风险企业迁建到农村(郭琰,2007),是风险在身份性与地域性上的双重转移;城乡二元社会结构被视为我国环境正义城乡失衡的主要原因(朱力、龙永红,2012)。反映在符号表征上,我国的环境报道框架也在经历从环境保护、健康维权到环境正义的演进(郭小平,2011)。

如同风险是客观事实还是社会建构的争议一样,上述环境正义的研究路径试图证明与社会经济地位相关的环境不正义的客观存在,另一条路径则把焦点转为社会经济地位对公众风险感知的影响。克劳夫等人(Kalof, et al., 2002)发现西班牙裔美国人比白人更倾向环境价值观。使用焦点群体,泰勒-克拉克等人(Taylor-Clark, Koh & Viswanath, 2007)发现低收入与少数族裔社区更关心当地环境(如水质)对健康的影响,并且将环境种族主义视为社区健康问题的一个重要原因。有些学者强调风险属性是重要的中介变量,黑人更关注邻近社区的环境问题(Evans et al., 2002),而白人更关注臭氧空洞与全球气候变化对健康的影响(Mohai & Bryant, 1998)。与少数族裔有更高的风险感知相对应的是"白人男性"现象:弗兰恩等人(Flynn, Slovic & Mertz, 1994)发现,在所有亚群体中白人男性对 25 个环境健康风险的感知度最低。此后,其他学者也相继证实在多种环境与健康风险感

---

① 汪永晨:《2013 江河十年行之十三:北京灰霾金沙江人埋单》,2013 年 5 月 8 日,搜狐绿色(http://green.sohu.com/20130508/n375253364.shtml)。

知上，清晰存在"白人男性"现象（Jones，1998；Satterfiled，Mertz & Slovic，2004）。究其原因，人们往往基于自身社会地位感知自然与技术风险，在存在环境风险的技术与行为上，白人男性处在创造、管理、控制与受益的地位，因此比弱势人群更容易减轻风险（Flynn，Slovic & Mertz，1994）。

对风险传播而言，"不正义的经验证据可能不如当地对这个议题的感知与敏感来得更为重要"（Cutter，2006：268），因为它要应对的是公众基于自身弱势地位而感知的环境不正义，以及由此产生的对其风险反应的影响。在围绕东山环境群体事件动力与机制的深度访谈中，受访者最常说的一句话是"为何厦门不行古雷就行"，隐含了对环境风险从中心城市向渔业乡镇转移的不满。多位受访者在谈到公众抵制最终未能改变现状时透露出无力感："我们这边没有权威，最后政府想怎样就怎样""厦门大城市，大家一响应，媒介压力大""厦门举足轻重，东山只是一个小岛，力量太小，只有一个镇在反对""厦门没成，化学院士出面做这个事情"。这些话语反映了铜陵居民认为小城镇能量小、缺少话语权、没有专业权威与媒介权力支持，因而被强加了大城市所驱逐的风险的不忿。当地政府虽然在电视报道、入户说服与重点人群沟通中做了大量工作，却多聚焦在宣传 PX 的安全性与实用价值，最终未能阻止群体事件的发生。本章由此就环境正义意识在东山群体事件中可能扮演的角色，提出如下假设：

H1：当地居民环境正义意识越强，对 PX 环境风险的判断越严重。

H2：当地居民环境正义意识越强，对 PX 环境风险的接受度越低。

H3：当地居民环境正义意识越强，越反对"邻避"。

H4：当地居民环境正义意识越强，通过"散步"表达环境诉求的倾向越强烈。

二　研究方法

东山县铜陵镇与漳浦县古雷镇分别位于东山湾的东南面与东北面，两镇隔海相望，地理位置的接近使得古雷半岛的物资补给甚至会取道铜陵镇。由于厦门市民的"散步"抵制，2007年12月福建省政府宣布迁建厦门PX项目。2008年年初迁址古雷半岛的消息引发了东山县铜陵镇较大规模的环境群体事件，当地人称"2·29事件"。铜陵镇共有人口约5.4万，支柱产业为捕捞业、水产加工业与养殖业，素有"一渔兴九商"之称。基于对海洋资源与环境的严重依赖，其经济方式具有高度脆弱性。旧镇范围内捕捞业、养殖业等传统产业人口居多，新镇以二、三产业人口居多。我们采取配额抽样方法，首先按照一级与二级街道将铜陵镇分割成52个居民区，其中旧镇区24个，新镇区28个。随后随机在旧镇区抽取6个居民区、在新镇区抽取7个居民区，每个居民区按照一定的性别、年龄比例发放问卷30份，共发放390份，回收有效问卷356份，有效率91.3%，样本的性别、年龄、学历分布详见表9-1。我们还深度访谈了36名当地居民，其职业涉及渔业行政、水产加工、旅游、宣传、环保、医疗、公安、教育、社区管理等，以补充问卷调查的不足。

表 9-1　　　　　　　　　样本的人口学特征

	总体(n=356)	新镇(n=185)	旧镇(n=171)
年　龄	38.99±13.41	38.34±14.31	39.68±12.37
性　别			
男　性	164	78	86
女　性	192	107	85
受教育水平			
小学及以下	43	19	24
初　中	57	20	37
高中或中专	105	49	56
大专及以上	145	96	49

我们将受调者的人口学特征、媒介接触习惯、对风险特性的直觉判断、对政府信任度以及环境正义意识作为自变量，输入多元回归方程，考察对当地居民的风险感知、态度与行为倾向有预测效应的主要是技术安全、公众信任，还是环境正义意识，以理解政府的风险传播应以何种信息框架应对公众诉求。在环境正义意识的测量上，沙特费尔德等人（Satterfield, Mertz & Slovic, 2004）将环境正义视为少数族裔社区看待环境风险的意识形态框架，其相关话语为问卷调查设计提供了可行资源。在他们的研究中，受调者被邀请评价下列陈述以测量其对环境正义的敏感程度：（1）我认为危险设施在少数族裔社区更加普遍；（2）由于经济原因，少数族裔社区比起非少数族裔社区被迫接受更多工业污染；（3）少数族裔缺少阻止有害设施选址在社区附近的政治影响力；（4）政府应该限制有害设施落户在少数族裔社区。研究发现受调者对环境不正义现状评价的

强烈程度，与他们对环境风险的高度感知紧密相关，说明对不正义的主观经验处在风险感知的中心（Satterfield，Mertz & Slovic，2004）。我们参考上述题目，使用李克特 6 点量表测量铜陵镇居民对环境风险分配正义与否的感受程度（1＝极不赞同，6＝完全赞同）：

（1）欠发达地区的高风险项目数量多于发达地区；

（2）为了经济发展，欠发达地区被迫接受更多的工业污染；

（3）欠发达地区缺乏政治影响力去阻止高风险项目建设；

（4）政府应该限制建在欠发达地区的高风险项目数量。

然而沙特费尔德等人也承认，以上指标可能不足以描述环境正义的构成。显而易见，上述指标将环境正义定义为环境风险负担的分配正义。这一定义可以追溯到美国哲学家罗尔斯（2010）的《正义论》，它聚焦社会物品分配中的理想化原则。然而政治学者斯葛罗斯堡（Schlosberg，2007：4—5）却指出将环境正义理解为分配正义的狭隘性，当代政治学理论已经从程序不正义以及对弱势群体价值的不认可去理解分配不正义产生的根源。比如杨（Young，1990：22）认为分配不正义的部分原因是社会结构、文化信仰、符号表征与制度背景中缺乏对群体差异的尊重与认可，然而正义概念的发展并未在环境正义文献中得到完整体现。美国政治学者南希·弗莱舍（Nancy Fraser，1998；2000）同样认为，对弱势群体的不尊重根植在表征、阐释与传播结构中，尽管它是一个相对独立的领域，却与经济不平等紧密关联。弗莱舍强调不认可是社会从属关系的制度性条件，而霍尼斯（Honneth，1992）更关注社会文化贬低对个体的心理伤害，因为个体的自我评价往往来自他人的认可。斯葛罗斯伯格则认为，不认可既是社会结构，又是个人体验，二者并不相互排斥（Schlosberg，2007：19—20）。基于个体经验是社会结构的内化，我们通过三个题目来测试受访者对自身所属群体的评价（1＝极不赞同，6＝完全赞同），以考察社会文化中的认可不正义对公众风险反应的影响：

（5）欠发达地区的民众意见没有什么价值；

（6）欠发达地区的民众多数是无知的；

（7）欠发达地区的民众缺乏权利意识。

要消除分配与认可上的不正义有赖于程序正义，它是一个国家公平与平等的制度化，是社会物品的公平分配以及打破社会不认可条件的政治过程（Schlosberg，2007：25—26）。民主参与既是社会正义的构成要素，也是社会正义实现的条件（Young，1990：22）。与程序不正义相对应的是公权力的膨胀与难以避免的环境抗争（吴金芳，2013）。弗莱舍更是彻底地将程序正义整合到正义理论中，认为参与机制能够改善其他形式的不正义，反过来平等参与同样需要分配与认可正义这两个前提条件：资源的公平分配以保证所有参与者发出独立的声音；所有参与者的表达获得同样的社会尊重（Fraser，1998）。我们用两个题目来测试公众的程序正义诉求（1＝极不赞同，6＝完全赞同），以考察它对风险感知、态度与行为倾向的预测效应：

（8）高风险项目落户前没有必要征得当地民众同意；

（9）当地民众没有必要参与环境风险评估。

上述三组陈述在内涵上互为条件而非排斥关系，本章通过主成分分析法对这9个测量公众环境正义意识的变量进行因子分析，得出三个特征值大于1的因子。采用最大方差法进行因子旋转，得出旋转后的因子成分矩阵（见表9-2）。按照变量在每个因子中的载荷，这三个因子分别被命名为分配正义因子、程序正义因子与认可正义因子，用于回归分析，因子分析的 KMO 值为 0.713，Bartlett 球形度检验显著度 p<0.001，三个因子共解释了 65.7% 的方差。

表9-2　　　　　　　　　　旋转后的因子成分矩阵

	Component 1	Component 2	Component 3
(1)欠发达地区的高风险项目数量多于发达地区	0.741	−0.066	0.139
(2)为了经济发展,欠发达地区被迫接受更多的工业污染	0.820	0.048	0.125
(3)欠发达地区缺乏政治影响力去阻止高风险项目建设	0.825	−0.067	−0.064
(4)政府应该限制建在欠发达地区的高风险项目数量	0.712	−0.171	−0.071
(5)欠发达地区的民众意见没有什么价值	0.306	0.370	0.534
(6)欠发达地区的民众多数是无知的	0.002	0.349	0.742
(7)欠发达地区的民众缺乏权利意识	−0.040	−0.130	0.835
(8)高风险项目落户前没有必要征得当地民众同意	−0.047	0.855	0.048
(9)当地民众没有必要参与环境风险评估	−0.215	0.842	0.164
解释的方差	28.361	19.498	17.841

三　研究发现

多元回归分析显示（见表9-3），分配正义因子对受调者的环境风险感知有较为显著的预测效应，即受调者越认为欠发达地区比发达地区承担了更多的环境风险，其风险感知就越强烈（β=0.14，

$t=1.99$, $p<0.05$)。然而程序正义因子与认可正义因子对风险感知却无预测效应。受调者是否有阅读报刊的习惯（$\beta=-0.16$, $t=-2.37$, $p<0.05$），以及是否有通过传统媒体（电视、报纸、广播）获取本地环境信息的习惯（$\beta=-0.16$, $t=-2.16$, $p<0.05$），对其环境风险感知也有一定的预测效应，有上述习惯的受调者比没有上述习惯的受调者，其环境风险感知更小。此外，信任政府能力的程度对风险感知有显著的预测效应（$\beta=-0.24$, $t=-3.07$, $p<0.01$），受调者越相信政府有能力控制PX事故发生，其对环境风险的判断就越轻。

程序正义因子对受调者的PX环境风险接受度有非常显著的预测效应（$\beta=-0.25$, $t=-3.98$, $p<0.001$），受调者越认为他们应该参与高风险项目的评估并且只有征得他们同意才能落户，越不能接受风险。认可正义因子对风险接受度也有显著的预测效应（$\beta=-0.15$, $t=-2.73$, $p<0.01$），受调者越认同欠发达地区公众的身份与价值，越不能接受风险。相比之下，分配正义因子对风险接受度没有预测效应。数据还显示，性别是环境风险接受度的显著因素，女性比男性接受风险的阈值更高（$\beta=0.17$, $t=-2.91$, $p<0.01$）。受调者对科学家是否清楚PX技术特性的直觉判断，对其风险接受度有非常显著的预测效应（$\beta=0.21$, $t=3.29$, $p<0.001$），即技术安全性越没有争议，风险越能被接受。此外，受调者越相信地方政府理解他们的环境关切，越能接受风险（$\beta=0.20$, $t=2.38$, $p<0.01$）。

程序正义因子对公众的"邻避"态度也有显著的预测效应（$\beta=0.19$, $t=2.93$, $p<0.01$），受调者越有参与环境评估与决策的

意愿,越不赞成"高风险项目只要不在我家附近,建在哪里都无所谓"的观点。而分配正义与认可正义因子对此都没有预测效应。性别($\beta=-0.13$,$t=-2.06$,$p<0.05$)与受教育程度($\beta=-0.14$,$t=-1.99$,$p<0.05$)对受调者的"邻避"态度均有较显著的预测效应,女性比男性更不赞成"邻避",教育程度越高越不赞成"邻避"。此外,受调者越关注国内环境状况($\beta=-0.17$,$t=-2.70$,$p<0.01$)或者越认为PX无技术安全争议($\beta=-0.15$,$t=-2.15$,$p<0.05$),越不赞成"邻避"。

在是否通过"散步"表达环境关切上,程序正义因子同样具有显著的预测效应($\beta=-0.19$,$t=-2.71$,$p<0.01$),受调者参与风险评估与决策的愿望越强烈,越可能通过"散步"表达环境诉求。但是分配正义与认可正义因子却无此预测效应。此外,受调者是否使用互联网对其表达环境关切的行为方式也有显著的预测效应($\beta=-0.19$,$t=-2.68$,$p<0.01$),即网民比非网民更不会参与环境群体事件。

表9-3　公众风险感知、态度与行为倾向的多元回归

	风险感知		风险接受		邻避态度		"散步"倾向	
	β	T	β	T	β	T	β	T
人口学特征								
性　别	0.04	0.63	0.17	2.91**	−0.13	−2.06*	−0.05	−0.84
学　历	0.05	0.59	0.01	0.09	−0.14	−1.99*	0.13	1.65
区域(新镇/旧镇)	0.07	1.05	−0.07	−1.17	−0.07	−1.10	−0.01	−0.16

续 表

	风险感知		风险接受		邻避态度		"散步"倾向	
	β	T	β	T	β	T	β	T
媒介使用习惯								
网络使用	0.03	0.39	0.00	0.07	−0.05	−0.77	−0.19	−2.68**
报刊阅读	−0.16	−2.37*	−0.02	−0.25	0.03	0.50	−0.11	−1.73
通过网络关注本地环境	0.06	0.73	0.00	0.02	0.01	0.09	0.00	0.04
通过传统媒体关注本地环境	−0.16	−2.16*	0.03	0.45	−0.11	−1.60	0.05	0.68
关注国内环境报道	0.07	1.05	−0.08	−1.40	−0.17	−2.70**	0.09	1.38
对风险特性的直觉判断								
PX风险致命还是非致命	−0.02	−0.22	0.09	1.17	0.00	0.05	−0.11	−1.34
PX风险是否影响下一代	−0.08	−0.91	0.11	1.36	−0.11	−1.25	0.14	1.59
PX风险事故是否可以预防	−0.02	−0.26	−0.08	−1.30	−0.05	−0.70	−0.09	−1.41
科学家是否清楚PX风险	0.02	0.20	0.21	3.29***	−0.15	−2.15*	−0.07	−0.95
公众信任								
政府有能力控制PX事故	0.24	3.07**	−0.02	−0.24	0.10	1.29	0.08	1.08

续　表

	风险感知		风险接受		邻避态度		"散步"倾向	
	β	T	β	T	β	T	β	T
政府主动公开监测信息	−0.06	−0.71	−0.10	−1.27	0.10	1.24	0.06	0.65
政府监测信息客观公正	0.05	0.58	0.06	0.87	−0.04	−0.49	0.09	1.34
政府听取所有代表性意见	−0.03	−0.34	0.08	1.14	−0.04	−0.61	0.13	1.82
政府理解公众环境关切	0.11	1.15	0.20	2.38*	0.07	0.83	0.02	0.23
政府官员行为表现出善意	−0.15	−1.58	−0.09	−1.04	−0.0	−0.04	−0.10	−1.11
政府持续监测环境影响	−0.09	−1.23	0.01	0.22	0.03	0.46	0.00	0.00
环境正义意识								
分配正义因子	0.14	1.99*	0.05	0.83	−0.09	−1.33	0.09	1.37
程序正义因子	−0.05	−0.66	−0.25	−3.98***	0.19	2.93**	−0.19	−2.71**
认知正义因子	0.05	0.79	−0.15	−2.73**	0.09	1.52	−0.07	−1.09
R2	0.14	0.32	0.29	0.18				

注：*$p<0.05$，**$p<0.01$，***$p<0.001$

四　讨论与结论

本次研究区分了本体论与认识论层面的环境不正义，即环境不正义是否客观存在以及公众对环境不正义的感知，探讨后者对产业转入地公众风险反应的影响，以及对地方政府风险传播的启示。总体而言，环境正义意识对各个层次的风险反应都显示了不同程度的预测效应，不仅可能导致产业转入地公众放大环境风险，而且可能抵制风险、要求"邻避"，甚至诉诸群体事件，因此支持了本章提出的四个假设。但环境正义意识的不同构成对风险反应的作用机制存在差异。分配正义意识仅与风险严重程度的判断有关，与风险接受度、"邻避"态度以及激进行为倾向没有明显关系；而与公众是否接受PX项目、支持"邻避"以及通过"散步"表达环境关切显著相关的却是程序正义诉求。这些发现意味着地方政府的风险传播应当围绕公众介入环境风险评估与决策而组织相应的传播战略与策略，以程序正义为目标的风险传播虽然难以改变公众对风险严重性的判断，但可能影响他们是否接受高风险项目，以及是否诉诸激进行为。由于大型高风险项目的产业转入决策往往由省或地级市政府做出，在县政府的行政权限范围内，风险传播无法应对产业转入带来的分配不正义，却可以通过公众参与协商风险监测、信息公开、风险预警、应急反应等跨区域风险沟通事宜以及风险补偿事宜，并向省、市政府反映与争取这些权利，保障公众与风险从容相处，而程序正义的前提是风险管理者对当地公众经验、智慧、价值与权利的认可。

相比而言，铜陵公众对PX风险是否"可怕"与"未知"的直觉判断总体上与风险反应缺乏相关性。一方面，公众关于风险事故是否致命、是否影响下一代、是否可被有效阻止的直觉判断对其风险认知、态度与行为倾向都未显示预测效应，说明当地公众并不依赖自身对上述技术特性的判断而做出风险反应。而对风险传播有启示意义的是，公众越觉察到科学界在PX安全性上存在共识，越倾向于接受风险与反对"邻避"，说明首先在专家公共领域形成对某项技术、产品或项目安全性共识的重要性。然而在经历了厦门大学化学院士的挑战与随后大众传媒的广泛质疑后，要洗白PX的技术污名超越了地方政府的能力，即便2013年央视与《人民日报》先后为PX正名，在网络上留下的依然是意见极化的形象。在东山环境群体事件发生前，尽管居委会通过发放传单、入户说服以及社区广播宣传PX的安全性与它在日常生活中的广泛应用，一位官员甚至在当地电视新闻中声称自己有化学专业背景，要公众相信他对PX安全性的判断，但这些努力并不意味着科学共识的达成，因而可能无法产生预期的传播效果。

参考德国斯图加特大学风险学者奥特温·瑞恩（Otwin Renn，2008：223）对公众信任构成的操作性定义，本次研究从公众对政府的能力（有能力管控事故发生）、真诚（信息公开）、客观（信息无偏见）、公平（充分考虑所有相关意见）、共情（理解并团结潜在的风险受害者）、善意（传播行为表现出来的善意）、一致性（基于过去经验对其行为的可预见性）等七个方面的评价去测量公众的政府信任度对其风险反应的预测效应（参见表9-3）。然而除能力与共情外，其他公众信任的指标对风险反应没有显示预测效应。尽管公众越认可地方政府有能力控制风险事故，对风险的判断越轻，但古雷PX风险属于跨区域环境风险，当前行政体制下东山县政府无法实质参与对漳浦县风险源的排污监测与环境执法，两县之间也缺乏府际沟通与应急反应机制。因此虽然公众对政府能力的感知是公众信任的重要构成，受影响地的政府的风险传播却难以使用能力框架说服公众减轻或接受风险。相反，在风险传播中尽力让公众感受到政府理解公众的环境关切，即重视共情因素，在一定程度上有助于疏导公众情绪。在东山环境群体事件发生的当晚,县委书记在电视讲话中坦承县政府无力改变现状,但承诺向上反映民意,同时希望公众着眼于东山自身的发展,深度访谈的受访者普遍对讲话的安抚效果做了积极评价。但由于宏观社会背景中的信任气候会影响政府机构的信任度(Renn,2008:224),公众信任难以帮助地方政府在说服公众减轻风险感知上发挥关键作用。

比较以上三组变量(环境正义意识、对 PX 技术特性的直觉判断、公众信任)对公众风险反应的贡献,显然环境正义意识的预测效应最强,说明欠发达地区的公众主要以环境正义框架看待由中心城市转入的化工风险。这与国外的一些研究发现不谋而合。如沃芬(Vaughan,1995)讨论过种族与社会经济变量对风险传播过程的影响,认为这些定义传播语境的因素会影响公众对风险议题的阐释框架,特别是采用环境正义框架还是科学/经济框架,许多风险问题被弱势群体视为正义与公平问题,而非简单的技术、科学或经济问题。荷兰学者(Muradian,Martinez-Alier & Correa,2003)将风险负担与收益的分配不公视为秘鲁一个金矿项目引发社会冲突的原因,认为由于冲突性价值的存在,技术路径不能解决问题,除非风险决策机制引入民主参与。在对东山铜陵居民的深度访谈中,我们发现受访者频繁表达 PX 项目从厦门转入古雷给他们带来的不满与困惑。

> 原来建在厦门海沧,海沧都不能建。海沧与厦门跟东山与古雷距离差不多,海沧不行,古雷就行?(高中数学老师)

> 从城市到郊区移,如果大城市没问题,为什么要移?〔说

它]很好很好干吗[厦门]不留着、干吗要搬啊？（水产企业经理）

我们也跟老百姓去座谈。我们从下面去引导，全世界有同样的项目，从历史看那里多少年了都没事，当时的市长说PX会创造第二个漳州。[老百姓说]对东山人来说没受益，也不是没有道理的。这些问题我们就解释不了，我们就说我们再去问问看。没办法解释：为什么厦门海沧不行，古雷就行，这个问题很尖锐。回答不了，难道厦门人比较宝贝？[当时压力大吗？]那当然。当时作为一个普通老百姓说实在话很担心，但在群众面前不敢说担心。（地方官员）

主要是有厦门PX事件这个环节，大家觉得厦门都这么做，肯定不是好事。（公务员）

我们想，厦门人，这些高素质的、文化程度比较高的人不支持，那肯定是有道理的，肯定是伤害挺大的，放着那么高的经济利益不要。所以东山老百姓都是基于这个认识，至于PX究竟是何种危害、危害到什么程度，那是绝对不懂的。（事业单位经理）

以上话语包含两层含义：（1）好东西人们都会抢着要，文化程度高的厦门人反对PX项目落地，说明它肯定有问题；（2）被厦门人"驱逐"的高风险项目可以转移到古雷落地，难道中心城市的居民就高人一等？第一层含义是一些铜陵居民判断PX项目是否安全的基本逻辑，却是一种与专家与政府的说服方式迥然不同的逻辑。

尽管东山县通过邀请专家做讲座、地方电视台正面引导,以及前面提到的当地官员以专家身份向公众保证项目的安全性,但在一个总体上信任气候失常、专业权威受到挑战的社会大环境中难以破解这一朴素却有力的逻辑悖论(如果没有问题,为何厦门不要?)。事实上,这一逻辑也成为后来宁波、昆明、成都等地居民反对 PX 项目落地、使当地政府陷入"什邡困局"的重要依据。

"为何厦门不行古雷就行"的第二层含义反映了渔业村镇的公众对环境风险分配不公正的强烈感知,而且正如"白人男性"效应以及沃芬等学者所揭示的那样,处在政治、经济上弱势地位的社会群体会从自身的弱势地位去阐释风险分配不公正的原因。公众一旦感知到产业转移带来的风险分配不公正,并将它视为自身权利得不到公平对待的产物,这时如果没有程序正义去应对,相反代之以技术专家或政府官员自上而下、以说服为目标、采用技术安全框架的单向传播,那么不仅不能"对症下药",而且可能将话语权让给对环境高度敏感的利益集团(如房地产业、养殖业、水产加工业、海鲜贸易商等),在后者的社会动员下演化为环境群体事件。这位受访的东山官员谈及自己在群体事件初露端倪时曾经下基层入户宣传,遇到公众质疑"为何厦门不行古雷就行",坦承"问题很尖锐,回答不了",说明这一价值观议题在群体事件发生前虽然已被察觉,但并未成为县政府的应对框架。然而风险传播的一个重要策略是风险管理者的传播意图顺应公众的关注,它的第一步是发现沟通的最大公约数,即理解公众的诉求、找到共同语言。根据多年的调查,瑞恩(Renn,2008:244—247)认为公众对风险的争议可以概括为三个方面:(1)专业技术知识;(2)风险管理机构的经验、可信度与表现;

(3) 价值观与世界观。他认为风险传播不能以技术上的回应来应对价值观议题，价值观议题没有解决，再好的技术知识也不会被接受。然而一个常见的传播障碍往往产生于风险管理者使用技术框架去应对公众的价值观诉求，而环境正义就是一种价值观诉求。事实上，风险传播者可以智慧地使用参与正义来重新设定风险信息的框架，向公众解释已经根据当地语境认真考虑正义与风险暴露的议题（Satterfield，Mertz & Slovic，2004），更重要的是通过风险传播使公众看到政府正在落实程序正义。

研究发现性别对风险感知无预测效应，然而女性相比男性更倾向于拒绝风险与反对"邻避"。这与他们的环境正义诉求没有关系：根据独立样本 t 检验，男性与女性在所有环境正义的测试项上都没有呈现显著的差异性。有一种主流的解释强调传统性别角色对环境或经济偏好的决定作用，即男性以经济为中心而女性更在意家庭与儿童的健康（Hamilton，1985）。东山经济以捕捞、养殖、水产加工等为支柱产业，女性总体上在社会经济结构中处在相对弱势地位，然而这一严重依赖自然资源的产业结构对环境污染最为敏感，应该说男性更能感受到经济方式在化工风险面前的脆弱性，显然性别角色分工难以令人信服地解释本研究中女性接受风险的高阈值。在深度访谈中，我们了解到东山家庭普遍鼓励男孩长大后出岛闯荡，女孩留守照顾父母，文化成规中女性更不容易规避风险，可能会是一种解释。尽管具体原因有待进一步探索，不能忽视的是基层社会组织特别是社区的管理者多数由女性担任，地方政府寄希望于社区管理者入户劝阻公众参与环境群体事件，但必须看到这些女性管理者既是组织成员又是受跨区域环境风险威胁的公众，其个体意志很可能与组织的传播使命发生冲突，进而影响组织传播在阻止环境群体事件上的执行力与传播效果。另一方面，尽管社区管理者能够通过面对面传播使信息直接抵达关键受众，但如果信息框架偏离了居民的风险阐释框架，再直接的传播方式也达不到"皮下注射"效果。

总体上只有某些媒介接触偏好对某个层次的风险反应有一定预测效应，比如网民更不倾向于参与群体事件表达环境诉求。这似乎有悖于"网络分权"与"网络赋权"假说：前者认为网络传播削弱了政府在信息收集与控制上的垄断，结果是权威行使者数量的减少与社会等级的去中心化（Mathews，1997），知识积累带来的自我赋权感弱化了网民对权威的顺从（Brainard，2003）；后者认为网络媒体在匿名专业知识、集体行动组织以及社会资本支持等方面提高了网民的环境抗争能力（王全权、陈相雨，2013）。然而环境抗争能力的提高并不意味着必定会付诸抗争行动，网民属于社会经济地位或教育程度相对较高的群体，而有研究表明在我国的社会政治背景中，教育程度高者虽然在风险接受的阈值上高于其他群体，但在抗争行为上却比其他群体更加谨慎（邱鸿峰，2014）。非网民更高的"散步"倾向说明以程序正义为目标的风险传播在传播范围与传播方式上必须是包容性的，通过听证会、座谈会、公民咨询小组等方式听取与回应各类权益相关人特别是底层居民的环境与利益诉求，而不仅仅实现高社会地位者的程序正义，对于避免环境群体事件的发生有重要意义，传播与参与战略只有当多样的社区作为伙伴介入决策过程时才可能成功。

本次研究并没有检验跨区域风险分配不公正对公众风险感知的

预测效应。但深度访谈表明，铜陵公众的风险感知不仅涉及产业转移所导致的城乡风险分配不公正，而且涉及古雷、东山之间的风险分配不公正。不少铜陵受访者认为，"古雷有拆迁补偿而铜陵只有风险没有利益"也是群体事件发生在风险的影响地而非风险源所在地的重要原因。加上铜陵镇在生计与文化上对海洋环境具有高度依赖性与脆弱性，这些都为环境风险的社会放大埋下了伏笔。总而言之，尽管"什邡困局"的形成是多因素作用的结果，但如果高风险项目的落地涉及产业转入，那么从程序正义入手，寻求通过企业、政府与公众之间的协作来解决环境争议，应成为地方政府破解此类困局的常规思维；如果风险的影响还可能涉及其他行政区域，那么不仅要在风险源所在地引入公众参与，而且程序正义的范围应扩大到整个受影响地区。

附 录

《南方周末》PX 报道年表与报道框架

（2007 年 5 月—2015 年 4 月）

**20070531：百亿化工项目引发剧毒传闻　厦门果断叫停
应对公共危机（朱红军）**

新闻由头：5 月 30 日，厦门市宣布缓建海沧 PX 项目，并称已委托新的权威环评机构进行整个化工区的规划环评。

报道框架：厦门公众风险认知的影响因素包括短信传闻的扩散、产业的反对、科学界缺乏共识、意见领袖的呼吁、政府反应的滞后、基于企业环保表现的公众不信任等。关键问题是海沧的功能定位矛盾，厦门需要做两难选择，规划环评是解决之道，但需要公众参与。

新闻信源：厦门市常务副市长、一位联署提案的政协委员、中科院化学专家、房地产开发商、北师大附属海沧学校老师与前任领导、厦门市民、一位归国留学生、浙江东方建设集团工人、腾龙公司部门经理、厦门一银行人士、国家环保总局环评司官员、厦门市人大工作人员、厦门市政协领导、厦大化工教授、中科院院士、温厝村民、未来海岸业主、在海沧置业安家民众、分管规划城建的区领导。

20070531：厦门 PX 项目不只是舆论的尴尬（笑蜀）

新闻由头：百名全国政协委员的集体抗争，地方政府置之不理。

续 表

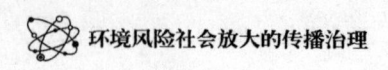

报道框架：阐述了当代权力对舆论的不适症状逐渐消失的原因：一是收益巨大；二是看透了舆论的无力。认为舆论要有力量，必须要有整个社会力量的支持。

新闻信源：《瞭望东方》周刊

20071220：环评座谈会全记录："我誓死捍卫你说话的权利"（朱红军）

新闻由头：12月13、14日，厦门PX项目区域环评公众座谈会召开。

报道框架：九成市民代表反对并阐述了各自理由。报道也反映了座谈会上各种意见的交锋。

新闻信源：厦门市政府副秘书长、厦大法学教授、飞行员身份的市民代表、思明区政协常委、陕西打工者、厦门市民连岳、厦大教授袁东星、厦门轻工集团董事长、众多市民代表。

20071220：厦门官方首次公开回应　公众参与背后发生什么？（朱红军）

新闻由头：12月5日启动的持续十天的公众参与环节，厦门市政府采取公开、公正和广泛参与的形式。

报道框架：厦门市政府副秘书长解释座谈会准备与召开过程中不为人知的细节，彰显程序公正、公开。

新闻信源：厦门市政府副秘书长。

20071220：祝愿厦门PX事件成为里程碑（笑蜀）

新闻由头：厦门PX之争即将落下帷幕，厦门PX项目可能迁建漳州。

报道框架：评价厦门事件圆满解决的意义：开创了正常渠道解决环境争议的先例，象征着市民社会的到来、社会治理模式的转型，展示了中国走向政治民主的可能路径。

新闻信源：无

· 244 ·

续表

20071227：厦门人：以勇气和理性烛照未来（苏永通）	
新闻由头：	年终时节，海沧 PX 项目宣布迁建，厦门市民的绝地反击终获成功。
报道框架：	回顾了 PX 事件发展的整个过程，认为厦门市民的理性抗争与决策者的顺应民意是圆满解决的原因，阐明厦门事件中公众参与环境决策的社会政治意义。
新闻信源：	厦门人连岳、李义强、老孟、汪民、阿美、陈小姐、李岩；厦门市政府副秘书长；厦大教授袁东星、王光国、赵玉芬。
20080103：厦门 PX 项目迁址在望？民意与智慧改变厦门 趋于多赢（朱红军、苏永通）	
新闻由头：	香港《大公报》12 月 18 日披露厦门 PX 项目尊重民意迁址漳州古雷半岛。
报道框架：	厦门市民的坚忍民意与理性表达，以及厦门市政府与民众的良性互动推动了这一结果。各方反应。
新闻信源：	《人民日报》《大公报》、福建省政府新闻办主任、参加座谈会市民代表、中科院院士赵玉芬、未来海岸业主、厦大法学院教授、厦门市政府副秘书长、厦门一位匿名官员、绿十字负责人、翔鹭董事长、厦门市中级人民法院相关人士、厦门台商协会会员、一位厦门地产高管、厦门海投集团高管、厦门轻工业集团董事长、漳浦县长方形外经贸局局长、古雷开发区管委会招商官员、匿名环评专家。
20090205：厦门 PX 后传："隐姓埋名"进漳州（苏永通）	
新闻由头：	1 月 20 日，环保部正式批复翔鹭 PX 与 PTA 项目落户古雷。
报道框架：	漳州市政府如何采取措施，避免项目重蹈厦门覆辙。
新闻信源：	漳浦县委宣传部、匿名漳浦官员、漳州市环保局、驻村工作组、清华大学环境系教授、杏仔村民、翔鹭公关事务高管、海沧 PX 原址村民、厦门市发改委、厦门反 PX 业主代表。

续 表

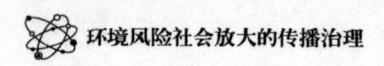

20090223：独家披露：漳州 PX 环评批复书（苏永通）

新闻由头：1月20日，环保部正式批复翔鹭 PX 与 PTA 项目落户古雷。

报道框架：环保部表示，项目必须设置 800 米防护距离，防护距离内不得存在居民区、学校、医院等环境敏感建筑。部分农民仍未签字同意征地。

新闻信源：环保部批复书。

20111116：谁制造了 PX 全民敏感词？化工陷恐慌症困局（彭利国、沈念祖、赵振江）

新闻由头：从厦门 PX 事件到大连福佳 PX 事件，国内反对 PX 项目的浪潮此起彼伏。

报道框架：自厦门 PX 事件之后，"有毒论"和"距离论"始终困扰 PX 项目。民意亢奋、不信任政府，而政府却封堵舆论、环评公开与参与不够。企业与公众沟通是消除恐慌路径。

新闻信源：中国国际咨询公司石化化工处处长、科学松鼠会志愿者天津理工大学环境生物学博士、厦门绿十字环保志愿者中心负责人、厦门大学公共事务学院副教授、中国石化工程建设公司教授级高工、大连环保人士、石油和化学工业规划院高级工程师、四川大学环境科学与工程研究所所长、一位厦门 PX 事件中的核心人士。

20130201：最敏感 PX 项目环评违规始末（彭利国、方芳）

新闻由头：1月21日，环保部对腾龙芳烃行政处罚，称其原料调整的环境影响报告未经批准，擅自开工建设。

报道框架：解释环保部为何要做出行政处罚，以及腾龙为何调整原料、未批先建并得到国家发改委的批准。

新闻信源：匿名化工专家、漳州市副市长、漳州环保局局长、半湖村村民、古雷开发区管委会副主任、中国国际工程咨询公司石化化工处处长、漳州发改委副主任、环保部华南环境科学研究所。

续表

20130725：PX 国家公关　为昨天的错误埋单，为明天的扩产蓄势（彭利国、龚君楠）

新闻由头：昆明近 3000 民众 5 月 4 日上街抗议 PX 项目。

报道框架：基于我国 PX 产能受到抑制，中央媒体、行业协会、地方政府加强了舆论引导，古雷的公关经验被视为全国典型。然而一些地方在引导舆论的同时也存在控制。

新闻信源：国家发改委研究员、前中石化高管、匿名漳州官员、中国国际工程咨询公司石化化工处处长、漳州环保局局长、独立地质学家、中山大学政务学院教授、四川大学环境科学与工程研究所所长、石油和化学工业规划院高级工程师、中国工程院院士。

20130802：中国 PX，再经不起爆炸声（彭利国）

新闻由头：7 月 30 日凌晨，爆炸声响彻中国最敏感的 PX 项目——福建漳州古雷半岛的腾龙芳烃 PX 厂区。

报道框架：爆炸的影响及启示：使举国 PX 公关的努力大打折扣，在公关的同时，也应花同样的精力保证安全、环保。

新闻信源：古雷开发区管委会副主任、前中石化技术高管、古雷管委会办公室、处置 PX 事故的芳烃专家。

20140109：PX 开窗者说："别人感冒，我们吃药"（彭利国）

新闻由头：继厦门、宁波、大连后，2013 年昆明、成都等地出现了反 PX 邻避运动。

报道框架：古雷政府如何应对网络舆情、做好群众工作、消除化工恐慌。

新闻信源：古雷开发区管委会常务副主任。

20150327：破解 PX 僵局：科普与市场都不能少（特约撰稿人陈斌）

新闻由头：在厦门之后，各地反 PX 项目的事件有：成都、大连、宁波镇海、昆明等。同类的事件再三发生，有必要探索其发生逻辑。

续 表

报道框架	PX项目的影响涉及暴露方式、副产品、污染物排放等。同时利益与房产价格对公众风险接受也有影响。科普既要尊重科学又要尊重市场。
新闻信源	工信部化学品GHS分类数据库、美国国立职业安全与健康研究所、古雷PX环评报告书。

20150407：11个月前消失的公函：环保部建议发改委撤销古雷石化规划批复（汪韬等）

新闻由头	2015年4月6日晚，腾龙芳烃（漳州）有限公司发生爆燃事故。
报道框架	环保部第一次以公开公函形式要求国家发改委收回古雷石化基地审批成命，背后的部委角力（产业—环保），罕见地走上前台。
新闻信源	环保部《关于建议对福建漳州古雷和×××××石化产业基地总体发展规划批复予以撤销的函》（环函［2014］93号）、一位匿名环保系统专家。

20150409：古雷PX爆燃事故背后的"中国式邻避困局"政企关系扭曲（特约撰稿人阳平坚）

新闻由头	2015年4月6日，腾龙PX发生漏油起火事故，引发周边罐区三个储油罐爆裂燃烧。
报道框架	从政府与企业扭曲的关系去探讨我国邻避运动的根源。两者的利益捆绑导致监管失效与公众不信任。
新闻信源	无。

参考文献

中文文献

龚文娟：《环境风险在人群中的社会空间分配》，《厦门大学学报》（哲学社会科学版）2014年第3期。

郭小平：《城市废弃物处置的风险报道：环境议题分化与"环境正义"的诉求》，《中国地质大学学报》（社会科学版）2011年第1期。

郭琰：《环境正义与中国农村环境问题》，《学术论坛》2008年第7期。

李玉洁：《我国城乡公众气候变化认知差异分析及传播策略的建构：基于4169位公众调查的实证研究》，《东岳论丛》2013年第10期。

邱鸿峰：《新阶级、核风险与环境传播：宁德核电站环境关注的社会基础及政府应对》，《现代传播》2014年第10期。

庞中英：《当代经济民族主义论析（摘要）——关于民族主义的一项国际政治经济学研究》，《国际政治研究》1997年第3期。

冉冉：《中国地方环境政治：政策与执行之间的距离》，中央编译出版社 2015 年版。

任其怿等：《浅论民族主义在全球化背景下的新变化》，《内蒙古大学学报》（哲学社会科学版）2010 年第 4 期。

施祖麟、毕亮亮：《我国跨行政区河流域水污染治理管理机制的研究——以江浙边界水污染治理为例》，《中国人口、资源与环境》2007 年第 3 期。

王全权、陈相雨：《网络赋权与环境抗争》，《江海学刊》2013 年第 4 期。

吴金芳：《环境正义缺失之影响与突破：W 市居民反垃圾焚烧事件的个案研究》，《前沿》2013 年第 2 期。

易志斌、马晓明：《论流域跨界水污染的府际合作治理机制》，《社会科学》2009 年第 3 期。

朱力、龙永红：《中国环境正义问题的凸显与调控》，《南京大学学报》（哲学社会科学版）2012 年第 1 期。

［美］约翰·罗尔斯：《正义论》，何怀宏、何包钢、廖申白译，中国社会科学出版社 2010 年版。

［英］安东尼·史密斯：《民族主义：理论、意识形态、历史》，叶江译，上海世纪出版集团 2006 年版。

英文文献

Abramson, P. R. (1983). *Political attitudes in America: Formation and change.* San Francisco, CA: Freeman.

Abramson, P. R. & Aldrich, J. H. (1982). The decline of

electoral participation in America. *American Political Science Review*, 76 (3).

Adams, J. (1995). *Risk*. London: University College London Press.

Andrews, R. N. (2006). *Managing the environment, managing ourselves: A history of American environmental policy*. New Haven, CT: Yale University Press.

Bacot, H. & Fitzgerald, M. R. (1999). Issue salience, news coverage, and attention cycles of environmental problems. *Southeastern Political Review*, 27 (3).

Balch, G. I. (1974). Multiple indicators in survey research: The concept sense of political efficacy. *Political Methodology*, 37 (2).

Bandura, A. (1977). Self-efficacy: Toward a unifying theory of behavioral change. *Psychological Review*, 84 (2).

Bandura, A. (1982). Self-efficacy mechanism in human agency. *American Psychologist*, 37 (2).

Bandura, A. (1986). From thought to action: Mechanisms of personal agency. *New Zealand Journal of Psychology*, 15 (1).

Bandura, A. (1997). *Self-efficacy: The exercise of control*. New York: Freeman.

Bandura, A. (1999). Social cognitive theory: An agentic perspective. *Asian Journal of Social Psychology*, 2 (1).

Beck, U. (1992). *Risk society: Toward a new modernity*. London: Sage.

Beck, U. (1994). The reinvention of politics: Towards a theory of reflexive modernization. In Beck, U., Giddens, A. & Lash, S. (eds.), *Reflexive modernization: Politics, tradition and aesthetics in the modern social order*. Cambridge: Polity.

Beck, U. (1999). *World risk society*. Cambridge: Polity.

Becker, H. S. (1967). Whose side are we on? *Social Problems*, 14 (3).

Blocker, T. J. & Eckberg, D. L. (1997). Gender and environmentalism: Results from the 1993 general social survey. *Social Science Quarterly*, 78 (4).

Blumer, H. (1971). Social problems as collective behavior. *Social Problems*, 18 (3).

Bojovic, D., Bonzanigo, L., Giupponi, C. & Maziotis, A. (2015). Online participation in climate change adaptation: A case study of agricultural adaptation measures in Northern Italy. *Journal of Environmental Management*, 157.

Bourdieu, P. (1990). *The logic of practice*. Stanford, CA: Stanford University Press.

Boykoff, M. T. & Boykoff, J. M. (2007). Climate change and journalistic norms: A case-study of US mass-media coverage. *Geoforum*, 38 (6).

Brainard, L. A. (2003). Citizen organizing in cyberspace. *American Review of Public Administration*, 33 (4).

Braithwaite, J. & Makkai, T. (1994). "Trust and Compliance". *Policing & Society*, 4 (1).

Brenot, J., Bonnefous, S. & Marris, C. (1998). Testing the cultural theory of risk in France. *Risk Analysis*, 18 (6).

Brint, S. (1984). "New-class" and cumulative trend explanations of the liberal political attitudes of professionals. *American Journal of Sociology*, 90 (1).

Brossard, D., Shanahan, J. & McComas, K. (2009). Are issue cycles culturally constructed? A comparison of French and American coverage of global climate change. *Mass Communication & Society*, 7 (3).

Bubeck, P., Botzen, W. & Aerts, J. (2012). A review of risk perceptions and other factors that influence flood mitigation behavior. *Risk Analysis*, 32 (9).

Buckingham, S. (2004). Ecofeminism in the twenty-first century. *The Geographical Journal*, 170 (2).

Buehler, M. H. (1975). *Political efficacy, political discontent, and voting turnout among Mexican-Americans in Michigan*. Notre Dame, IN: University of Notre Dame.

Bullard, R. D. (1990). *Dumping in Dixie: Race, class and environmental quality*. Boulder, CO.: Westview.

Bullard, R. D., Mohai, P., Saha, R. & Wright, B. (2007). *Toxic wastes and race at twenty: 1987-2007*. Cleveland, OH: UnitedChurch of Christ.

Burke, K. (1966). *Language as symbolic action*. Berkeley, CA: University of California Press.

Burns, N., Schlozman, K. L. & Verba, S. (2001). *The private roots of public action*. Cambridge, MA: Harvard University Press.

Cameron, D. (1997). Performing gender identity: Young men's talk and the construction of heterosexual identity. In Johnson, S. & Meinhof, U. H. (eds.). *Language and masculinity*. Oxford: Blackwell.

Campbell, A., Gurin, G. & Miller, W. E. (1954). *The voter decides*. Evanston, IL: Row, Peterson.

Capek, S. M. (1993). The "environmental justice" frame: A conceptual discussion and an application. *Social Problems*, 40 (1).

Capstick, S. B. & Pidgeon, N. F. (2014). What is climate change skepticism? Examination of the concept using a mixed methods study of the UK public. *Global Environmental Change*, 24 (1).

Capstick S, Whitmarsh L, Poortinga W, Pidgeon N. & Upham P. (2015). International trends in public perceptions of climate change over the past quarter century. *WIREs Climate Change*, 6 (1).

Catellani, A. (2012). Pro-nuclear European discourses: Sociosemiotic observations. *Public Relations Inquiry*, 1 (3).

Chan, J. M. & Zhou, B. (2011). Expressive behaviors across discursive spaces and issue types. *Asian Journal of Communication*, 21 (2).

Chan, M. et al. (2012). Microblogging, online expression, and political efficacy among young Chinese citizens: The moderating role of information and entertainment needs in the use of Weibo. *CyberPsychology, Behavior & Social Networking*, 15 (7).

Chan, M. & Guo, J. (2013). The role of political efficacy on the relationship between Facebook use and participatory behaviors: A comparative study of young American and Chinese adults. *CyberPsychology, Behavior & Social Networking*, 16 (6).

Chapin, J. R. (2000). Third-person perception and optimistic bias among urban minority at-risk youth. *Communication Research*, 27 (1).

Chen, X. P. & Schaubroeck, J. (2002). Participative decision making and employee performance in different cultures: The moderating effects of allocentrism/idiocentrism and efficacy. *Academy of Management Journal*, 45 (5).

Chryssochoidis, G., Strada, A. & Krystallis, A. (2009). Public trust in institutions and information sources regarding risk management and communication: towards integrating extant knowledge. *Journal of Risk Research*, 12 (2).

Chung, I. J. (2011). Social amplification of risk in the Internet environment. *Risk Analysis*, 31 (12).

Combs, B. & Slovic, P. (1979). Newspaper coverage of causes of death. *Journalism Quarterly*, 56 (4).

Converse, P. E. (1972). Change in the American electorate. In Campbell, A. & Converse, P. E. (eds.), *The human meaning of social change*. New York: Sage.

Corfee-Morlot, J., Maslin, M. & Burgess, J. (2007). Global warming in the public sphere. *Philosophical Transactions of the Royal Society A: Mathematical, Physical and Engineering Sciences*, 365 (1860).

Cornfield, M. (2003). Adding in the Net: Making citizenship count in the digital age. In Anderson D. M. & Cornfield M. (eds.), *The civic web: Online politics and democratic values*. Lanham, MD: Rowman & Littlefield.

Cotgrove, S. (1982). *Catastrophe or cornucopia: The environment, politics and the future*. New York: Wiley.

Cox, R. (2010). *Environmental Communication and the Public Sphere*. London: Sage.

Craig, S. C. (1979). Efficacy, trust, and political behavior: an attempt to resolve a lingering conceptual dilemma. *American Politics Quarterly*, 7 (2).

Craig, S. C. (1980). The mobilization of political discontent. *Political Behavior*, 2 (2).

Cutter, S. L. (2006). Issues in environmental justice research. In Cutter, S. L. (ed.), *Hazards, vulnerability and environmental justice*. London: Earthscan.

Cutter, S. L. (2006). Vulnerability to environmental hazards. In Cutter, S. L. (ed.), *Hazards, vulnerability and environmental justice*. London: Earthscan.

Cvetkovich, G., Siegrist, M., Murray, R. & Tragesser, S. (2002). New information and social trust: asymmetry and perseverance of attributions about hazard managers. *Risk Analysis*, 22 (2).

Daniels, S. E. & Walker, G. B. (2001). *Working through environmental conflict: The collaborative learning approach*. Westport, CT: Praeger.

Davidson, D. J. & Freudenburg, W. R. (1996). Gender and environmental risk concerns: A review and analysis of available research. *Environment & Behavior*, 28 (3).

Davison, W. P. (1983). The third-person effect in communication. *Public Opinion Quarterly*, 47 (1).

DeFleur, M. L. (2010). *Mass communication theories: Explaining origins, processes, and effects*. New York: Allyn & Bacon.

delli Carpini, M. X. (2004). Mediating democratic engagement: The impact of communications on citizens' involvement in political and civic life. In Kaid, L. L. (ed.), *Handbook of political communication research*. Mahwah, NJ: Lawrence Erlbaum.

delli Carpini, M. X. & Keeter, S. (2003). The Internet and an informed citizenry. In Anderson, D. M. & Cornfield, M. (eds.), *The civic web: Online politics and democratic values*. Lanham, MD: Rowman & Littlefield.

de Vreese, C. H. (2005). News framing: Theory and typology. *Information Design Journal + Document Design*, 13(1).

di Gennaro, C. & Dutton, W. (2006). The Internet and the public: Online and offline political participation in the United Kingdom. *Parliamentary Affairs*, 59 (2).

Djerf-Pierre, M. (2013). Green metacycles of attention: Reassessing the attention cycles of environmental news reporting 1961—2010. *Public Understanding of Science*, 22(4).

Downs, A. (1972). Up and down with ecology-the "issue-attention cycle". *Public Interest*, 28.

Dunlap, R. E. & Jones, R. (2002). Environmental concern: Conceptual and measurement issues. In Dunlap, R. E. & Michelson, W. (eds.), *Handbook of environmental sociology*. London: Greenwood.

Dunlap, R. E. & Mertig, A. G. (1997). Global environmental concern: An anomaly for postmaterialism. *Social Science Quarterly*, 78 (1).

Dunlap, R. E. & van Liere, K. (1984). Commitment to the dominant social paradigm and concern for environmental equality. *Social Science Quarterly*, 65 (4).

Dunlap, R. E., Xiao, C. & McCright, A. M. (2001). Politics and environment in America: Partisan and ideological cleavages in publicsupport for environmentalism. *Environmental Politic*, 10 (4).

Eckersley, R. (1989). Green politics and the new class: Selfishness or virtue. *Political Studies*, 37 (2).

Edelman, M. (1988). *Constructing the political spectacle*. Chicago, IL: University of Chicago Press.

Edelstein, M. R. (1988). *Contaminated communities: The socialand psychological impacts of residential toxic exposure*. Boulder, CO: Westview.

Edmonds, R. L. (1998). Studies on China's environment. *The China Quarterly*, 156 (special issue).

Entman, R. M. (1993). Framing: Towards clarification of a fractured paradigm. *Journal of Communication*, 43 (4).

Entman, R. M. (2004). *Projections of power: framing news, public opinion, and US foreign policy*. Chicago, IL: University of Chicago Press.

Epstein, S. (1994). Integration of the cognitive and the psychodynamic unconscious. *American Psychologist*, 49 (8).

Ergenc, C. (2014). Political efficacy through deliberative participation in urban China: A case study on public hearings. *Journal of Chinese Political Science*, 19 (2).

Evans, D. T., Fullilove, M. T., Green, L. & Levison, M. (2002). Awareness of environmental risks and protective actions among minority women in northern Manhattan. *Environmental Health Perspectives*, 110 (supplement 2).

Fairclough, N. (1995). *Critical discourse analysis: The critical study of language.* Harlow, UK: Longman.

Fairclough, N. (2005). Peripheral vision-Discourse analysis in organization studies: The case for critical realism. *Organization Studies*, 26 (6).

Finkel, S. E. (1985). Reciprocal effects of participation and political efficacy: a panel analysis. *American Journal of Political Science*, 29 (4).

Finkel, S. E. (1987). The effects of participation on political efficacy and political support: Evidence from a West German panel. *Journal of Politics*, 49 (2).

Fiorino, D. J. (1989). Technical and democratic values in risk analysis. *Risk Analysis*, 9 (3).

Fischer, F. (2000). *Citizens, experts, and the environment: The politics of local knowledge.* Durham, NC: Duke University Press.

Fishman, M. (1980). *Manufacturing the news.* Austin, T. X.: University of Texas Press.

Flynn, J., Peters, E., Mertz, C. K. & Slovic, P. (1998). Risk, media and stigma at Rocky Flats. *Risk Analysis*, 18(6).

Flynn, J., Slovic, P. & Mertz, C. K. (1994). Gender, race, and perception of environmental health risks. *Risk Analysis*, 14 (6).

Foucault, M. (1979). *Discipline and punish: The birth of the prison*. New York: Vintage Books.

Fraser, N. (1992). Rethinking the public sphere: A contribution to the critique of actually existing democracy. In Calhoun, C. (ed.). *Habermas and the public sphere*. Cambridge, MA: The MIT Press.

Fraser, N. (1998). Social justice in the age of identity politics: Redistribution, recognition, and participation. In Peterson, G. B. (ed.), *The tanner lectures on human values*, vol. 19. Salt Lake City, UT: University of Utah Press.

Fraser, N. (2000). Rethinking recognition. *New Left Review*, 3 (May-June).

Freudenburg, W. R. & Davidson, D. J. (2007). Nuclear families and nuclear risks: The effects of gender, geography, and progeny on attitudes toward a nuclear waste facility. *Rural Sociology*, 72(2).

Frewer, L. J., Howard, C., Hedderley, D. & Shepherd, R. (1996). What determines trust in information about food-related risks? Underlying psychological constructs. *Risk Analysis*, 16 (4).

Frewer, L. J., Miles, S. & Marsh, R. (2002). The media

and genetically modified foods: evidence in support of social amplification of risk. *Risk Analysis*, 22 (4).

Frommer, B. (2013). Climate change and the resilient society: Utopia or realistic option for German regions? *Nat Hazards*, 67.

Funtowicz, S. O. & Ravetz, J. R. (1985). Three types of risk assessment: Methodological analysis. In Covello, V. T., Mumpower, J. L., Stallen, P. J. M. & Uppuluri, V. R. R. (eds.), *Environmental impact assessment, technology assessment, and risk analysis*. New York: Springer.

Funtowicz, S. O. & Ravetz, J. R. (1991). A new scientific methodology for global environmental issues. In R. Costanza (ed.), *Ecological economics: The science and management of sustainability*. New York: Columbia University Press.

Gamson, W. A. (1968). *Power and discontent*. Homewood, IL: Dorsey.

Ge, Y. et al. (2001). Risk perception and hazard mitigation in the Yangtze River Delta region, China. *Nat Hazards*, 56 (3).

General Accounting Office (1983). *Siting of hazardous waste landfills and their correlation with racial and economic status of surrounding communities*. Washington, DC: Government Printing Office.

Gittell, R., Vidal, A. (1998). *Community organizing: Building social capital as a development strategy.* Newbury Park, CA: Sage.

Goffman, E. (1963). *Stigma. Eaglewood Cliffs.* NJ: Prentice Hall.

Golan, G. J. & Day, A. G. (2008). The first-person effect and its behavioral consequences: A new trend in the twenty-five year history of third-person effect research. *Mass Communication & Society*, 11 (4).

Grunig, J. E. & Hunt, T. (1984). *Managing public relations.* Belmont, CA: Wadsworth.

Hallegate, S. (2009). Strategies to adapt to an uncertain climate change. *Global Environmental Change*, 19 (2).

Halliday, M. A. K. (1978). *Language as social semiotic: The social interpretation of language and meaning.* London: Edward Arnold.

Halliday, M. A. K. (1985). *An introduction to functional grammar.* London: Edward Arnold.

Haluza-Delay, R. & Fernhout, H. (2011). Sustainability and social inclusion? Examining the frames of Canadian English-speaking environmental movement organizations. *Local Environment*, 16 (7).

Hamilton, L. C. (1985). Concern about toxic wastes: Three demographic predictors. *Sociological Perspectives*, 28(4).

Han, H. (2013). China's policymaking in transition: A hydropower development case. *Journal of Environment & Development*, 22 (3).

Hansen, A. (2010). *Environment, media and communication*. London: Routledge.

Hays, S. P. (2000). *A history of environmental politics since 1945*. Pittsburgh, PA: University of Pittsburgh Press.

Henderson, A., Cheney, G. & Weaver, C. K. (2015). The role of employee identification and organizational identity in strategic communication and organizational issues management about genetic modification. *International Journal of Business Communication*, 52 (1).

Hilgartner, S. & Bosk, C. L. (1988). The rise and fall of social problems: A public arenas model. *American Journal of Sociology*, 94 (1).

Honneth, A. (1992). Integrity and disrespect: Principles of morality based on the theory of recognition. *Political Theory*, 20 (2).

Howell, N. R. (1997). Ecofeminism: What one needs to know? *Zygon*, 32 (2).

Howell, R., Shackley, S. Mabon, L., Ashworth, P. & Jeanneret T. (2014). Engaging the public with low-carbon energy technologies: Results from a Scottish large group process. *Energy Policy*, 66 (1).

Huddart-Kennedy, E. , Beckley, T. M. , McFarlane, B. L. & Nadeau, S. (2009). Rural-urban differences in environmental concern in Canada. *Rural Sociology*, 74 (3).

Im, T. , Cho, W. , Porumbescu, G. & Park, J. (2012). Internet, trust in government, and citizen compliance. *Journal of Public Administration Research & Theory*, 24 (3).

Inglehart, R. (1990). *Culture shift in advanced industrial societies*. Princeton, NJ: Princeton University Press.

Inglehart, R. (1995). Public support for environmental protection: Objective problems and subjective values in 43 societies. *PoliticalScience & Politics*, 28 (1).

IPCC. (2013). *Climate change 2013: The physical science basis: Contribution of Working Group I to the Fifth Assessment Reportof the Intergovernmental Panel on Climate Change*. Cambridge: Cambridge UniversityPress.

Iyengar, S. (1991). *Is anyone responsible? How television framers political issues* . Chicago, IL: University of Chicago Press.

Jang, S. M. & Hart, P. S. (2015). Polarized frames on "climate change" and "global warming" across countries and states: From Twitter big data. *Global Environmental Change*, 32.

Jaspal, R. & Nerlich, B. (2014). When climate science became climate politics: British media representations of climate change in 1988. *Public Understanding of Science*, 23 (2).

Jenkins, J. C. & Wallace, M. (1996). The generalized action potential of protest movements: The new class, social trends and political exclusion explanations. *Sociological Forum*, 11 (2).

Johnson, T. J. & Kaye, B. K. (2003). A boost or a bust for democracy? How the Web influenced political attitudes and behaviors in the 1996 and 2000 presidential elections. *Harvard International Journal of Press/Politics*, 8(3).

Jones, B. D. & Baumgartner, F. R. (2005). *The politics of attention: How government prioritizes problems*. Chicago, IL: University of Chicago Press.

Jones, R. E. (1998). Black concern for the environment: Myth versus reality. *Society & Natural Resources*, 11 (3).

Jones, R. E. & Dunlap, R. E. (1992). The social bases of environmental concern: Have they changed over time? *Rural Sociology*, 57 (1).

Jones, R. E., Fly, J. M. & Cordell, H. K. (1999). How green is my valley: Tracking rural and urban environmentalism in the Southern Appalachian Ecoregion. *Rural Sociology*, 64 (3).

Jones, R. E., Fly, J. M., Talley, J. & Cordell, H. K. (2003). Green migration into rural America: The new frontier of environmentalism? *Society & Natural Resources*, 16 (3).

Jungermann, H. , Pfister, H. R. & Fischer, K. (1996). Credibility, information preferences, and information interests. *Risk Analysis*, 16 (2).

Kahan, D. M. et al. (2007). *The second national risk and culture study: Making sense of and making progress in the American culture war of fact.* New Haven, CT: Yale Law School.

Kahan, D. M. , Jenkins-Smith, H. & Braman, D. (2011). Cultural cognition of scientific consensus. *Journal of Risk Research*, 14 (2).

Kaid, L. L. (2003). Effects of political information in the 2000 presidential campaign. *American Behavioral Scientist*, 46 (5).

Kalof, L. , Dietz, T. , Guagnano, G. & Stern P. (2002). Race, gender and environmentalism: The atypical values and beliefs of white men. *Race, Gender & Class*, 9 (2).

Karklins, R. (1986). Soviet elections revisited: Voter abstention in noncompetitive voting. *American Political Science Review*, 80 (2).

Kasperson, J. X. & Kasperson, R. E. (2001). Border crossings. In Linnerooth-Bayer, J. , Lofstedt, R. E. & Sjostedt, G. (eds.), *Transboundary risk management*. London: Earthscan.

Kasperson, J. X., Kasperson, R. E., Pidgeon, N. & Slovic, P. (2003). The social amplification of risk: Assessing fifteen years of research and theory. In Pidgeon, N., Kasperson, R. E. & Slovic, P. (eds.), *The social amplification of risk*. Cambridge: Cambridge University Press.

Kasperson, R. E. et al. (1988). The social amplification of risk: A conceptual framework. *Risk Analysis*, 8 (2).

Kasperson, R. E., Golding, D. & Tuler, S. (1992). Social distrust as a factor in siting hazardous facilities and communicating risks. *Journal of Social Issues*, 48 (4).

Kasperson, R. E. & Kasperson, J. X. (1996). The social amplification and attenuation of risk. *The Annals of the American Academy of Political & Social Science*, 545 (1).

Kenski, K. & Stroud, N. J. (2006). Connections between Internet use and political efficacy, knowledge, and participation. *Journal of Broadcasting & Electronic Media*, 50 (2).

Killingsworth, M. J. & Palmer, J. S. (1996). Millennial ecology: The apocalyptic narrative from Silent Spring to global warming. In Herndl, C. G. & Brown, S. C. (eds.), *Green culture: Environmental rhetoric in contemporary America*. Madison, WC: University of Wisconsin Press.

Kingdon, J. W. (1995). *Agendas, alternatives, and public policies*. New York: Harper Collins.

Kinsella, W. J. (2005). One hundred year of nuclear discourse: Four master themes and their implications for environmental communication. In Senecah, S. L. (ed.). *The environmental communication yearbook*, volume 2. Mahwah, NJ: Lawrence Erlbaum Associates.

Kirilenko, A. P. & Stepchenkova, S. O. (2012). Climate change discourse in mass media: Application of computer-assisted content analysis. *Journal of Environmental Studies and Sciences*, 2 (2).

Klassen, R. M. (2004). Optimism and realism: A review of self-efficacy from a cross-cultural perspective. *International Journal of Psychology*, 39 (3).

Krannich, R. S. & Albrecht, S. L. (1995). Opportunity/threat response to nuclear waste disposal facilities. *Rural Sociology*, 60 (3).

Kress, G. & van Leeuwen, T. (2001). *Multimodal discourse: The modes and media of contemporary communication*. London: Arnold.

Kriesi, H. (1989). New social movements and the new class in the Netherlands. *American Journal of Sociology*, 94 (5).

Krimsky, S. & Plough, A. (1988). *Environmental hazards: Communicating risks as a social process*. Dover, MA: Auburn House.

Lain, W. (2001). Social theories of risk perception: At once indispensable and insufficient. *Current Sociology*, 49 (1).

Lavelle, M. (1994). Environmental equity. In World Resources Institute (ed.), *The 1994 information please environmental almanac*. Boston, MA: Houghton-Mifflin.

Lee, F. L. F. (2005). Collective efficacy, support for democratization, and political participation in Hong Kong. *International Journal of Public Opinion Research*, 18 (3).

Lee, K. M. (2006). Effects of Internet use on college students'political efficacy. *Cyber Psychology & Behavior*, 9 (4).

Leiserowitz, A. A. (2005). American risk perceptions: is climate change dangerous? *Risk Analysis*, 25 (6).

Leiss, W. (1995). "Down and dirty": The use and abuse of public trust in risk communication. *Risk Analysis*, 15 (6).

Lewis, R. E. & Tyshenko, M. G. (2009). The impact of social amplification and attenuation of risk and the public reaction to Mad Cow Disease in Canada. *Risk Analysis*, 29 (5).

Lidskog, R., Soneryd, L. & Uggla, Y. (2010). *Transboundary risk governance*. London: Earthscan.

Lipscomb, M. E. & O'Connor, R. E. (2002). Democracy and communicative rifts: Foucault, Fisk, and Yucca Mountain. *Administrative Theory & Praxis*, 24 (3).

Liu, F. (1996). Urban ozone plumes and population distribution by income and race: A case study of New York and Philadelphia. *Journal of the Air & Waste Management Association*, 46(3).

Liu, X., Lindquist, E. & Vedlitz, A. (2011). Explaining media and congressional attention to global climate change, 1969—2005: An empirical test of agenda-setting theory. *Political Research Quarterly*, 64 (2).

Lundgren, R. E. & McMakin, A. H. (2004). *Risk communication: A handbook for communicating environmental, safety, and health risks*. Columbus, OH: Battelle Press.

Machin, D. & van Leeuwen, T. (2007). *Global media discoures: A critical introduction*. London: Routledge.

Mathews, J. T. (1997). Power shift. *Foreign Affairs*, 76 (1).

Mayhew, L. H. (1997). *The new public: Professional communication and the means of social influence*. Cambridge: Cambridge University Press.

Mazur, A. (1981). *The dynamics of technical controversy*. Washington, DC: Communication Press.

McComas, K. & Shanahan, J. (1999). Telling stories about global climate change: Measuring the impact of narratives on issue cycles. *Communication Research*, 26 (1).

McCright, A. M. & Dunlap, R. E. (2003). Defeating Kyoto: The conservative movement's impact on U.S. climate change policy. *Social Problems*, 50 (3).

McLeod, J. M. et al. (1996). The impact of traditional and nontraditional media forms in the 1992 presidential election. *Journalism and Mass Communication Quarterly*, 73 (2).

Mendelsohn, M. & Cutler, F. (2000). The effect of referendums on democratic citizens: Information, politicization, efficacy and tolerance. *British Journal of Political Science*, 30 (4).

Mertig A. G. & Dunlap, R. E. (2001). Environmentalism, new social movement, and the new class: A cross-national investigation. *Rural Sociology*, 66 (1).

Mitchell, R. C. (1979). Silent spring/solid majorities. *Public Opinion*, 2 (4).

Mohai, P. & Bryant, B. (1998). Is there a "race" effect on concern for environmental quality? *Public Opinion Quarterly*, 62 (4).

Morell, M. E. (2005). Deliberation, democratic decision-making and internal political efficacy. *Political Behavior*, 27 (1).

Morrison, D. E. & Dunlap, R. E. (1986). Environmentalism and elitism: A conceptual and empirical analysis. *Environmental Management*, 10 (5).

Muradian, R., Martinez-Alier, J. & Correa, H. (2003). International capital versus local population: The environmental conflict of the Tambogrande mining project, Peru. *Society & Natural Resources*, 16 (9).

National Research Council. (1996). *Understanding risk: Informingdecisions in a democratic society*. Washington, DC: National Academy Press.

Newell, R. & Dale, A. (2015). Meeting the climate change challenge (MC3): The role of the Internet in climate change research dissemination and knowledge mobilization. *Environmental Communication*, 9 (2).

Newhagen, J. E. (1994). Self-efficacy and call-in political television show use. *Communication Research*, 21 (3).

Niemi, R. G., Craig, S. C. & Mattei, F. (1991). Measuring internal political efficacy in the 1988 national election study. *American Political Science Review*, 85 (4).

Nisbet, M. C. & Scheufele, D. A. (2004). Political talk as a catalyst for online citizenship. *Journalism & Mass Communication Quarterly*, 81 (4).

Norgaard, K. M. (2006). People want to protect themselves a little bit: Emotions, denial, and social movement nonparticipation. *Sociological Inquiry*, 76 (3).

Norris, P. (2001). *Digital divide: Civic engagement, information poverty, and the Internet worldwide*. New York: Cambridge University Press.

Nye, J. S. & Donahue, J. (eds.). (2000). *Governance in a*

globalizing world. Washington, DC: Brookings Institution.

Parkhill, K. A. et al. (2010). From the familiar to the extraordinary: Local residents'perceptions of risk when living with nuclear power in the UK. *Transactions of the Institute of British Geographers*, 35 (1).

Pearce, W., Brown, B., Nerlich, B. & Koteyko, N. (2015). Communicating climate change: Conduits, content, and consensus. *WIREs Climate Change*, 6 (6).

Peters, R. G., Covello, V. T. & McCallum, D. B. (1997). The determinants of trust and credibility in environmental risk communication: An empirical study. *Risk Analysis*, 17 (1).

Phelan, T. J. & Phelan, J. (1991). In search of the new class: Evidence from Australian. *Journal of Political & Military Sociology*, 19 (2).

Pinkleton, B. E., Austin, E. W. & Fortman, K. K. J. (1998). Relationships of media use and political disaffection to political efficacy and voting behavior. *Journal of Broadcasting & Electronic Media*, 42 (1).

Plough, A. & Krimsky, S. (1987). The emergence of risk communication studies: Social and political context. *Science, Technology & Human Values*, 12 (3—4).

Pollock, P. H. (1983). The participatory consequences of internal and external political efficacy. *Western Political Quarterly*, 36 (3).

Poortingga, W. & Pidgeon, N. F. (2003). Exploring the dimensionality of trust in risk regulation. *Risk Analysis*, 23 (5).

Putnam, R. D. (2001). *Bowling alone: The collapse and revival of American community.* New York: Simon & Schuster.

Putnam, R. D, Leonardi, R. & Nanetti, R. Y. (1993). *Making democracy work: Civic traditions in modern Italy.* Princeton, NJ: Princeton University Press.

Rayner, S. (1988). Muddling through metaphors to maturity: A commentary on Kasperson et al. "The Social Amplification of Risk". *Risk Analysis*, 8 (2).

Reidsma, P., Ewert, F., Lansink, A. O. & Leemans, R. (2010). Adaptation to climate change and climate variability in European agriculture: The importance of farm level responses. *European Journal of Agronomy*, 32 (1).

Renn, O. (2008). *Risk governance: Coping with uncertainty in a complex world.* London: Earthscan.

Renn, O. & Klinke, A. (2001). Public participation across borders. In Linnerooth-Bayer, J., Lofstedt, R. E. & Sjostedt, G. (eds.), *Transboundary Risk Management.* London: Earthscan.

Renn, O. & Levine, D. (1991). Credibility and trust in risk communication. In Kasperson, R. E. & Stallen, P. M. (eds.), *Communicating risks to the public: technology, risk, and society*. Dordrecht, The Netherlands: Kluwer.

Rip, A. (1988). Should social amplification of risk be counteracted? *Risk Analysis*, 8 (2).

Roberts, J. T. (1997). Negotiating both sides of the plant gate: Gender, hazardous facility workers and community responses to technological hazards. *Current Sociology*, 45 (3).

Rohrschneider, R. (1990). The roots of public opinion toward new social movements: An empirical test of competing explanations. *American Journal of Political Science*, 34 (1).

Rosenstone, S. J. & Hansen, J. M. (1993). *Mobilization, participation, and democracy in America*. New York: Macmillan.

Rowan, K. E. (1991). Goals, obstacles, and strategies in risk communication: A problem-solving approach to improving communication about risks. *Journal of Applied Communication Research*, 19 (4).

Royal Society (1992). *Risk: Analysis, perception and management*. London: Royal Society.

Ruether, R. R. (1992). *Gaia and God: An ecofeminist theology of earth healing*. San Francisco, CA: Harper San Francisco.

Sandman, P. (1987). Risk communication: Facing public outrage. *EPA Journal*, 13 (9).

Satterfield, T. A., Mertz, C. K., Slovic, P. (2004). Discrimination, vulnerability, and justice in the face of risk. *Risk Analysis*, 24 (1).

Schafer, M. S., Ivanova, A. & Schmidt, A. (2014). What drives media attention for climate change? Explaining issue attention in Australian, German and Indian print media from 1996 to 2010. *International Communication Gazette*, 76 (2).

Scheufele, D. A. & Nisbet, M. C. (2002). Being a citizen online: New opportunities and dead ends. *Harvard International Journal of Press/Politics*, 7 (3).

Schlosberg, D. (2007). *Defining environmental justice: Theories, movements, and nature*. Oxford: Oxford University Press.

Schwarze, S. (2006). Environmental melodrama. *Quarterly Journal of Speech*, 92 (3).

Scollon, R. & Scollon, S. W. (2001). Discoure and intercultural communication. In Schiffrin, D., Tannen, D. & Hamilton, H. E. (eds.). *The handbook of discourse analysis*. Malden, MA: Blackwell.

Scott, A. (1990). *Ideology and the new social movements*. London:

Unwin Hyman.

Seligson, M. A. (1980). Trust, efficacy and modes of political participation: A study of Costa Rican peasants. *British Journal of Political Science*, 10 (1).

Shanahan, J. (1996). Green but unseen: Marginalizing the environment on television. In M. Morgan & S. Leggett (eds), *Mainstream (s) and margins: Cultural politics in the 90s*. Westport, CT: Greenwood.

Sharman, A. (2014). Mapping the climate skeptical blogosphere. *Global Environmental Change*, 26.

Shen, F. et al. (2009). Online network size, efficacy, and opinion expression: Assessing the impacts of Internet use in China. *International Journal of Public Opinion Research*, 21 (4).

Short, J. F. Jr. (1992). Defining, explaining, and managing risk. In Short, J. F. Jr. & Clarke, L. (eds.), *Organizations, uncertainties, and risk*. Boulder, CO: Westview.

Siegrist, M., Cvetkovich, G. & Roth, C. (2000). Salient value similarity, social trust, and risk/benefit perception. *Risk Analysis*, 20 (3).

Singer, E. & Endreny, P. (1987). Reporting hazards: Their benefits and costs. *Journal of Communication*, 37 (3).

Slovic, P. (1987). Perception of risk. *Science*, 236 (4799).

Slovic, P. (1993). Perceived risk, trust and democracy. *Risk

Analysis, 13 (6).

Slovic, P. (1997). Public perception of risk. *Journal of Environmental Health*, 59 (9).

Smith, B., Burton, I., Klein, R. & Wandel, J. (2000). An anatomy of adaptation to climate change and variability. *Climatic Change*, 45 (1).

Smith, M. D. & Krannich, R. S. (2000). "Cultural clash" revisited: Newcomer and longer-term residents'attitudes toward land use, development, and environmental issues in rural communities in the Rocky Mountain West. *Rural Sociology*, 65 (3).

Starr, C. (1969). Social benefit vs technological risk. *Science*, 165 (3899).

Stern, P. C., Dietz, T. & Kalof, L. (1993). Value orientations, gender and environmental concerns. *Environment & Behavior*, 25 (5).

Stocking, S. H. & Holstein, L. W. (2009). Manufacturing doubt: Journalists'roles and the construction of ignorance in a scientific controversy. *Public Understanding of Science*, 18 (1).

Taylor-Clark, K., Koh, H. & Viswanath, K. (2007). Perceptions of environmental health risks and communication barriers amonglow-SEP and racial/ethnic minority communities. *Journal of Health Care for the Poor & Under-*

served, 18 (4).

Teixeira, R. A. (1992). *The disappearing American voter.* Washington, DC: Brookings Institution.

Thomas, M., Pidgeon, N., Whitmarsh, L. & Ballinger, R. (2015). Mental models of sea-level change: A mixed methods analysis on the Severn Estuary, UK. *Global Environmental Change*, 33.

Tilt, B. (2006). Perceptions of risk from industrial pollution in China: A comparison of occupational groups. *Human Organization*, 65 (2).

Tremblay, K. R. Jr. & Dunlap, R. E. (1978). Rural-urban residence and concern with environmental quality: A replication and extension. *Rural Sociology*, 43 (3).

Trettin, L. & Musham, C. (2000). Is trust a realistic goal of environmental risk communication? *Environment & Behavior*, 32 (3).

Triandis, H. C. & Gelfand, M. J. (1998). Converging measurement of horizontal and vertical individualism and collectivism. *Journal of Personality & Social Psychology*, 74 (1).

Trumbo, C. (1996). Constructing climate change: Claims and frames in US news coverage of an environmental issue. *Public Understanding of Science*, 5 (3).

Tuchman, G. (1978). *Making news: A study in the construc-*

tion of reality. New York: Free Press.

Ungar, S. (1992). The rise and (relative) decline of global warming as a social problem. *The Sociological Quarterly*, 33 (4).

Ungar, S. (1993). Social scares and global warming: Beyond the Rio Convention. *Society & Natural Resources*, 8 (5).

United Church of Christ Commission for Racial Justice (1987). *Toxic waste and race: A national report on the racial and socioeconomic characteristics of communities with hazardous waste sites.* New York: United Church of Christ.

US Council on Environmental Quality. (1980). *Public opinion on environmental issues: Results of a national opinion survey.* Washington, DC: US Government Printing Office.

van Dijk T. (1990). Discourse & Society: A new journal for a new research focus. *Discourse & Society*, 1 (1).

van Leeuwen, T. (2008). *Discourse and practice: New tools for critical discourse analysis.* Oxford: Oxford University Press.

van Liere, K. D. & Dunlap, R. E. (1980). The social bases of environmental concern: A review of hypotheses, explanations and empirical evidence. *Public Opinion Quarterly*, 44 (2).

Vaughan, E. (1995). The significance of socioeconomic and ethnic diversity for the risk communication process. *Risk A-*

nalysis, 15 (2).

Wang S. —I. (2007). Political use of the Internet, political attitudes and political participation. *Asia Journal of Communication*, 17 (4).

Wattenberg, M. (2002). *Where have all the voters gone?* Cambridge, MA: Harvard University Press.

Weaver, D. H., Beam, R. A. & Brownlee, B. J. (2006). *The American journalist in the 21st century: US news people at the dawn of a new millennium.* Mahwah, NJ: Lawrence Erlbaum Associates.

Weber, L. & Carter, A. (1998). On constructing trust: temporality, self-disclosure, and perspective-taking. *International Journal of Sociology & Social Policy*, 18 (1).

Weinberg, A. (1977). Is nuclear energy acceptable. *Bulletin of the Atomic Scientists*, 33 (4).

Weller, R. P. (1999). *Alternative civilities: Democracy and culture in China and Taiwan.* Boulder, CO: Westview.

Wheeler, D., Wang, H. & Dasgupta, S. (2003). Can China grow and safeguard its environment: The case of industrial pollution. In Hope, N. C., Yang, D. T. & Li, M. Y. (eds.), *How far across the river? Chinese policy reform at the millennium.* Stanford, CA: Stanford University Press.

Wildavsky, A. B. & Dake, K. (1990). Theories of risk perception: who fears what and why? *Daedalus*, 119 (4).

Wilkins, L. & Patterson, P. (1991). *Risky business: Communicating issues of science, risk, and public policy*. Westport, CT: Greenwood.

Williams, B. A. & Matheny, A. R. (1995). *Democracy, dialogue and environmental disputes: The contested languages of socialregulation*. New Haven, CT: Yale University Press.

Williams, H., McMurray, J. R., Kurz, T. & Lambert, F. H. (2015). Network analysis reveals open forums and echo chambers in social media discussions of climate change. *Global Environmental Change*, 32.

Winsor, D. A. (1988). Communication failures contributing to the challenger accident: An example for technical communicators. *IEEE Transactions on Professional Communications*, 31 (3).

Witte, K. (1992). Putting fear back into fear appeals: The extended parallel process model. *Communication Monographs*, 59 (4).

Woolcock, M. (1999). Managing risk, shocks, and opportunity in developing economies: The role of social capital. In Ranis, G. (ed.), *Dimensions of development*. New Haven, CT: Yale Center for International and Area Studies.

Yeich, S. & Levine, R. (1994). Political efficacy: Enhancing the construct and its relationship to mobilization of people. *Journal of Community Psychology*, 22 (3).

Young, I. (1990). *Justice and the politics of difference.* Princeton, NJ: Princeton University Press.

Zhong, Y. & Chen, J. (2002). To vote or not to vote: An analysis of peasants' participation in Chinese village elections. *Comparative Political Studies*, 35 (6).

Zimmerman, M. A. & Rappaport, J. (1988). Citizen participation, perceived control, and psychological empowerment. *American Journal of Community Psychology*, 16 (5).